企业管理创新与管控

王 尧◎著

吉林出版集团股份有限公司

图书在版编目（CIP）数据

企业管理创新与管控 / 王尧著. — 长春：吉林出版集团股份有限公司，2024.5
ISBN 978-7-5731-4885-8

Ⅰ．①企… Ⅱ．①王… Ⅲ．①企业管理 Ⅳ.
①F272

中国国家版本馆 CIP 数据核字（2024）第 079278 号

企业管理创新与管控
QIYE GUANLI CHUANGXIN YU GUANKONG

著　　者	王　尧	
出版策划	崔文辉	
责任编辑	刘　洋	
助理编辑	邓晓溪	
封面设计	文　一	
出　　版	吉林出版集团股份有限公司	
	（长春市福祉大路 5788 号，邮政编码：130118）	
发　　行	吉林出版集团译文图书经营有限公司	
	（http://shop34896900.taobao.com）	
电　　话	总编办：0431-81629909　营销部：0431-81629880/81629900	
印　　刷	北京昌联印刷有限公司	
开　　本	787mm×1092mm　　1/16	
字　　数	210 千字	
印　　张	13	
版　　次	2024 年 5 月第 1 版	
印　　次	2024 年 5 月第 1 次印刷	
书　　号	ISBN 978-7-5731-4885-8	
定　　价	78.00 元	

如发现印装质量问题，影响阅读，请与印刷厂联系调换。电话：010-82751067

前　言

进入 21 世纪后，人类掀开了历史的新篇章。"和谐与创新"已成为时代的主旋律，人类用创新不断地满足日益增长的物质和文化需求，以和谐共处探索可持续发展之路。在这个日新月异的年代，人类更加深刻地认识到管理和技术已成为现代企业不可或缺的两个动力轮。

中国的市场经济已经进入平稳发展阶段，竞争加剧，生意开始难做，投资回报率也不会那么高了，维持正常的增长率和平均利润便成为很多企业追求的目标。企业的经营环境正在发生重大的变化，经济全球化的深化、知识经济的发展、互联网技术的进步、企业社会责任的加深，既给企业做大做强提供了前所未有的机遇，又给企业生存与发展带来了空前的压力。机遇与压力的存在，势必给企业管理提出了更高的要求。企业领导只有准确把握企业的运作规律，充分运用企业资源，扎实开展战略规划、组织及制度设计、企业文化建设、变革创新，才能变压力为动力，抓住机遇，在竞争中求得生存和发展。

企业创新管理的意义在于适应科技及知识经济的需要，也是建设创新型国家和企业自身发展的需要。企业创新管理的本质是通过内部结构调整及改变与重组，使其发生整体功能的转变。

企业的管理模式也需要随着时代的变化而不断进行调整。企业的管理模式要创新，首先需要在管理观念上有所改变，要求企业管理者不断地学习和了解成功企业的管理模式，把创新的观念融入企业日常的管理运营工作中。其次要加强管理体系的建设，构建信息交流平台，为企业内部员工与企业外部消费者提供更多的交流途径，为企业的管理决策提供更多的信息，从而提高企业管理的有效性。

本书在撰写过程中，参考和借鉴了其他学者的相关资料，在此深表谢意。由于时间仓促，水平有限，书中难免有所疏漏，还望广大读者批评指正。

目　录

第一章 企业管理概述

企业是一个有机的整体，企业管理是一个完整的大系统。企业管理是由生产管理、财务管理、营销管理、人力资源管理等子系统构成的，各子系统之间存在密切的关系。本章重点探讨企业的概念与特征、管理与企业管理、企业的目标与责任、企业管理基本原理。

第一节 企业的概念与特征

一、企业的概念

企业是集合了土地、资本、劳动力、技术、信息等生产要素，在创造利润的动机和承担风险的环境中，有计划、有组织、有效率地进行某种事业的经济组织。

企业是从事生产、流通、服务等经济活动，为满足社会需要和获取盈利，依照法定程序成立的具有法人资格，进行自主经营，享受权利和承担义务的经济组织。企业是一个与商品生产相联系的历史概念，它经历了家庭生产时期、手工业生产时期、工厂生产时期和现代企业时期等发展阶段。

综上所述，可将企业的含义归纳成为如下要点：

第一，企业是个别经济单位，或为工业，或为商业，在一定时期内，自负盈亏。

第二，企业从事经济活动，集合土地、资本、劳动力、信息等生产要素，创造货物及劳务，以满足顾客需要。

第三，企业是一种营利组织，其生存的前提在于"利润的创造"。

二、现代企业的特征

现代工业又称为"大机器工业"，是在自然经济条件下的"个体手工业"和资本主义"工场手工业"的基础上发展起来的，表现出鲜明的特征，具体包括以下几点：

第一，比较普遍地运用现代科学技术手段开展生产经营活动。采用现代机器体系和高技术含量的劳动手段开展生产经营活动，生产社会化、机械化、自动化、计算机化程度都较高，并比较系统地将科学知识应用于生产经营过程。

第二，生产组织日趋严密。内部分工协作的规模和细密程度极大提高，劳动效率呈现逐步提高的态势。

第三，经营活动的经济性和营利性。现代企业必须通过为消费者提供商品或服务，借以实现企业价值增值的目标。经济性是现代企业的显著特征。企业的基本功能就是从事商品生产、交换或提供服务，通过商品生产和交换将有限的资源转换为有用的商品和服务，以满足社会和顾客的需要。一切不具备经济性的组织不能称为现代企业。营利性是构成现代企业的根本标志，现代企业作为一个独立的追求利润的经济组织，它是为营利而开展商品生产、交换或从事服务活动。盈利是企业生存和发展的基础条件，也是企业区别于其他组织的主要依据。

第四，环境适应性。现代企业同外部环境之间的关系日益密切，任何企业都不能孤立存在，企业的生存和发展离不开一定的环境条件。所以说，企业是一个开放系统，与外部环境存在着相互交换、相互渗透、相互影响的关系。企业必须从外部环境接受人力、资金、材料、技术、信息等因素的投入，然后通过企业内部的转换系统，把这些投入物转换成产品、劳务以及企业成员所需的各种形式的报酬，作为产出离开企业系统，从而完成企业与外部环境之间的交换过程。

第五，对员工福利和社会责任的重视，形成特有的企业精神。现代企业具有公共性和社会性，要想谋求长远发展，必须得到股东、员工、顾客及社会公众的支持，因此，利润、员工福利和社会责任构成企业存续的三个基本因素。企业的一切经营活动，尤其是扩展，必须借用资金，而资金最可靠的来源就是企业的盈余，企业的利润是企业存续的第一要素。企业是生产设备和员工组成的一种经济组织，而人是机器设备的主宰者，生产效率的高低受人为因素的影响最大，因此现代企业为求生存必须尊重员工的人性，重视员工的福利，以提高士气，建立互信。企业是构成整个社会的一部分，若不重视社会大众的利益，甚或剥夺其利益，妨害社会安宁，污染环境，则必然遭到谴责和抵制，导致不能生存，因此，现代企业的管理者，无不重视社会责任。

现代企业是现代市场经济和社会生产力发展的必然产物，它较好地适应了现代市场经济和社会发展的客观要求，具有自己独有的特征。

第二节　管理与企业管理

一、管理

管理是一个过程，是一个组织或个人，为了实现一定的目标所采取的最有效、最经济的行动，是对行动的计划、组织和控制。

管理是为了达到组织目标而对组织内的各种资源（人、财、物等）进行合理配置的综合性活动。

（一）管理的对象

（1）管理的主体。管理的主体即管理者。

（2）管理的客体。管理的客体是指管理者执行管理职能、实现管理目标时所作用于的人或事（亦即管理对象）。

（3）管理对象的分类和结构。管理对象的分类和结构包括：①人——是管理对象的核心要素；②财、物、时间、信息；③人和物质相结合而形成的各种活动（产、供、销等）。

管理是为组织设立目标，探求并选择达成此目标的策略及详细程序，并在达成目标的过程中，注意人员、金钱、物料、机器、方法等构成要素是否相互密切配合，若否，则采取矫正措施，以期顺利实现组织的目标，完成其任务。管理是一切有组织的集体活动所不可缺少的要素。必须认识到管理是一种组织活动，它绝不等价于命令或权力。利用各种方法处理好各阶层的关系，才是管理的关键。

管理是人类共同劳动的产物，只要存在众多人的协同劳动，就需要有管理。管理活动具有普遍性。参加群体组织的个人都有各自的任务和目的，个人目的之间、个人与组织目的之间，也常常产生矛盾和冲突。组织中成员的活动内容和目的的差异性与矛盾性，必然客观上要求协调。没有协调，组织就会处于无序状态，单独个人的力量便无法形成集体的合力，组织的目标便无法达成，组织便会解体，而对组织内不同人群或工作组之间的协调活动就是管理活动。

（二）管理的二重性

管理，从最基本的意义来看，一是组织劳动；二是指挥、监督劳动。管理的二重性是指管理的自然属性和社会属性。一方面，管理是由许多人进行协作劳动而产生的，是有效组织共同劳动所必需的，具有同生产力和社会化大生产相联系的自然属性；另一方面，管理又体现着生产资料所有者指挥劳动、监督劳动的意志，因此，它又有同生产关系和社会制度相联系的社会属性。从管理活动过程的要求来看，既要遵循管理过程客观规律的科学性要求，又要体现灵活协调的艺术性要求，这就是管理所具有的科学性和艺术性。

管理的二重性反映出管理的必要性和目的性。必要性，是指管理是生产过程固有的属性，是有效地组织劳动所必需的；目的性，是指管理直接或间接地同生产资料所有制有关，反映生产资料占有者组织劳动的基本目的。

1. 管理的自然属性

管理是由人类活动的特点所产生的，人类的任何社会活动都必定具有各种管理职能。管理是人类社会活动的客观需要。

管理是由社会分工所产生的社会劳动过程的一种特殊职能。但就管理职能本身而言，由于社会的进化和人类分工的发展，早在原始社会就已经有专门从事管理职能的人从一般社会劳动过程中分离出来，就如同有人专门从事围猎，有人专门从事进攻，也有人专门从事农业一样。

管理是生产力。任何社会、任何企业，其生产力是否发达，都取决于它所拥有的各种经济资源或各种生产要素是否得到有效的利用，取决于从事社会劳动的人的积极性是否得到充分的发挥，而这两者都有赖于管理。在同样的社会制度下，企业外部环境基本相同，有不少企业其内部条件如资金、设备、能源、原材料、产品及人员素质和技术水平基本类似，但其经营结果、所达到的生产力水平却相差悬殊。同一个企业有时只是更换了主要领导，就可能出现新的面貌。其他社会组织也有类似情况，其原因也在于管理。由于不同的领导人采用不同的管理思想、管理制度和管理方法，就会产生完全不同的效果。这样的事例不胜枚举，从而证明管理也是生产力。科学技术是生产力，但科学技术的发展本身需要有效的管理，并且也只有通过管理，科学技术才能转化为生产力。

管理的上述性质并不以人的意志为转移，也不因社会制度意识形态的不同而有所改变，这完全是一种客观存在，所以称之为管理的自然属性。

2. 管理的社会属性

管理是为了达到预期目的所进行的具有特殊职能的活动。在人类漫长的历史中，管理从来就是为统治阶级、为生产资料的拥有者服务。管理也是一定社会生产关系的反映。企业的管理，以致于各种社会组织的管理都不会排除在外。

在我国，公有制的实现形式正向多样化方向发展，股份制、股份合作制及其他有效的资本组织形式，正在被越来越多的企业所采用，所有权和经营权分离已成为国有企业改革的目标之一。企业管理的形式正在发生急剧的变化，但管理的社会属性并未发生根本性的改变。从总体上看，在社会主义社会中，社会主义国家的企业及其他社会组织的管理都是为人民服务的，管理的预期目的都是使人与人之间的关系以及国家、集体和个人之间的关系更加协调。所以在社会主义条件下，管理的社会属性与资本主义社会条件下有根本的不同。

二、企业管理

（一）企业管理的概念及目的

（1）企业管理的概念。企业涉及工业、商业等产业领域，是指为人类求生存所应运而生的一种'社会机构'。企业管理是对企业生产经营活动进行计划、组织、指挥、协调和控制等一系列活动的总称，是社会化大生产的客观要求。企业管理的目的是尽可能地利用企业的人力、物力、财力、信息等资源，实现"多、快、好、省"的目标，取得最大的投入产出效率。随着生产精细化的发展，分工越来越细，生产专业化程度不断提高，生产经营规模不断扩大，企业管理也就越来越重要，科学化管理成为培育企业核心竞争力、实现企业可持续发展的重要途径。

构成企业的要素，有 7M，即人员（Men）、金钱（Money）、方法（Methods）、机器（Machines）、物料（Material）、市场（Market）及工作精神（Morale）。各要素中又包含若干个管理项目，如人员有工作评价、职位分类、人事及工资管理等；资金有预算控制、成本分析、财务管理等；方法有生产计划及控制、动作和时间研究、质量控制、作业研究等；机器有设备布置、机器保养及安全生产等；物料有物料采购及搬运、库存控制等；市场有市场研究、销售管理等；工作精神有办公室关系、人际关系、工作效率等。

（2）企业管理的目的。企业管理的基本目的在于提高工作效率，工作效率可以表述为：

工作效率 ＝ 工作成果 ÷ 工作标准

工作成果，是指完成某项工作的实际数量、实际品质、实际速度及实际成本；工作标准，是指从事某项工作前所预定的具体化目标，是将目标以数量或其他方式表示出来。

为提高工作效率,必须提高工作成果,想提高工作成果,必须达成下列要求:

第一,达成预定的产品数量。事先确定一个合理的数量标准,使全体员工以此为目标,并奋力实现。要据此严格考核员工的工作效率,并采取有效的矫正措施。

第二,达成预定的产品品质。依据科学方法,事先制定工作所应达成的品质标准,使员工以此为目标努力实现。若不能达成此目标,则应采取矫正措施。

第三,如期完成任务。对于每件工作,应事先安排其进度表,使员工以此为目标,在工作中采取一切有效措施,切实按此进度如期完成任务。

第四,减少费用支出。为降低成本,应减少费用支出。但减少费用支出,并非仅从表面数字着眼,也不可不顾实际需要,硬性核减各种支出数字,而应考虑此项数字是否有支出的必要。

(二)企业管理的基本特征

企业管理不同于一般的管理,有其自身的特征。

1. 企业管理是一种文化和社会现象

企业管理是一种文化现象和社会现象,这种现象的存在必须具备两个条件:两个人以上的集体活动、一致认可的目标。在人类的社会生产活动中,多人组织起来,进行分工,会达到单独活动所不能达到的效果。只要是多人共同活动,都需要通过制订计划、确定目标等活动来达到协作的好处,这就需要管理。因此,管理活动存在于组织活动中,或者说管理的载体是组织。

组织的类型、形式和规模可能千差万别,但其内部都包含五个基本要素,即人(管理的主体和客体)、物(管理的客体、手段和条件)、信息(管理的客体、媒介和依据)、机构(反映了管理上下左右分工关系和管理方式)、目的(表明为什么要有这个组织)。外部环境对组织的效果与效率有很大影响,外部环境一般包含:行业、原材料供应、财政资源、产品市场、技术、经济形势、社会文化等要素。一般认为,组织内部要素是可以控制的;组织外部要素是部分可以控制(如产品市场),部分不可以控制(如国家政策)。

2. 企业管理的主体是管理者

管理是让别人和自己一同去实现既定的目标,管理者就要对管理的效果负重要责任。管理者的第一个责任是管理一个组织,第二个责任是管理中层,第三个责任是管理员工。

企业管理者在企业生产活动中处于领导地位,具有特殊重要的作用。他们独立于企业的资本所有者,自主地从事企业经营活动,是企业的最高决策者和各项经营活动的统一领导者,其职能如下:

（1）确立企业的目标与计划。企业管理都有其既定的最终目标。在一定时期内，为了实现企业的目标，就要使之具体化，形成企业经营目标。企业经营目标可分为长期目标与短期目标，总体目标与部门目标。企业经营者通过确立企业的目标和计划来统一企业全体成员的思想和行动，引导企业通过最有利的途径来实现其既定的目标。

作为企业经营者来说，要正确制订企业的目标和计划，必须正确分析和判断企业的各种环境因素，善于估量市场的需求趋势、竞争企业的特点和企业自身的优势和劣势，能及时抓住有利的投资机会，巧妙地回避可能出现的风险，并善于利用企业各级管理人员的经验和智慧，做出最佳决策。

（2）建立和健全企业的组织机构。建立和健全企业的组织结构，充分发挥其各自作用，并保证企业整体发挥最大的效率，是实现企业目标的手段。因此，任何企业的组织机构都必须适应企业目标或任务的需要，而且还需要不断地健全和完善。

（3）配备重要的企业主管人员。企业经营者必须充分重视人才的质量。首先要重视人才的选拔；其次，必须重视人才的考核与评价，因为它是人才的选拔、提升、确定报酬和奖励的依据，否则容易挫伤员工的工作积极性，此项工作必须经常化；最后，必须充分重视人才的培训，它是人才选拔、提升的可靠基础。

（4）实现对企业全局的有效领导。一个优秀的经营者必须同时是一个优秀的领导者，这就要求经营者学会运用诱因去激励下属人员的行为动机，使其心甘情愿、满腔热情地为企业的共同目标而努力。

（5）实现对企业经营全局的有效控制。企业经营者在确定企业的目标和计划后，就要发动和指挥企业全体成员去执行这些既定的目标和计划，其控制的职能就在于保证人们的执行活动始终不会偏离目标和计划的要求，从而保证其得以顺利实现。

（6）实现对企业经营整体的有效协调。企业的经营活动是由众多相互联系的部门、环节和因素构成的统一体，客观上存在一定的相互制约关系。在经营过程中，有可能出现这样或那样的矛盾，使这种相互关系出现不协调的现象。作为经营者来说，其协调职能就是要设法解决这些矛盾，保证企业的生产活动始终处于协调状态，从而保证企业计划和预期目标能顺利实现。

第三节　企业的目标与责任

一、企业的目标

企业的目标，是企业在一定时期内要达到的目的和要求，一般用概括的语言或数量指标加以表示，如发展生产、扩大市场、革新技术、增加盈利、提高职工收入和培训职工等方面的要求，都要用目标表示出来。一个企业，要实现一定的目的和追求，通常是将这些目的和追求转化为在一定时期内要达到的规定性成果目标，并通过达到这些成果去实现企业的目的。

目标对于人们开展活动具有引导和激励作用。它可以统一和协调人们的行为，使人们的活动有明确的方向；可以激发人们的努力；可以衡量人们的工作成绩。对于一个企业来说，如果没有明确的目标，企业的生产经营活动就会没有方向，管理就会杂乱无章，企业就不能获得良好的收益。

企业目标一般通过一定的规定性项目和标准来表达，它可以定性描述，也可以定量描述。任何目标都是质和量的统一体。对目标进行定性描述，可以阐明目标的性质与范围；对目标进行定量性描述，可以阐明目标的数量标准。企业的目标往往是一个目标体系，其目标内容是多元的，是以一定的结构形式存在的。从目标的结构看，企业目标可分为主要目标和次要目标，长期目标和短期目标，定性目标和定量目标。企业在一定时期内所要达到的目标习惯上划分为企业对社会的贡献目标、市场目标、利益与发展目标、成本目标和人员培训目标等方面，具体表现为产品品种、产量、质量、固定资产规模、市场占有率、利润额、上缴税金和福利基金等方面的目标。

企业目标主要包括五点：

（1）社会贡献目标。社会贡献目标是现代企业的首要目标。企业能否生存，取决于它是否能取得较好的经济效益，对社会有所贡献。企业能否发展，取决于企业生产的产品满足社会需要的程度。企业对社会的贡献是通过它为社会创造的实物量和价值量来表现的。因为企业之所以能够存在和发展，是由于它能够为社会做出某种贡献，否则，它就失去了存在价值。所以，每个企业在制定目标时，必须根据自己在社会经济中的地位，确定对社会的贡献目标。企业对社会的贡献，是通过为社会创造的使用价值和价值表现的，因此，贡献目标可以表现为产品品种、质量、产量和缴纳税金等。

（2）市场目标。市场是企业的生存空间。企业的生产经营活动与市场紧密联系，确定市场目标是企业经营活动的重要方面。广阔的市场和较高的市场占有率，是企业进行生产经营活动和稳定发展的必要条件。因此，企业要千方百计地扩大市场销售领域，提高市场占有率。

市场目标可用销售收入总额来表示。为了保证销售总额的实现，企业还可以以制定某些产品在地区的市场占有率作为辅助目标。企业经营能力的大小，要看其占有市场的广度和深度以及市场范围和市场占有率的大小。市场目标既包括新市场的开发和传统市场的纵向渗透，也包括市场占有份额的增加。对具备条件的企业，应把走向国际市场、提高产品在国外市场的竞争能力列为一项重要目标。

（3）利益与发展目标。利益目标是企业生产经营活动的内在动力。利益目标直接表现为利润总额、利润率和由此所决定的公益金的多少。利润是销售收入扣除成本和税金后的差额。无论是企业的传统产品还是新产品，其竞争能力都受到价格的影响。企业为了自身发展和提高职工的物质利益，必须预测出未来各个时期的目标利润。企业要实现既定的目标利润，应通过两个基本途径：一是发展新产品，充分采用先进技术，创名牌产品，取得高于社会平均水平的利润；二是改善经营管理，薄利多销，把成本降到社会平均水平之下。对于企业来说，前者需要较高的技术，难度较大，而后者能够保持较高的市场占有率和长期稳定的利润率，并给消费者带来直接利益。所以目标利润是带有综合性的指标，它是企业综合效益的表现。

（4）成本目标。成本目标，是指在一定时期内，为达到目标利润，在产品成本上达到的水平。它是用数字表示的一种产品成本的发展趋势，是根据所生产产品的品种数量、质量、价格的预测和目标利润等资料来确定的，是成本管理的奋斗目标。确定目标成本时，要对市场的需要、产品的售价、原材料、能源、包装物等价格的变动情况和新材料、新工艺、新设备的发展情况进行分析，结合企业今后一定时期内在品种、产量、利润等方面的目标，以及生产技术、经营管理上的重要技术组织措施，从中找出过去和当前与成本有关的因素，取得必要的数据，根据这些数据和企业本身将采取的降低成本的措施，制定出近期和远期的目标成本。

（5）人员培训目标。提高企业素质的一个重要方面是提高员工的业务、技术、文化素养。要使员工具有专业技术的开发能力，就要在员工培训上下功夫。企业的经营方针和目标明确以后，需要有相应素质的人来实施完成。所以，企业一定时期的员工培养目标是保证各项新技术和其他各个经营目标实现的根本条件。

企业目标具体项目和标准的确定，要考虑企业自身的状况和企业的外部环境，处理好企业内外部的各种关系。企业制定目标时，必须让员工知道他们的目标是什么，什么样的活动有助于目标的实现，以及什么时候完成这些目标，而且目标应该是可考核的。

二、企业的责任

（一）企业责任的概念

企业责任是指企业在争取自身的生存发展的过程中，面对社会的需要和各种社会问题，为维护国家、社会和人类的利益，应该履行的义务。

企业作为一个商品生产者和经营者，它的义务就是为社会经济的发展提供各种所需要的商品和劳务。它的身份和地位，决定了在国民经济体系中它必须对国家、社会各方面承担相应的责任。

（二）企业责任的主要内容

（1）企业对员工的责任。企业在生产经营活动中使用员工的同时，要肩负保护劳动者人身安全，培养和提高员工文化、技术等多方面，保护劳动者合法权益等责任。

（2）企业对社区的责任。企业有维护所在社区正常环境、适当参与社区教育文化发展、环境卫生、治安事务、支持社区公益事业等的责任。

（3）企业对生态环境的责任。在生态环境问题上，企业应当为所在的社区、区域、国家或社会，乃至全人类的长远利益负责任。要维护人类的生态环境，适应经济社会的可持续发展。企业作为自然资源（能源、水源、矿产资源）的主要消费者，应当承担起节约自然资源、开发资源、保护资源的责任。企业应当防止对环境造成污染和破坏，整治被污染破坏的生态环境。

（4）企业对国家的责任。企业对国家的责任涉及社会生活经济、文化等各个领域，包括企业对国家大政方针、法律政策的遵守；遵守国家关于财务、劳动工资、物价管理等方面的规定，接受财税、审计部门的监督；自觉照章纳税；管好、用好国有资产，使其保值增值等。

（5）企业对消费者和社会的责任。企业向消费者提供的产品和服务，应能让消费者满意，并重视消费者即社会的长期福利，致力于社会效益的提高，如向消费者提供商品、服务信息，注意消费品安全，强调广告责任，维护社会公德。

第四节　企业管理基本原理

一、系统原理和分工原理

（一）系统原理

系统是由两个或两个以上相互区别又相互联系、相互作用的要素组成，具有特定功能的有机整体。一般来说，系统具有整体性、相关性、目的性、层次性、环境适应性等特点。系统本身又是它从属的一个更大系统的组成部分。从管理的角度看，系统具备以下基本特征：

（1）目的性。任何系统的存在，都是为了一定的目的，为达到这一目的，必有其特定的结构与功能。

（2）整体性。任何系统都不是各个要素的简单集合，而是各个要素按照总体系统的同一目的，遵循一定规则组成的有机整体。只有依据总体要求协调各要素之间的相互联系，才能使系统整体功能达到最优。

（3）层次性。任何系统都是由分系统构成，分系统又由子系统构成。最下层的子系统是由组成该系统基础单元的各个部分组成。

（4）独立性。任何系统都不能脱离环境而孤立存在，只能适应环境，只有既受环境影响，但又不受环境左右而独立存在的系统，才是具有充分活力的系统。

（5）开放性。管理过程必须不断地与外部社会环境交换能量与信息。

（6）交换性。管理过程中各种因素都不是固定不变的，组织本身也存在变革。

（7）相互依存性。管理的各要素之间是相互依存的，而且管理活动与社会相关活动之间也是相互依存的。

（8）控制性。有效的管理系统必须有畅通的信息与反馈机制，使各项工作能够及时有效地得到控制。

（二）分工原理

分工原理产生于系统原理之前，但其基本思想却是在承认企业及企业管理是一个可分有机系统的前提下，对企业管理的各项职能与业务按照一定标准进行适当分类，并由相应的单位或人员来承担各类工作，这就是管理的分工原理。

分工是生产力发展的要求，分工的主要优点如下：

（1）分工可以提高劳动生产率。劳动分工使工人重复完成单项操作，从而提高劳动的熟练程度和劳动生产率。

（2）分工可以减少工作损失时间。劳动分工使工人长时间从事单一的工作项目，中间不用或减少变换工作，从而减少工作损失时间。

（3）分工有利于技术革新。劳动分工可以简化劳动，使劳动者的注意力集中在一种特定的对象上，有利于劳动者创造新工具和改进设备。

（4）分工有利于加强管理，提高管理工作效率。在将管理业务从生产现场分离出来之后，随着现代科学技术和生产的不断发展，管理业务也得到了进一步的划分，并成立了相应的职能部门，配备了有关专业人员，从而提高管理工作效率。

分工原理适用范围广泛。从整个国民经济来说，可分为工业、农业、交通运输、邮电、商业等部门；从工业部门来说，可按产品标志进行分工，设立产品专业化车间；也可按工艺标志进行分工，设立工艺专业化车间。在工业企业内部还可按管理职能不同，将企业管理业务分解为不同的类型，分别由相应的职能部门去从事，从而提高管理工作效率，使企业处于正常、不断的良好运转状态。

分工要讲究实效，要根据实际情况进行认真分析，实事求是。一般企业内部分工既要职责分明，又要团结协作，在分工协作的同时要注意建立必要的制约关系。分工不宜过细，界面必须清楚，才能避免推诿等现象的出现。在专业分工的前提下，按岗位要求配备相应技术人员，是企业产品质量和工作质量得到保证的重要措施。在做好劳动分工的同时，还要注意加强对职工的技术培训，以适应新技术、新方法不断发展的新要求。

二、弹性原理和效益原理

（1）弹性原理。是指企业为了达到一定的经营目标，在企业外部环境或内部条件发生变化时，有能力适应这种变化，并在管理上所表现出的灵活的可调节性。现代企业是国民经济系统中的一个子系统，它的投入与生产都离不开国民经济这个大的系统。其所需要的生产要素由国民经济各个部门向其投入，所生产的产品又需要向其他部门输出。可见，国民经济系统乃是企业系统的外部环境，是企业不可控制的因素，而企业内部条件则是企业本身可以控制的因素。当企业外部环境发生变化时，企业可以通过改变内部条件来适应这种变化，以保证达到既定的经营目标。

（2）效益原理。是指企业通过加强管理工作，以尽量少的劳动消耗和资金占用，生产出尽可能多的符合社会需求的产品，不断提高企业的经济效益和社会效益。

提高经济效益是社会主义经济发展规律的客观要求，是每个企业的基本职责。企业在生产经营管理过程中，一方面要努力降低消耗、节约成本；另一方面要努力生产适销对路的产品，保证质量，增加附加值。从节约和增产两个方面提高经济效益，以求得企业的生存与发展。

企业在提高经济效益的同时，也要注意提高社会效益。经济效益与社会效益是一致的，但有时也会发生矛盾。一般情况下，企业应从大局出发，满足社会效益，在保证社会效益的前提下，最大限度地追求经济效益。

三、激励原理和动态原理

（1）激励原理。激励原理，是指通过科学的管理方法激励人的内在潜力，使每个人都能在组织中尽其所能，展其所长，为完成组织规定的目标而自觉、努力、勤奋地工作。

人是生产力要素中最活跃的因素，创造团结和谐的工作环境，满足职工不同层次的需求，正确运用奖惩办法，实行合理的按劳分配制度，开展不同形式的劳动竞赛等，都是激励原理的具体应用，都能较好地调动人的劳动热情，激发人的工作积极性，从而达到提高工作效率的目的。

激励理论主要有需要层次理论、期望理论等。严格地说，激励有两种模式，即正激励和负激励。对工作业绩有贡献的个人实行奖励，在更大程度上调动其积极性，使其完成更艰巨的任务，属于正激励；对因个人原因而使工作失误且造成一定损失的人实行惩罚，迫使其吸取经验教训，做好工作，完成任务，属于负激励。在管理实践中，按照公平、公正、公开、合理的原则，正确运用这两种激励模式，可以较好地调动人的积极性，激发人的工作热情，充分挖掘人的潜力，从而使他们把工作做得更好。

（2）动态原理。是指企业管理系统随着企业内外环境的变化而不断更新自己的经营观念、经营方针和经营目标，为达此目的，必须相应改变有关的管理方法和手段，使其与企业的经营目标相适应。企业发展，事业进步，管理跟得上，关键在于更新。运动是绝对的，不动是相对的，因此企业既要随着经营环境的变化，适时地变更自己的经营方法，又要保持管理业务上的适当稳定，没有相对稳定的企业管理秩序，也就失去了高质量的管理基础。

在企业管理中与此相关的理论还有矛盾论、辩证法，好与坏、多与少、质与量、新与老、利与弊等都是一对矛盾的两个方面，在实际操作过程中，要运用辩证的方法，正确、恰当地处理矛盾，使其向有利于实现企业经营目标的方向转化。

四、创新原理和可持续发展原理

（1）创新原理。创新原理，是指企业为实现总体战略目标，在生产经营过程中，根据内外环境变化的实际，按照科学态度，不断否定自己，创造具有自身特色的新思想、新思路、新经验、新方法、新技术，并加以组织和实施。

企业创新，一般包括产品创新、技术创新、市场创新、组织创新和管理方法创新等。产品创新主要是提高质量，扩大规模，创立名牌；技术创新主要是加强科学技术研究，不断开发新产品，提高设备技术水平和职工队伍素质；市场创新主要是加强市场调查研究，提高产品市场占有率，努力开拓新市场；组织创新主要是企业组织结构的调整要切合企业发展的需要；管理方法创新主要是企业生产经营过程中的具体管理技术和管理方法的创新。

（2）可持续发展原理。可持续发展原理，是指企业在整个生命周期内，随时注意调整自己的经营战略，以适应变化了的外界环境，从而使企业始终处于兴旺发达的发展阶段。现代企业追求的目标，不是企业一时的兴盛，而是长盛不衰。这需要按可持续发展的原理，从历史和未来的高度，全盘考虑企业资源的合理安排，既要保证近期利益的获取，又要保证后续事业得到蓬勃发展。

第五节　企业管理基础工作与管理现代化

一、企业管理基础工作

（一）企业管理基础工作的概念和作用

企业管理基础工作是指企业在生产经营活动中，为实现企业经营目标和各项管理职能而进行的提供资料依据、共同准则、基本手段和前提条件的工作。一般包括标准化的工作、定额工作、计量工作、信息工作、厂内价格、规章制度、职工教育和培训、现场管理工作等。

企业管理基础工作的作用主要包括以下几个方面：

1. 企业管理过程就是管理各项职能的实现过程

离开了企业管理基础工作为企业的生产经营活动提供的数据、信息和资料，以及管理的计划、组织、领导，控制职能便无法实现。

2. 企业管理过程就是决策的制定和实施过程

离开了管理基础工作，管理者、领导者便失去及时、准确、可靠的信息来源，决策便失去了科学依据。

3. 企业管理过程就是信息联系与沟通的过程

信息联系与沟通是达到目标统一、行动一致的主要途径，是正确地组织人力、物力、财力，有效地实现企业经营目标，并激励和调动职工积极性的重要手段，这一过程也离不开管理的基础工作。

（二）企业管理基础工作的特点

1. 科学性

企业管理基础工作体现和反映企业生产经营活动的客观规律，是一项科学性较强的工作。科学性体现在企业定额的制定、执行和管理中；体现在计量的检测手段和测试，信息的收集、整理、传送和储存的全过程；体现在规章制度、职工教育和培训与现场管理的各个方面。

2. 先行性

基础工作一般要走在各项专业管理之前，为专业管理提供资料、准则、手段和前提条件，保证企业的经营决策和各项管理能够实现最佳的经济效益。

3. 群众性

企业管理的基础工作，涉及面广、工作量大，其制定、执行、管理离不开员工的参加，且要落实到基层。大量的管理基础工作需要依靠全体员工来做，并要持之以恒，因此是一项群众性很强的工作。

4. 先进性

基础工作的各项标准和定额的制定要先进合理。因为，只有先进合理的标准和定额，才能被群众所接受，调动群众的积极性，充分发挥其在管理中的作用，才能有先进的管理水平。为了保持先进合理性，企业要随着生产技术和组织管理水平的不断提高，对其进行定期或不定期的修订。

5. 经常性

企业管理基础工作的经常性表现为：有些基础工作要每天甚至实时去做，如信息工作、统计工作等。所有的基础工作天天都在参与企业的生产经营活动，并起指导作用，同时，它们的实践情况信息随时都要通过各种渠道反馈到相关部门，为管理人员决策提供依据。

6. 适应性

企业管理的基础工作建立后，不能朝令夕改，要保持相对的稳定性。但又不是一成不变的，要随着企业各项专业管理的变化而变化，随着企业生产技术组织条件的变化而进行修改，以适应实际的需要，这是由基础工作的服务性所决定的。

（三）企业管理基础工作的内容

不同行业、不同生产特点的企业，其基础工作的具体内容和表现形式各不相同，但就其共同性来看，主要内容包括以下几个方面：标准化工作、定额工作、计量工作、信息工作、厂内计划价格、规章制度、职工教育和培训、现场管理等。随着科学技术进步和生产方式的变革，上述基础工作会不断补充新的内容，其结构也会发生变化。

1. 标准化工作

标准是为获得最佳秩序和社会效益，依据科学技术和实践经验的综合成果，在充分协商的基础上，对经济技术和管理活动中，具有多样性、相关性特征的重复性事物，以特定程序和特定形式颁发的统一规定。标准化是以制定标准和贯彻标准为主要内容的全部活动过程。企业标准化工作是指企业制定和执行各种技术标准和管理标准的工作。它是企业管理中一项涉及技术、经济、管理等方面的综合性基础工作。

技术标准是企业标准的主体，是对生产对象、生产条件、生产方法等规定的标准。主要有产品标准、工艺标准、工艺装备标准、材料标准、基础标准、安全与环保标准等。管理标准是对企业中重复性的管理工作的任务、程序、内容、方法和要求及考核奖惩办法所做的统一规定。管理标准主要有技术管理标准、生产组织标准、经济管理标准、管理业务标准、工作标准等。

2. 定额工作

定额是企业在一定的生产技术组织条件下对人力、物力、财力消耗、占用以及利用程度所应达到的数量界限。定额工作就是企业各类技术经济定额的制定、执行和管理工作，是进行科学管理、组织社会化大生产的必要手段，是实行企业内部计划管理的基础，是开展劳动竞赛、贯彻按劳分配、提高劳动生产率的杠杆；是推行内部经济责任制，开展全面经济核算的工具。

3. 计量工作

计量工作是指计量检定、测试、化验分析等方面的计量技术和管理工作。它是用科学的方法和手段，对生产经营活动的量和质的数值进行测定，为企业的生产、科学试验、经营管理提供了准确数据。

4.信息工作

信息工作是指企业进行生产经营活动和进行决策、计划、控制所必需的资料数据的收集、处理、传递、储存等管理工作。信息是一种重要的资源，没有信息就无法进行管理。准确而及时的信息，是企业进行决策的依据，是对企业生产经营活动进行有效控制的工具，是沟通组织有效活动的重要手段。因此，企业必须做好信息工作。

5.规章制度

规章制度是为保证企业生产经管活动正常进行，对各项管理工作和劳动操作的要求所做的规定，是全体职工行动的规范和准则。企业规章制度主要有基本制度、专业管理制度和岗位责任制。作为企业管理基础工作，企业规章制度主要是指专业管理制度和岗位责任制。专业管理制度是为了保证生产、技术、经营活动正常进行，对企业各项专业管理工作的内容、程序、方法和要求所做的规定。岗位责任制是对企业内部各级组织、各类人员所承担的工作任务，应负的责任和工作中拥有的权力的规定。

6.专业管理制度和岗位责任制是紧密相连的

专业管理制度的具体内容要分解到有关的岗位责任制中，而岗位责任制又是落实各种专业制度的基础。有岗位责任制，而无专业管理制度，岗位责任制就无所遵循；只有专业管理制度，而无岗位责任制，各项专业管理制度就无法落实。其中，岗位责任制处于核心地位。因此，企业必须建立健全以岗位责任制为核心的规章制度。

7.职工教育和培训

职工教育是指企业全体职工都需要接受的基础教育，包括入厂教育、厂规厂纪教育、基本生产技术教育、管理基本知识教育、安全生产教育和思想政治教育等。它是适应科学技术发展、增强企业竞争实力的需要，也是提高劳动生产率和经济效益的可靠保证。职工教育的方式可以采取在职教育、半脱产教育和脱产教育等各种形式。

职工培训，一般是指对本企业经营需要的特殊人才的继续教育。如本企业高级管理人才的培训，各级各类专业技术岗位的资格证书培训，特殊生产岗位的操作证书培训等。这类培训一般由经政府机构认可的具有培训资格的培训机构和大专院校集中进行，并通过考试考核，由政府或政府认可的机构颁发正式的资格证书。

二、企业管理现代化

（一）企业管理现代化的含义

企业管理现代化是指为适应现代化生产力发展的客观要求，按照社会主义市场经济规律，积极使用现代经营的思想、组织、方法和手段，对企业生产经营进行有效的管理，使之达到或接近国际先进水平，创造最佳经济效益的过程。企业管理现代化是一个综合系统的过程，它要求把自然科学和社会科学的最新成果应用到管理中去，使企业管理适应生产力和生产关系发展变化的要求，推动社会生产进步。

企业管理现代化是现代生产技术的要求，是我国经济体制改革的一项重要内容，是提高企业经济效益的有效途径。

（二）企业管理现代化的内容

1. 管理思想现代化

管理思想现代化是管理现代化的灵魂。管理思想现代化就是要求在思想观念上进行变革，以适应现代化大生产、现代化技术和现代经济发展的要求。企业管理人员特别是企业领导者，要彻底摆脱长期形成的小生产观念和旧习惯势力的影响，树立起以提高经济效益为中心的思想理念。按社会主义市场经济的客观要求，管理者要树立起市场观念、竞争观念、用户观念、创新观念、效益观念、人才观念、民主管理观念、系统管理观念、时间和信息观念。

2. 管理组织现代化

管理组织现代化就是要根据企业的具体情况，从提高企业生产经营效率出发，按照职责分工明确、指挥灵活统一、信息灵敏畅通、精简、高效的要求，合理设置组织机构、配置人员，并建立健全以经济责任制为中心的科学的、严格的规章制度，充分调动职工的积极性、主动性和创造性，保证生产经营的良好秩序。

3. 管理方法现代化

管理方法现代化是指在管理方法上运用科学研究的新成果对管理中的问题进行科学分析，在总结和继承传统的行之有效的管理经验和方法的基础上，积极推行现代化管理方法在企业管理中的应用。现代化管理方法是现代科学技术成果，包括自然科学和社会科学的某些成果在管理上的应用。现代管理方法的内容十分广泛，如目标管理、市场预测、价值工程、网络计划技术、本量利分析、线性规划等。企业在推行现代化管理方法时，必须根据自身的条件，注重实用、效能的原则，有选择、有分析地采用，切忌违背客观实际，盲目求全求新，追求形式主义。同时，要注意在管理实践中，创造和总结新的管理方法。

4. 管理手段现代化

管理手段现代化是指在企业管理的各个方面，广泛积极地采用包括计算机以及经济、行政和法律在内的一切管理手段。管理手段现代化要根据企业的实际情况，逐步应用和推广。从"硬手段"方面来看，应用计算机建立企业管理信息系统，建立国内外信息网络系统，应用计算机、电子设备和仪表对生产过程、供应和销售、人事、财务等进行科学管理；从"软手段"方面来看，应用价值观念、企业文化、战略管理等对员工实行管理和激励。现代化管理手段是"软硬兼施"的手段。

5. 管理人才现代化

企业管理现代化的关键是实现管理人才现代化。没有大批具有现代化管理知识、丰富的实践经验、头脑敏锐、视野开阔、善于吸收国内外先进科学技术成果和管理经验的开拓型人才，就不可能实现企业管理的现代化。企业管理人才现代化包括管理人才的结构、知识、观念、素质、培训和开发。企业管理现代化是一个系统的、整体的概念，其五个方面的内容存在着一定的内在联系，管理思想现代化是灵魂，管理组织现代化是保证，管理方法现代化是基础，管理手段现代化是工具，管理人才现代化是关键。我们要从系统的观念出发，不能孤立地看某一方面，要从整体上去把握，否则，就不可能实现企业管理现代化。

第二章 现代企业战略管理

第一节 企业战略与战略管理

一、企业战略的概念

自 1965 年美国著名的管理学家安索夫发表了《企业战略论》以来，企业战略一词被广泛运用于社会经济生活中的各个领域，成为管理科学领域中一门年轻的学科。经过几十年的发展，不同的管理学家或企业管理工作者对企业战略的概念有着各自不同的观点和解释。

从广义上说，企业战略包括了企业的意图、企业的目标、企业的战略、企业的政策。持有此观点的著名代表人物是美国哈佛大学教授安德鲁斯。他认为，战略是目标、意图或目的以及达到这些目的而制订的主要方针和计划的一种模式，这种模式决定着企业正在从事或者应从事何种经营业务以及应该属于何种经营类型，它涉及企业所有的关键活动，而且与企业的外部环境紧密相连，因此，它应是长期计划的演变和发展。它体现了战略的两个基本特征：前瞻性——战略形成在经营活动发生之前；主观性——反映企业高层主管对未来行动的主观愿望。

从狭义上说，企业战略仅仅是指企业实现其宗旨和一系列长期目标的基本方法和具体计划。持这种观点的代表人物是美国著名的管理学家安索夫。安索夫根据自己在美国洛克希德飞机公司工作多年的管理经验，以及在大学里教学和咨询的经验，于 1965 年发表了著名的《企业战略论》。他提出，企业战略就是决定企业将从事什么事业，以及是否从事这一事业，这种战略强调关注企业外部环境，尤其是企业的产品构成和目标市场。随着经济全球化的发展，竞争范围的确已成为企业的一项重要工作，现实中许多企业因业务范围过宽而不能形成自己的竞争优势，同样也有许多企业因业务范围过窄而失去发展的良好机会。因此，确定企业正在从事何种事业或决定将进入哪种行业，已经成为企业战略研究的中心议题。

二、企业战略的发展及其特征

企业战略作为企业管理发展的最新分支，其特征主要表现为以下几个方面：

（一）整体性

企业战略是以企业全局为对象，根据企业总体发展需要而制定的，它规定了企业的总体行为，从全局实现对局部的指导，使局部得到最优结果，使全局目标得到实现。它所追求的是企业的总体效果，是指导企业一切活动的总体性谋划。

（二）长远性

企业战略的制定要以企业外部环境和企业条件的当前情况为出发点，并且对企业当前的生产经营活动有指导和限制作用，但是，企业战略制定的着眼点在于企业未来的生存和发展，只有面向未来，才能保证战略的成功。

企业战略立足于未来，对较长时间内企业的生存和发展问题进行通盘考虑，从而决定企业当前的行动。凡是为适应环境变化而确定的、长期基本不变的行动目标和实现目标的行动方案，均是企业战略的研究范畴。而那种针对当前形势灵活地适应短期变化，解决基本问题的方法都是战术。企业战略实现了战略与战术的统一和互动。

（三）风险性

风险性的实质是组织的变革，这种变革的正确与否关系到企业的生死存亡，具有很强的风险性，所以在制定企业战略的时候必须采取防范风险的措施。同时，战略既是关于组织在激烈的竞争中如何与竞争对手进行竞争的行动方案，又是来自组织外部各个方面的压力对付各种变化的方案，具有明显的抗争性。

（四）社会性

企业战略研究不能仅仅立足于组织目标，还要兼顾国家和民族的利益，兼顾组织成员的利益，兼顾社会文化、环境保护等方面的利益。企业制定组织战略时还要特别注意自己所应承担的社会责任，注意树立良好的社会形象，维护企业品牌。

三、企业战略的分类

企业战略可以分为三种基本类型：企业总体战略、企业竞争战略和企业职能战略。

（一）企业总体战略

正如安德鲁斯教授所指出的那样，企业总体战略决定和揭示了企业目的和目标，确定企业重大的方针与计划、企业经营业务类型和人文组织类型以及企业应对职工、顾客和社会所做的贡献。总体战略主要是决定企业应该选择哪类经营业务，进入哪些领域。企业总体战略还应包括：发展战略、稳定战略和紧缩战略。

（二）企业竞争战略

企业竞争战略又称企业经营战略，主要解决企业如何选择其经营的行业和如何选择在一个行业中的竞争地位的问题，包括行业吸引力和企业的竞争地位。行业吸引力指由长期盈利能力和决定长期盈利能力的各种因素所决定的各行业对企业的吸引力，一个企业所属行业的内在盈利能力是决定这个企业盈利能力的一个重要因素。同时，在一个行业中，不管其平均盈利能力怎样，总有一些企业会因其有利的竞争地位而获得比行业平均利润更高的收益，这就是企业的竞争地位。

行业吸引力和企业竞争地位都可以对企业加以改变。通过竞争战略的选择，企业可以在相当程度上增强或削弱一个行业的吸引力；同时，一个企业也可以通过对其竞争战略的选择显著增强或减弱自己在行业内的地位。因此，竞争战略不仅是企业对环境做出的反应，而且是企业从对自己有利的角度去改变环境的行为。

企业经营战略除应包括三种基本竞争战略外，还包括投资战略及其在不同企业行业中的经营战略等。其中三种基本战略主要涉及如何在所选定的领域内与对手展开有效的竞争，因此，它所研究的主要内容是应该用哪些产品或服务参与哪类市场竞争等问题。

（三）企业职能战略

企业职能战略是为了实现企业总体战略和经营战略，对企业内部的各项关键的职能活动做出的统筹安排。企业的职能战略包括财务战略、人力资源战略、研究开发战略、生产战略、营销战略等。职能战略应特别注重不同的职能部门如何更好地为各级战略部门服务，以提高组织效率的问题。

概括地说，企业的总体战略和竞争战略分层次表明了企业的产品、市场、竞争优势和基本目标，规定了企业的核心任务和总的方向，而企业要实现这样的战略设想，必须通过有效的职能活动来运用资源，使企业的人力、物力和财力与其生产经营活动的各个环节密切结合，与企业的总体战略和竞争战略协调一致。

四、企业战略管理过程

战略是对重大问题的对策结果，是企业将要采取的重要行动方案；战略管理则是决定企业将采取何种战略的决策过程，它还涉及如何对所选战略进行评价和实施。也就是说，企业战略管理包括战略制定、评价和实施的全过程。

战略管理过程的基本思路是：企业高层领导者要根据企业宗旨和目标，分析企业生产经营活动的外部环境，确定存在的经营机会和威胁；评估自身的内部条件，认清企业及其主要竞争对手经营的优势和劣势；在此基础上为企业选择一个适宜的战略。管理人员要尽可能多地列出可供选择的战略方案。所以设计战略方案是进行战略决策的重要环节，在此基础上依据一定的标准对各个方案进行评估，决定哪一种方案最有助于实现企业的目标，做出决策。战略实施就是要将备选战略转化为行动方案，根据战略计划的要求，进行企业资源的配置，调整企业结构和分配管理工作，并通过计划、预算和进程等形式实施既定的战略。在执行战略过程中，企业管理人员还要对战略的实施成果和效益进行评价，同时，针对战略实施中的各种信息的变化修订原有的战略，或者制定新的战略，开始一个新的战略管理过程。

第二节　企业战略环境分析

企业是一个开放的经济系统，它的经营管理活动自然受客观环境的控制和影响。企业的产生、存在和发展不仅是它们的产品或服务能够满足社会的需要，而且也是它们能适应自身所处的环境。所以，把握环境的现状及未来的变化趋势，利用有利于企业发展的机会，避开环境的威胁因素是制定企业战略的首要问题。企业战略环境分析就是确定哪些外部因素会影响企业，这些因素将会发生哪些变化，这些变化会以何种方式影响企业，这些因素对企业影响的程度如何，等等。这些多主体、多层次发展变化的战略环境构成了一个系统，以空间为坐标的宏观外部环境、中观行业环境和微观企业内部环境（企业内部资源条件与竞争优势）的分析。

一、外部宏观环境分析

企业宏观环境是指那些来自企业外部并对企业战略产生影响、发生作用的所有不可控因素的总和。企业宏观环境分析可以大体概括为四类：政治环境、经济环境、社会环境、和技术环境，即 PEST 分析法。

（一）政治环境

政治环境是指那些制约和影响企业的政治要素的总和。政治是一种十分重要的社会现象，政治因素及其运用状况是企业宏观环境的重要组成部分。政治环境中对企业起决定、制约和影响作用的因素主要有：政治局势、政党、政治性团体、地方政府的方针政策等。

此外，政治环境也包括政府制定的一些法律、法规，它们也直接影响着某些商品的生产和销售，对企业的影响具有刚性约束的特征，主要有政府的政策和规定、税率和税法、企业法、关税、专利法、环保法、反垄断法、进出口政策、政府预算和货币政策等，比如在我国已经出台的经济法律、法规有：食品卫生法、烟草专卖条例、药品管理法、经济合同法、专利法、工商企业登记管理条例等近 400 项。这些有关的经济法律、法规对市场消费需求的形成起到了重要的调节作用。

（二）经济环境

经济环境是指构成企业生存和发展的社会经济状况及国家经济政策的多维动态系统。其主要由社会经济结构、经济发展水平、经济体制和宏观政策四个要素构成。一个企业经营的成功与否在很大程度上取决于整个经济运行状况。对于经济环境的分析，关键要考察以下几点：

（1）国民经济总体运行情况，即经济周期当前处于哪个阶段，国内生产总值的各项指标变动情况。

（2）某国或某地区的通货膨胀率、银行利率、外汇汇率等经济指标，这些是影响市场和消费水平的重要指标。

（3）经济体制、就业率、失业率、市场机制的完善程度、能源供给与成本等。

（三）社会环境

社会环境是指企业所处环境中诸多社会现象的集合。企业在保持一定发展水平的基础上，能否长期地获得高增长和高利润，取决于企业所处环境的社会、文化、人口等方面的变化与企业的产品、服务、市场和所属顾客的相关程度。在社会环境中社会阶层的形成和变动、社会中的权力结构、人们的生活方式和工作方式、社会风尚和民族构成、人口的地区流动性、人口年龄结构等方面的变化都会影响社会对企业产品或劳务的需求。

社会环境中还包括一个重要的因素，就是物质环境。社会生产离不开物质资源，无论生产创造的财富属于哪一个部门，其起始点都必定是物质资源。物质环境包括土地、森林、河流、海洋、生物、矿产、能源、水源等自然资源以及环境保护、生态平衡等方面的发展变化对企业的影响。

（四）技术环境

技术环境是指一个国家和地区的技术水平、技术政策、新产品开发能力以及技术发展动向等。在衡量技术环境的诸多指标中，整个国家的研究开发经费总额、企业所在产业的研究支出状况、技术开发力量集中的焦点、知识产权与专利保护、实验室技术向市场转移的最新发展趋势、信息与自动化技术发展可能带来生产率提高的前景等，都可作为关键战略要素进行分析。

二、SWOT 分析法

SWOT 分析法就是对企业外部环境中存在的机会与威胁和企业内部能力的优势和劣势进行综合分析，据此对备选的战略方案作出系统的评价，最终选择出最佳的竞争战略。SWOT 中的 S（Strengths）是指企业内部的优势；W（Weaknesses）是指企业内部的劣势；O（Opportunities）是指企业外部环境中的机会；T（Threats）是指企业外部环境的威胁。

SWOT 分析的具体做法是：根据企业的总体目标和总体战略的要求，列出对企业发展有重大影响的内部及外部环境因素，确定标准、进行评价，判断什么是企业内部的优势及劣势，什么是外部的机会和威胁。

相对于竞争对手而言，企业内部的优势和劣势可以表现在资金、技术、设备、产品、市场、管理和职工素质等方面。判断企业内部的优势和劣势有两项标准：一是单项标准，如市场占有率低则表示企业在市场上存在一定的问题，处于市场的劣势；二是综合标准，即对影响企业的一些重要因素根据其重要程度进行加权打分、综合评价，以此判断企业内部的关键因素对企业的影响程度。

企业外部的机会是指环境对企业发展有利的因素，如政府支持、高新技术的应用、良好的供应和销售关系等。企业外部的威胁是指环境中对企业发展不利的因素，如新的竞争对手的出现、市场增长率减缓、供应商和购买者讨价还价的能力增强、技术老化等影响企业目前竞争地位或未来竞争地位的主要因素。

三、经营业务组合分析法

（一）波士顿矩阵

波士顿矩阵是由美国波士顿咨询公司为大企业确定和平衡各项经营业务发展方向和资源分配而提出的战略决策方法。其前提假设是，大部分企业经营两项以上的业务，这些业务扩展、维持还是收缩，应该立足于企业全局的角度来确定，以便使各项经营业务能在现金需要和来源方面形成相互补充、相互促进的良性循环局面。

这种决策方法，在确定各经营业务发展方向的时候，企业应综合考虑该项经营业务的市场增长速度情况以及企业在该市场上的相对竞争地位。相对竞争地位是通过企业在该项业务经营所拥有的市场占有率与市场上最大的竞争对手的市场占有率的比值（即相对市场份额）来表示的，它决定了企业在该项业务经营中获得现金回笼的能力及速度，较高的市场占有率可以带来较大的销售量和销售利润额，从而使企业得到较多的现金流量。而该项业务的市场增长情况则反映该业务所属市场的吸引力，它主要用该市场领域最近两年平均的销售增长率来表示，并且将平均市场销售率在 10% 以上的划为高增长业务，10% 以下的则为低增长业务。

1. 金牛类业务

该类经营业务的特点是：企业拥有较高的市场占有率，相对竞争地位强，能从经营中获得高额利润和高额现金回笼，但该项业务的市场增长率低，前景并不好，因而不宜投入过多资金盲目追求发展，而应该将其当前市场份额的维护和增长作为经营的主要方向。其目的是使金牛类业务成为企业发展其他业务的重要资金来源。

2. 明星类业务

这类经营业务的市场增长率和相对竞争地位都较高，能给企业带来较高的利润，但同时也需要企业增加投资，以便跟上总体市场的增长速度，巩固和提高其市场占有率。因此，明星类业务的基本特点是：无论其所回笼的现金，还是所需的现金投入，数量都非常大，两者相抵后的现金流可能出现零或者负值状态。

3. 幼童类业务

这类经营业务的市场增长率较高，但企业目前拥有的市场占有率相对较低，其原因很可能是企业刚进入该项相当有前途的经营领域，由于高增长速度要求有其他渠道获得的大量现金投入到该项幼童业务中，使其尽快扩大生产经营规模，提高市场份额。采取这种策略的目的就是使幼童业务尽快变成明星业务。

但是如果决策者认为某些刚开发的业务并不可能转化为明星，则应及时采取放弃策略，因为这类业务如果勉强维持下去，企业可能要投入相当多的资金，其投资量甚至还会超过它们提供的现金量，这样，企业就容易出现现金的短缺。

4.瘦狗类业务

瘦狗类业务是指市场销售增长率比较低，而企业在该市场上也不拥有相对有利的竞争地位的经营业务。由于销售前景和市场份额都比较小，经营这类业务只能给企业带来极微小甚至负值的利润。对这种不景气的瘦狗类经营业务，企业应采取缩小规模或者清算、放弃等策略。

（二）波士顿矩阵的启示

经营业务组合分析法之所以被认为是企业经营决策的一种工具，是因为它通过将企业所有的经营业务综合到一个平面矩阵中，使决策者可以简单明了地看出现有业务中哪些是产生企业资源的单位，哪些是企业资源的最佳使用单位，以此可以判断企业经营中存在的主要问题及未来的发展方向和发展战略。比较理想的经营业务组合情况应该是：企业有较多的明星类和金牛类业务，同时有一定数量的幼童类业务和极少的瘦狗类业务，这样企业在当前和未来都可以取得比较好的现金流量平衡。否则，如果产生现金的业务少，而需要投资的业务过多，企业发展就容易陷入现金不足的陷阱中；或者相反，企业目前并不拥有需要重点投入资金予以发展的前景业务，则企业将面临发展潜力不足的战略性问题。

根据企业现有所经营业务各自的特点和总体组合的情况，决策者可以根据以下两条来确定经营和发展的战略：一是把金牛类业务作为企业近期利润和资金的主要来源加以保护，但不作为重点投资的对象；本着有选择和集中地运用企业有限资源的原则，将资金重点投放到明星或将来有希望的幼童类上，并根据情况有选择地抛弃瘦狗类业务和无望的幼童类业务；二是如果企业对经营的业务不加区分，采取一刀切的办法，规定同样的目标，按相同的比例分配资金，结果往往是对金牛和瘦狗类业务投放过多资金，而对企业未来生存发展真正依靠的明星和幼童类业务则投资不足。这样的决策是没有战略眼光的。

（三）波士顿矩阵的局限性

企业在把波士顿矩阵作为分析工具时，应该注意到它的局限性。

（1）实践中，企业要确定各业务的市场增长率和相对市场份额是比较困难的。有时，数据会与现实不相符。

（2）波士顿矩阵按照市场增长率和相对市场份额，把企业的业务划分为四种类型，相对来说，有些过于简单。实际上，市场还存在着难以确切归入某个象限中的业务。

（3）波士顿矩阵中市场地位与获利之间的关系也会随着行业和细分市场

的不同而发生变化。在有些行业里，企业的市场份额大，会在单位成本上形成优势；而有些行业则不然，过于庞大的市场份额可能会导致企业成本增加。实际上，市场占有率小的企业如果采用创新、产品差别化和市场细分等战略，仍然可以获得很高的利润。

（4）企业对自己一系列经营业务进行战略评价，仅仅依靠市场增长率和相对市场份额是不够的，还需要依靠行业的技术等其他指标。

（四）通用矩阵

1. 基本分析原理

通用矩阵又称行业吸引力矩阵，是美国通用电气公司设计的一种投资组合分析方法。相对于波士顿矩阵，通用矩阵有很大的改进，在两个坐标轴上都增加了中间等级，增多了战略的变量。这不仅适用于波士顿矩阵能适用的范围，而且对需求、技术寿命周期曲线的各个阶段以及不同的竞争环境均可适用。九个区域的划分，更好地说明了企业处于不同地位经营业务的状态，使企业可以更有效地分配其有限的资源。

2. 分析方法

企业利用通用矩阵比较其经营业务以及决定其资源的分配方式时，必须估测行业吸引力及经营业务的竞争地位。影响行业吸引力的因素有：行业增长率、市场价格、市场规模、获利能力、市场结构、竞争结构、技术及社会政治因素等。评价行业吸引力的大致步骤是：首先，根据每个因素的相对重要程度，定出各自的权数；然后，根据业务定出行业吸引力因素的级数，一般用1、2、3、4、5表示；最后，用权数乘以级数，得出每个因素的加权数，并将各个因素的加权数值汇总为整个行业吸引力的加权数。

影响经营业务竞争地位的因素有：相对市场份额、市场增长率、买方增长率、产品差别化、生产技术、生产能力、管理水平等。评估经营业务竞争地位的原理，同评估行业吸引力的原理基本相同。

（五）竞争者分析

竞争者分析的目的在于预测竞争对手行为，企业进行竞争者分析的重要性依赖于所处行业的结构。在一个生产同质产品、分散程度很高的市场上，市场竞争是众多生产者决策的结果，分析单个生产者显得毫无意义；而对高度集中的行业，一个企业的竞争环境主要受几个主要竞争对手的影响，此时应进行详细的竞争者分析。

竞争者的信息一般包括三个方面：①预测竞争者未来的战略和决策；②预测竞争者对本公司采取战略的反应；③确定如何影响竞争对手才能有利于本公司的发展。

竞争者分析的基本框架包括以下四个方面：

1. 确定竞争者目前的战略

分析的起点是确定对手正在采用的。如果没有任何引发变化的力量，我们可以假设公司将来竞争的方式同现在一致。竞争对手的战略可以通过公司的言行表现出来。当然，言行不一定相同，明茨伯格指出，战略意图与实际实施的战略会有很大的区别。了解公司战略意图的主要来源是年度报告，尤其是公司执行主席向股东发布的信息、一些高级管理者的谈话和一些投资分析会议的记录。而公司正在实施的战略，必须通过竞争者的行为和决策体现出来，比如正在实施的投资项目、雇用人员状况、最近启动的收购与兼并计划、最新的广告和宣传计划等。对竞争者目前战略的了解：一方面，可以通过与实施计划的员工进行交流；另一方面，可以通过与评估战略的投资家进行沟通。

2. 确定竞争者目标

预测竞争者战略的未来变化，就必须了解其目标，确定基本的财务与市场目标尤其重要。以中短期获利为目标的公司，如美国通用电气公司与以长期占有市场为目的的宝洁公司显然不同。以短期盈利为目的的公司较少考虑竞争对手的行为，因为这种行为从短期来看是得不偿失的。英国摩托车行业的失败和美国摩托车行业的衰落，其原因都在于英美国内摩托车公司退出竞争，将生产局限于安全盈利的领域。然而宝洁公司面对竞争者的反应则截然不同，为了在市场上立足，宝洁公司可以容忍连续 9 年亏损。

3. 明确竞争者对行业的假定

竞争者的战略决策受外部环境、所处行业、宏观经济状况等因素的影响，也反映了高层管理者的理念。实践表明，这种行业内流行的高层管理者的理念会直接影响整个行业的发展。因此，在任何时点上，不同的公司都遵循相同的原则，这种在行业内流行的理念被斯彭德描述为"行业处方"。

4. 确定竞争者的实力

对公司来说，如何评价竞争对手具有的实力也很重要。竞争者面对市场威胁的反应能力取决于公司自身的实力。在评价竞争对手这一阶段，关键是要审视公司的战略资源，主要包括：财务状况、资本设备、劳动力、商品忠诚度和管理技巧。同时也要评价该公司各主要环节的能力，比如研发能力、生产能力、市场营销能力、服务能力、财务能力、市场占有率和产品竞争力等。

（六）竞争优势与可持续竞争优势

1. 竞争优势

竞争优势是指能够给某一企业带来高于行业平均利润水平的利润的、具有更高附加价值的特殊资源条件和管理基础。

自从迈克尔·波特提出竞争优势论之后，"竞争优势的可持续性"就一直是一个争论不休的议题。这方面的争论激发出 20 世纪 90 年代一些极富创造力的策略思考，其中包括资源基础论以及知识基础论，前者衍生出核心竞争力论，而后者衍生出知识管理论。竞争优势的可持续性直接影响到企业战略的实施效果和企业成长的质量。

5. 可持续竞争优势及其特点

可持续竞争优势是指那些深刻地镶嵌在组织结构内部的、特殊的资源条件和管理基础。可持续竞争优势的主要特点可以概括为以下几个方面：

（1）体现在产业结构当中进入障碍的显著程度，进入障碍会决定潜在进入者侵入、分享企业竞争优势的程度。

（2）表明企业价值活动的移动障碍的显著程度，移动障碍会决定企业调整基本的价值活动以及追求竞争优势的能力，会影响竞争对手模仿企业竞争策略以追逐相同竞争优势的难易程度。

（3）可持续竞争优势对竞争优势具有防护作用，这主要来自竞争阻绝机能。如果进入障碍高，对手所遭遇的移动障碍相对于企业较高，加之企业的竞争阻绝机能发挥作用，企业则会有机会维持一段时间的竞争优势；反之，进入障碍遭到瓦解，对手迅速移动资源模仿企业策略作为或者是竞争机能失效等都会使竞争优势荡然无存。

（4）可持续竞争优势通常是那些深刻地镶嵌在组织结构内部的资源条件和管理基础之中，不易被竞争对手所模仿的管理要素或无形资产，比如品牌形象、投资方式、技术专利、良好的服务等。

第三节　企业竞争战略及其选择与实施

一、企业竞争战略的提出

（一）企业经营面临的两个基本问题

在企业经营的现实中经常遇到两个情况：①在一个非常有吸引力的行业里，一个企业如果处于不利的竞争地位，依然可能得不到令人满意的利润；②与此相反的情况，即一个具有优越竞争地位的企业，由于栖身于前景黯淡的行业，而获利甚微，即便努力改善其地位也无济于事。由此对企业的经营者提出了两个非常严峻的问题，即如何选择企业的经营行业和如何选择企业在一个行业中的竞争地位。这也是企业战略要解决的两个核心问题。

（二）企业竞争战略选择的核心问题

竞争战略的选择由两个中心问题构成，第一个是行业吸引力。所谓行业吸引力，是指长期盈利能力和决定长期盈利能力的各种因素决定的各行业对企业的吸引能力，各个行业并非都提供同等的持续盈利机会，一个企业所属行业的内在盈利能力是决定这个企业盈利能力的一个要素。竞争战略的第二个中心问题是企业在该行业因其有利的竞争地位而获得比行业平均利润更高的收益。

这两个核心问题中任何一个都不是静止不变的，行业吸引力和企业的竞争地位都在变化着。随着时间的推移，行业的吸引力会增强或降低，而竞争地位则反映了竞争厂商之间的一场永不休止的争斗，甚至长期的稳定局面也会因竞争的变动而突告终结。行业吸引力和企业的竞争地位两者都可以由企业加以改变，这也是竞争战略的选择具有挑战性和刺激性的地方。行业吸引力部分地反映了一个企业几乎无法施加影响的那些外部因素，而通过竞争战略的选择，企业却可以从相当程度上增强或削弱一个行业的吸引力；同时，一个企业也可以通过对竞争战略的选择显著地增强或减弱自己在行业内的地位。因此，竞争战略不仅是企业对环境做出的反应，而且也是企业从对自己有利的角度去改变环境。

二、三种基本的竞争战略

20 世纪 80 年代，被最广泛阅读的竞争分析方面的书主要是迈克尔·波特的《竞争战略》和《竞争优势》。根据波特的理论，各种战略使企业获得竞争优势的三个基本点是：成本领先、差异化和重点战略。波特将这些基点称为一般性战略，又译为通用战略。成本领先战略强调以很低的单位成本价格为价格敏感型用户生产标准化的产品。差异化战略旨在为对价格相对不敏感的用户提供某产业中独特的产品与服务。专一经营（FOCUS）战略指专门提供满足小用户群体需求的产品和服务。

波特的三种基本竞争战略意味着不同的企业采取不同的组织安排、控制程序和激励制度参与市场的竞争，比如可以得到更多资源的大公司一般以成本领先或差异化为基点进行竞争，而小公司则往往以专一经营为基点进行竞争。

波特强调战略制定者需要进行成本收益分析，以评估公司现有的和潜在的经营单位"分享机会"的状况。通过降低成本或提高差异化，共同行动与分享资源可以提高企业的竞争优势。除提倡分享外，波特还强调需要在独立的经营单位之间有效地传输技能和专长，根据诸如产业类型、公司规模及竞争类型等因素的不同，以便获得竞争优势。不同的战略可以分别在成本领先、差异化及专一经营等方面取得竞争优势。

（一）总成本领先战略的概念

总成本领先战略又称低成本战略，是指企业在提供相同的产品或服务时，其成本或费用明显低于行业平均或主要竞争对手的竞争战略。或者说，企业在一定时期内为用户创造价值的全部活动的累计总成本，低于行业平均水平或主要竞争对手的水平。

总成本领先战略使企业在竞争中获得低成本优势，其意义是使企业能够在相同的规模经济下，获得最大的盈利，或累积更多的发展资金，或在不利的经营环境中具有更强的讨价还价的能力。低成本优势的另一个含义是具有可维持性，即相对稳定性。对企业而言，稳定性就是指竞争对手在一定时期内难以达到或接近的成本水平。

（二）总成本领先战略的内容

总成本领先战略是三种基本战略中最明确的一种。在这种战略指导下，企业的目标是成为其产业中的低成本生产厂商。企业有广阔的活动空间，为产业中的许多细分市场服务，甚至可能在相关产业中经营，这点对企业获得竞争优势至关重要。成本优势不仅取决于产业结构，而且取决于企业的规模经济性、专有技术、优惠的原材料以及其他技术和管理要素。例如，在电视机制造业中，成本领先要求有足够规模的显像管生产设备、低成本设计、自动装配线和分摊研究与开发费用的全球规模。

如果企业能够创造和维持全面的成本领先地位，那它只要将价格控制在产业平均或接近平均水平，就能够获取优于产业平均水平的经营业绩。在与对手相当或相对较低的价位上，总成本领先者的低成本将转化为高收益。然而，总成本领先战略会受到差异化战略的挑战，如果其产品被认为与采取差异化战略企业的产品不能相比而不被客户所接受，那么总成本领先者为了增加销售量，将被迫削价以至远低于竞争者的价格水平，这将抵消其理想的成本地位所带来的收益。

（三）差异化战略

1. 差异化战略的概念

第二种基本竞争战略即差异化战略，又称为产品差异化战略、别具一格战略等。与低成本战略形成鲜明对比，差异化战略更直接强调企业与用户的关系，即通过向用户提供与众不同的产品或服务，为用户创造价值。

在差异化战略的指导下，企业力求就客户广泛重视的一些方面在产业内独树一帜。它选择被产业内许多客户视为重要的一种或多种特质，并为其选择一种独特的地位以满足客户的要求，它因其独特地位而获得溢价的报酬。

2. 差异化战略的内容

差异化战略赖以建立的基础是产品本身、销售交货体系、营销渠道及一系列其他因素，并且因产业不同而着重点不同。例如，在建筑设备产业，履带拖拉机公司的差异战略建立在其产品的耐用性、服务、备用件供应和出色的销售网络基础上；在化妆品产业，差异战略则更多地依赖于产品形象和在商品柜台内的定位。

（四）重点战略

1. 重点战略的概念

因为着眼于在产业内一个狭小空间内做出选择，这一战略与其他战略相比迥然不同。采取重点战略的企业选择产业内一个或一组细分市场，并量体裁衣使战略为选定的市场服务而不是为其他细分市场服务。通过为其目标市场进行战略优化，重点战略的企业致力于寻求其目标市场上的竞争优势，尽管它并不拥有全面市场上的竞争优势。

重点战略有两种形式：特定目标市场上的低成本战略和特定目标市场上的差异化战略。在特定目标市场上低成本战略的指导下企业寻求其目标市场上的成本优势，而在特定目标市场上的差异化战略中企业则追求其目标市场上的差异优势。

2. 重点战略的内容

重点战略的这两种形式都以采用重点战略企业的目标市场与产业内其他细分市场的差异为基础。目标市场必须或者满足客户的特殊需要，或者为了适合目标市场的生产和交换体系必须与其他细分市场不同。特定目标市场上的低成本是开发特定市场客户的特殊需要。这些差异意味着多目标竞争能不能很好地服务于这些细分市场，它们在服务于部分的同时也服务于其他市场，因此，重点战略的企业可以通过专门服务于这些细分市场而获取竞争优势。

采取重点战略的企业较之那些以全行业为战略口标的竞争对手而言，可以竞争优势和战略目标两个方面中的任何一个取得优势。竞争对手也许会在满足特殊市场需求方面表现欠佳，这时采取重点战略的企业就有可能实施特定目标市场上的差异化战略。多目标的竞争对手可能又会满足某一市场需要时表现过头，这意味着它们服务于该细分市场时，将承受高于所必需的成本压力，为特定目标市场上的低成本战略提供了机会。

三、竞争战略的选择和实施

（一）总成本领先战略的选择与实施

总成本领先的战略逻辑要求企业就是总成本领先者，而不是成为具有专长这一竞争地位的几个企业之一。很多企业因为没能认识到这一点而曾犯过严重的战略性错误，当雄心勃勃的总成本领先者不止一个时，他们之间的竞争常常十分激烈，因为市场份额的每一份都被视作至关重要。如果没有一个企业能获取总成本领先并"劝阻"其他企业放弃它们的成本战略，那么正如大量石油化工产品的例子一样，对盈利能力（和长期的产业结构）造成的后果可能是灾难性的。所以，总成本领先是一种格外依赖于先发制人策略的战略，除非重大的技术变革允许某个企业从根本上改变其竞争地位。

在有些行业中竞争者很多，即使就成本领先而言，也可能会出现有多个企业的情况。他们相对于任何竞争对手而言，都不具有绝对的成本优势，但相对于差异化的竞争对手而言，他们又是以低成本为基础，在这种情况下，企业采取的竞争战略是低成本战略。由于任何一个企业都不具有绝对成本优势，这时，企业在价格竞争中往往会很慎重，以防引起价格战，较好的策略是行业内企业都采用成本加成定价法，以确保合理利润。同时，还应该采取各种方法降低成本，增收节支，创造更多的利润源。

成本领先战略采取前向、后向和横向一体化的主要目的在于获取成本领先的收益。但成本领先战略必须与差异化战略结合使用。数种成本因素影响着一般战略的相对吸引力及学习和经验曲线效应。在战略选择中需要考虑的其他成本因素包括：在企业内分摊成本和分享知识的潜力、与新产品开发或现有产品调整相关的研究与开发成本、劳动力成本、税率、能源成本及物流成本。

一般来讲，在下述场合，应力求做产业中的低成本生产者：市场中有许多对价格敏感的用户；实现产品差异化的途径很少；购买者不太在意品牌间的差异；存在大量讨价还价的购买者。实施要点在于使价格低于竞争者，从而提高市场份额和销售额，将一些竞争对手逐出市场。

成功的成本领先战略应贯彻整个企业，其实施结果表现在高效率等于低管理成本、制止浪费、严格审查预算需求、大范围的控制、奖励与成本节约挂钩及雇员对成本控制活动的广泛参与。

采用成本领先战略的风险有：竞争者可能会进行模仿，这会压低整个产业的盈利水平；本产业技术上的突破可能会使这一战略失效；购买者的兴趣可能会转移到价格以外的其他产品特征上。以采取成本领先战略著称的几个范例公司包括沃尔玛、BIC 公司、麦当劳公司、林肯电气公司。

（二）差异化战略的选择与实施

实施差异化战略的企业为创造和维护与众不同的差异化优势，通常要承担比低成本战略高得多的成本负担。差异化战略通常考虑差异化形成要素、差异化成本和用户需要，去影响企业价值链中的差异化价值活动，为用户创造可接受的价值。这种价值最终表现为降低用户的成本，或者提高用户的绩效，或者兼而有之。因此，了解和确定什么是用户的价值是制定差异化战略的出发点。用户的价值体现在其价值链中，企业通过自己的价值链与用户的价值链的联系，去识别和确定需要实现的差异化价值。

差异化战略的逻辑要求企业选择那些不利于竞争对手的产品，并使自己的经营具有独特特质。企业如果期望得到价格溢价，它必须在某些方面真正差异化或被视为具有差异性。然而，与总成本领先相反的是，如果存在多种为客户广泛重视的特质，产业中将可能有不止一种成功的差异战略。

不同的战略会导致不同程度的差异化。差异化不能保证一定带来竞争优势，尤其是当标准化产品可以充分地满足用户需求，或竞争者有可能迅速地模仿这种差异化产品时，最好能设置防止竞争者迅速模仿的障碍，以保证产品具有长久的独特性。成功的差异化意味着更大的产品灵活性、更大的兼容性、更低的成本、更高水平的服务、更少的维护需求、更大的方便性和更多的特性。产品开发便是一种提供差异化优势的战略。

决定采取某种差异化战略，必须仔细研究购买者的需求和偏好，以便决定将一种或多种差异化特征结合在一个独特的产品中，达到所需要的产品特性。成功的差异化战略能够使企业以更高的价格出售其产品，并通过使用户高度依赖产品的差异化特征而得到用户的忠诚。产品差异化可体现在以下方面：服务水平、零配件的提供、工艺设计、产品的性能、寿命、能耗及使用的方便性。

采用差异化战略的一种风险是，用户对某种特殊产品价值的认同与偏好不足以使其接受该产品的高价格。在这种场合，成本领先战略会轻而易举地击败差异化战略。采取差异化战略的另一种风险是竞争者可能会设法迅速模仿产品的差异化特征，公司难以长久地保持产品的独特性，使这一独特性能被竞争者迅速而廉价地模仿。

成功的差异化战略对一般组织工作的要求包括：对研究开发和市场销售功能的强有力的协调，以及提供能够吸引优秀的研发人员和创造性人才的良好的工作环境。采取差异化战略的公司包括宝马公司（BMW）等许多有一定技术专利保护和设计优势的公司。

相对于实行差异化战略的企业而言，总成本领先者虽然具有成本低的竞争优势，但仍必须在相对竞争对手差异化的基础上创造出与差异化竞争对手价值相等或价值近似的地位，以领先于产业平均收益水平。差异化基础上的价值相等能使总成本领先者直接将成本优势转化为较竞争对手更高的收益。差异化的价值近似意味着为获取满意的市场份额而进行的必要的削价不会抵消总成本领先者的成本优势，因此总成本领先者能赚取高于产业平均水平的利润。

（三）重点战略的选择与实施

重点战略的成功实施要求所选择的细分市场有足够的规模，有良好的增长潜力，而且对其他主要竞争者而言并不是至关重要的。诸如市场渗透和市场开发这样的战略可提供相当大的专一经营优势。中型和大型企业要想有效地采取重点战略，必须将其与差异化战略或成本领先战略结合起来。所有的公司实际上都在采用差异化战略。因为在任何一个产业中，只有一家公司能够以最低的价格实现差异化，其他公司则必须通过其他途径使自己的产品实现差异化。

当用户有独特的偏好或需求，以及当竞争公司不想专业化于同一目标市场时，专一经营的重点战略最为有效。采取这一经营战略的典型公司是联邦快递公司。采用重点专一经营战略的公司将经营目标集中于特定消费者群众、特定地域市场或特定规格的产品，从而能够比服务于更广泛市场的竞争者更好地为特定的细分市场服务。

如果实施重点战略的企业的目标市场与其他细分市场并无差异，那么重点战略都不会成功。例如，在软饮料产业，皇冠公司专门致力于可乐饮料，可口可乐和百事可乐公司则生产种类繁多、味道多样的饮料。然而，可口可乐和百事可乐在服务于其他细分市场的同时也很好地服务于皇冠公司的细分市场。这样，可口可乐和百事可乐拥有更多种类的产品，而在可乐市场上也享有高于皇冠公司的竞争优势。

采用重点经营战略的风险在于，一旦竞争结构改变或消费者需求偏好改变，就会给企业带来很大的经营风险。如果一个企业能够在其细分市场上获得持久的成本领先或差异化地位，并且这一细分市场的产业结构很有吸引力，那么实施重点战略的企业将成为其产业中收益率高于平均收益水平的佼佼者。

在选择重点战略时，细分市场结构上的吸引力是一个必要条件，因为一个产业中，一些细分市场比其他市场盈利率要低得多。只要实施重点战略的企业选择不同的目标市场，产业中通常总有容纳几种持久的重点战略的市场空间。大多数产业包含的大量的细分市场，即每一个包含着不同的客户需求或不同的最优化生产或交货体系的细分市场，都是重点战略的候选市场。

第四节　企业战略评价与控制

一、企业战略评价标准

战略评价对企业战略执行利害攸关，而及时评价可以使管理者对潜在问题防患于未然。战略评价应主要包括三个基本活动：一是考察企业战略的内在基础；二是将预期结果与实际进行比较；三是采取纠正措施以保证行动与计划的一致。

现实要想证明战略是最佳的或肯定能奏效几乎是不可能的，然而我们可以通过评价发现战略的致命弱点。理查德·鲁梅特提出了可用于战略评价的四条标准：一致、协调、优越和可行。协调与优越主要用于对公司的外部评估；而一致与可行性则主要用于内部评估。

二、战略评价中的关键问题

战略评价对于所有类型和规模的企业来说都是必要的。战略评价能够做到从管理的角度对预期和假设提出问题，对战略目标和价值进行审视，以及激发建立变通战略和判定评价标准的创造性。无论大企业还是小企业，在各个层级实行一定程度深入实际的走动式管理，对于有效的战略评价都是必要的。战略评价活动应当连续地进行，而不只是在特定时期末或在发生了问题才进行。如果只是在年末才进行战略评价，那将无异于亡羊补牢。连续不定期的战略评价可以建立并有效监控经营过程中的各种考核基准。

企业可以用建立修正的外部因素评价（EFE）矩阵和内部因素评价（IFE）矩阵的方法检查企业战略的基础。修正的外部因素评价矩阵则表明企业战略如何对关键机会与威胁做出反应。修正的内部因素评价矩阵应侧重于企业在管理、营销、财务、生产、研发及计算机信息系统方面优势和弱点的变化。

有众多的外部及内部因素会阻碍公司实现长期的和年度的目标。从外部来看，阻碍企业实现目标的因素包括：竞争者的行动、需要变化、技术变化、经济状况变化、人口迁移及政府行动。从内部来看，有可能采取了无效的战略或者战略实施活动不利，原目标可能制定的过于乐观。因此，企业目标未能实现不一定是由管理者和雇员的工作不善而造成的。要使所有企业成员都明白这一点，以鼓励他们支持战略评价活动。当企业战略失效时，公司领导需要尽快知道，对于构成现行战略基础的外部机会与威胁和内部优势与弱点，企业应不断地监视其发生的变化。实际上，问题并不在于这些因素是否将要发生变化，而在于它们将于何时、以何种方式发生变化。

三、战略实施后的企业业绩评价

这一评价包括将预期结果与实际结果进行比较，研究实际进程对计划的偏离，评价企业绩效和在实际既定目标过程中已取得的进展，战略评价的标准应是可度量的和易于调整的。

四、度量企业绩效的定量标准

战略评价基于定量的和定性的两种标准。战略评价标准的选择取决于特定企业规模、产业、战略和宗旨。各种财务比率被广泛用作战略评价的定量标准。战略制定者用财务比率进行三种关键性比较，即将公司不同时期的业绩进行比较，将公司的业绩与竞争者的业绩进行比较，将公司的业绩与产业平均水平进行比较。

采用数量标准进行战略评价也有一些潜在的问题：①绝大多数量标准都是为年度目标而不是为长期目标确定的；②对很多数量指标，用不同的会计方法计算会得出不同的结果；③在制定数量指标时总要利用直觉性判断。

第三章 企业组织与经营管理

现代企业组织是指能适应现代管理要求，符合现代企业管理制度的工业组织。随着现代经营管理模式的发展，现代企业组织也在不断地发展和创新。本章重点探讨现代企业组织、现代企业组织的关系与创新、现代企业经营管理及其战略管理、市场调查与市场预测以及现代企业经营决策与经营计划。

第一节 现代企业组织概述

一、现代企业的组织模式

现代企业组织是以现代企业制度为基础的企业，是在国家公司法的规定下组建的，因此其组织模式取决于公司法规定的几种形式。

（一）单体型企业组织模式

单体型企业组织是指单一企业法人的企业。根据我国公司法规定，单体型企业组织就是指有限责任公司和股份有限公司两种模式。

1.有限责任公司

按照条例，有限责任公司规定，股东对公司承担的责任以其出资额的多少为限，公司则以其全部资产对公司的债务承担责任。公司组建必须满足五个条件：

（1）股东必须符合法定人数。我国公司法规定股东法定人数为2人以上50人以下。

（2）股东出资必须达到法定资本的最低限额。公司法根据各行各业的经营特点，规定了不同业务企业的最低注册资本限额。我国公司法规定，以生产经营为主要业务的公司，其最低注册资本限额是人民币50万元；以商品批发为主要业务的公司，其最低注册资本限额是人民币50万元；以商业零售为主要业务的公司，其最低注册资本限额是人民币 30 万元；以科技开发、咨询、服务为主要业务的公司，其最低注册资本限额是人民币 30 万元。

（3）股东必须共同制定公司章程。组建有限责任公司必须制定公司章程，并以此作为公司进行组织、公司从事经济活动的准则。该章程应当对所有股东都具有约束力。

（4）有限责任公司必须有统一的对外名称和建立符合有限责任公司要求的组织机构。有限责任公司必须用自己的名称作为识别标志，以区别于其他公司。在工商管理部门登记注册的公司名称受法律保护，在规定的范围内享有名称专用权。值得注意的是，在给公司起的名称中必须包含"有限责任公司"字样。设立有限责任公司还必须建立符合有限责任公司要求的组织机构，如股东大会、董事会、监事会以及由经理领导的经营管理机构。

（5）有限责任公司必须有固定的生产经营场所和必要的生产经营条件。生产经营场所是指企业进行生产经营的地点、建筑设施等；设立的有限责任公司必须有固定的生产经营场所是指，公司对经营场所拥有所有权或者在租用场所从事经营活动时对该场所拥有一年及一年以上期限的租赁协议。所设立的有限责任公司须具备必要的生产经营条件，例如拥有从事生产经营的主要设备和设施，拥有与其生产经营规模和业务相匹配的从业人员等。

2. 国有独资公司

国有独资公司是指国家授权投资的机构或者国家授权的部门单独投资设立的有限责任公司。我国只存在国家授权投资的机构或国家授权的部门单独投资设立有限责任公司这样一种独资公司，其他人或其他国家机关部门都不能投资设立有限责任公司形式的独资公司。

独资公司也称一人公司，即公司只有一名股东。国有独资公司是有限责任公司形式的独资公司，因此它既具有有限责任公司的特点，又具有独资公司的特点。国有独资公司以其公司的全部资产为限对公司的债务承担责任，这与我国现在有些国有企业的无限责任有很大区别。国有独资公司由于只有一名股东，即国家授权的投资机构或部门，所以其公司章程或者由国家授权投资的机构或国家授权的部门按公司法制定，或者由董事会制定，报国家授权投资的机构或国家授权的部门批准。事实上，由于国有独资公司只有一名股东，因此公司不设股东会，股东会的部分权力由国家股东授权的董事会行使，但关于公司的合并、分立、解散，或者增减资本和发行公司债券方面的业务，必须由国家授权投资的机构或国家授权的部门决定。

3. 股份有限公司

股份有限公司，是指全部注册资本由等额股份构成并通过发行股票来筹集公司资本，股东以其所持股份为限对公司承担责任，公司以其全部资产对公司的债务承担有限责任的企业。股份有限公司与有限责任公司比较有这样一个特点，公司的全部资本分成等额股份，股东是通过认购股份的方法来交纳出资额。

（1）发起人必须符合法定人数。根据我国《中华人民共和国公司法》规定，法定发起人的人数为5人及以上，而且其中须有过半数的发起人在中国境内有住所。当然，国有企业改建为股份有限公司的，发起人可以少于5人。

（2）发起人认缴和社会公开募集的股本必须达到法定资本最低限额。在我国，法定资本最低限额为人民币1000万元。发起人可以用货币出资认缴股份，也可以用实物、工业产权、非专业技术、土地使用权作价出资，折合成股份，但发起人以工业产权、非专利技术作价出资的金额不得超过股份有限公司注册资本的20%.

（3）股份有限公司的股份发行、筹办等事项必须符合法律规定，包括履行必要的审批程序，法律规定应具备的文件均已具备且符合法定要求等。在我国，如果发起人向社会公开募集股份时，必须向国务院证券管理部门递交募股申请，并报送下列主要文件：①批准设立公司的文件；②公司章程；③经营估算书；④发起人姓名或者名称，发起人认股的股份数，出资种类及验资证明；⑤招股说明书；⑥代收股款银行的名称及地址；⑦承销机构名称及有关的协议。

（4）发起人要制定公司章程，并且必须经创立大会通过。章程应具备法定必备事项，相关的事项在我国公司法中都有明确规定。

（5）必须具有公司名称，建立符合股份有限公司要求的组织机构。任何股份有限公司的名称中都必须含有"股份有限公司"的字样。股份有限公司要求的组织机构有股东大会、董事会、监事会、公司的管理机构等。

（6）必须有固定的生产经营场所和必要的生产经营条件。这一点与有限责任公司必须具备的相应条件一样。

股份有限公司设立的方法有两种：一种是发起设立，它是指由发起人认购公司应发行的全部股份而设立的公司；另一种是募集设立，它是指由发起人认购公司应发行股份的一部分，其余部分向社会公开募集而设立的公司。

（二）联合体型企业组织模式

现代企业的联合体型企业组织是指两个及以上的独立法人企业的联合。联合体型企业组织的联结方法主要可分为契约型联结方法和资产纽带型联结方法，本书主要介绍前一种。值得关注的一个差异是，联合体型企业组织和由总公司、分公司联合的组织有本质的不同，总公司和分公司虽然可以分别注册经营，但本质上它们仍是同一个实体，同一个法人企业。联合体型企业的产生和发展是市场竞争和市场垄断的产物，许多中小企业为了规避竞争风险，需要联合，许多大的企业为了垄断市场，也会在某一个时期走到一起。

1. 契约型联合体型企业组织特征

契约型联合体型企业组织是指，为了某一共同目标，或某一时间内的共同利益，通过契约、合同等联结形式而相互联合并组建起来的联合体型企业组织。

（1）联合企业组织中的各企业仍保持独立法人资格，整个联合企业组织的管理和协调通过契约和合同进行。这是一种松散型的联合。

（2）联合企业组织中的各企业无论大小原则上都是平等的，没有哪一企业可以绝对的支配另一企业，各自都为自己的目标进行生产经营，只是在某些方面共同行动。

（3）联合企业组织中的企业要脱离联合体是很容易的，在满足契约与合同的条件下，没有其他硬性的约束。不像母子公司的联合，母公司控制着子公司的股权，子公司根本无法脱离母公司的控制。

2. 契约型联合体型企业组织的组建模式

契约型联合企业组织根据契约内容不同而相应有一些模式，如卡特尔、辛迪加、连锁特许经营企业、联营企业、战略联盟公司等。

（1）卡特尔组织。它是一种销售协定联合组织，这里的销售包括了划分销售市场，确定商品产量或规定商品售价等较广泛的含义。参加卡特尔组织的企业在生产上、商业上和法律上都是独立的。该联合组织的管理由卡特尔内部企业共同选出的委员会负责，主要监督协议条款的执行情况。这种组织主要是在 19 世纪末 20 世纪初的欧美国家产生和发展起来的，由于该组织具有很强的垄断性，属于一种销售垄断组织，后来普遍受到了这些国家反垄断法的限制。

（2）辛迪加组织。它是企业间通过签订统一销售商品和采购原材料的协定而组成的联合组织。辛迪加组织的管理也是由联合体内选出的委员会负责。这种组织在 19 世纪末 20 世纪初的德国、俄国等欧美国家发展很快。由于该联合组织实行统一经营，加入的企业丧失了商业上的独立性，因而比卡特尔组织更稳定，更具垄断性。

（3）连锁特许经营企业。这种企业联合组织在商业企业和服务业中较多，是由享有盛誉的大饮食公司或服务公司同一些独立的小快餐店或服务公司签订合同，授予他们经营其特色商品和服务项目的特许权，从而组成庞大的特许经营的连锁企业。参加这种联合组织的企业经营同一标准商品、使用同一标识、采用同一经营管理模式。这种联合组织的管理主要由提供特许经营权的大企业负责，它主要监督特许经营合同的执行情况，也就是在同一标准商品的经营、同一标识使用、同一经营管理模式等方面是否符合连锁企业组织的要求。如肯德基连锁企业、麦克唐纳连锁企业都属于这类联合组织。

（4）联营企业。联营企业是由在技术上、品牌上、产品上享有盛誉的大企业联合一些中小企业组成的联合体型企业组织。这种联合体有这样一些特点，参加联营的企业各自都是独立生产销售，但联营企业生产相同或相配套产品，销售相同的品牌。联营企业在管理上是松散的，主要由提供技术、品牌和产品的龙头大企业负责协调，如可口可乐公司向世界各地的联营企业提供饮料浓缩液，而这些联营企业通过灌装，并打上可口可乐公司的产品品牌把饮料销售出去。

（5）战略联盟公司。这是一种在欧美等发达国家出现的企业联合组织，是指一大批为了完成某一特定任务，利用电子手段在短时间内迅速建立起合作关系而构成的网络式联盟组织。它的特点是利用电子、信息技术打破联合公司间的时空阻隔。这种联合组织属临时性组织，分合迅速，目的在于利用变化多端的种种市场机会，联合企业组织内部，所有公司各自发挥自己的竞争优势，共同开发一种或几种产品并迅速推向市场。

二、现代企业的组织结构和主要形式

现代企业组织结构包括相互有联系又有区别的法律上的结构和管理上的结构。法律上的结构是指出资人和公司的法律关系和股权关系，母公司和子公司的法律关系和股权关系等，而管理结构是指为更好地管理企业，提高企业效益而构造的企业内部的组织结构。

管理上的组织结构指一个企业组织内各构成要素以及它们之间的相互关系，即组织的框架体系。它涉及部门的组成、基本岗位设置、权责关系、业务流程、管理流程、企业的内部协调，因此组织结构直接影响企业的"所作所为"。

管理上的组织结构包含这样一些要素：组织结构决定组织中的正式报告关系，组织结构确定部门的组合方式，组织结构包含跨部门沟通、协作、整合的制度设计。这些要素规定了组织的结构框架，决定了组织的相互作用。

从管理角度而言，现代企业组织内部的结构设计主要有这样一些组合方式：职能组合、事业部组合、矩阵结构或者建立在这些方式的基础上的混合结构。职能组合是将相似的职能或工作过程，或提供相似知识和技能的员工组合在一起，比如将所有的市场营销人员集结成市场营销部门；事业部组合是按照所生产的产品将人们组合在一起，比如生产饼干所需要的所有人员，包括营销、制造、检验人员都被组合在同一个经理的领导之下；矩阵结构是指一个组织内部同时采用两种结构组合方式，例如产品和职能，或产品和地区。

（一）单体企业的组织结构和形式

1.单体企业的组织结构

（1）有限责任公司的组织结构。有限责任公司的管理组织结构是由股东会、董事会、监事会、总经理及隶属总经理下的各种职能组织机构和分部机构等构成。当有限责任公司股东人数比较少或规模比较小时，公司可以不设董事会和监事会，而就设一名执行董事和一至两名监事，此时这名执行董事就是企业的法人代表。

（2）股份有限公司的组织结构。股份有限公司的管理组织结构由股东大会、董事会、监事会、总经理及隶属总经理下的各种职能组织机构和分部等构成。

股东大会是公司的最高决策和权力机构，它由全体股东组成。公司的重大决策和一切重要人事任免，诸如董事的任免，公司章程的修改，公司的合并、分立和解散，公司增资、发行新股票及分配方案等只有经过股东大会通过才有效。但是，股东大会不是一个执行机构，对内不能执行业务，不能直接干预公司的经营决策和具体经营，对外它不能代表公司，它只能通过股东大会的投票表决程序来选举和罢免董事，通过董事会间接地参与企业的经营管理。

董事会是由股东大会选举出的董事组成的机构，它是股东大会闭会期间行使职权的一个常设机构，是股份有限公司的常设权力机构。它领导着管理、经营决策机构，由5至19名单数董事组成。董事会设董事长一人，他是公司的法人代表，可以代表公司进行内外活动。在我国，董事会的其他成员未经授权不得以公司名义进行活动。

监事会由股东代表和适当比例的公司职工代表组成，其成员在3人以上。监事会是股东大会领导下的常设监察机构，执行监督职能。监事会与董事会并立，独立行使对董事会、总经理、高级职员及整个公司管理的监督权。

总经理是董事会任命的，负责公司日常经营业务的管理，是公司业务活动的主管，它对董事会负责，对公司的业务活动效率及结果负责。总经理通过组建必要的职能机构，招聘管理人员，形成一个以总经理为中心的组织、管理、领导体系，实施对公司的有效管理，实现董事会确定的经营目标。

（3）国有独资公司的组织结构。国有独资公司不设股东会，它由国家授权投资的机构或者国家授权的部门，授权公司董事会行使股东会的部分职权，决策公司的重大事项，而股东会职权中的公司合并、分立、解散、增减资本和发行公司债券则由国家授权投资的机构或者国家授权的部门决定，并且由它们负责对公司国有资产的监管。

国有独资公司的组织结构由国家授权投资的机构或授权的部门、董事会和总经理及总经理聘任的职能机构和分部组成。国家授权投资的机构或者国家授权的部门是公司的最高权力机构和监督机构，但它不直接参与企业的经营活动和一些重大的决策活动，它通过委派的董事及由他们组成的董事会来间接地影响公司的活动。公司的日常经营业务活动由董事会任命的总经理负责。

2. 单体企业组织的形式

（1）有限责任公司的组织形式。有限责任公司的组织形式有"参谋—产品制"和职能制。"参谋—产品制"适合规模大、产品多的公司；职能制，一般规模小、产品少的公司采用此形式。

（2）股份有限公司的组织形式。股份有限公司的组织形式根据其规模大小主要有事业部制和职能制。事业部制是指在公司内部按产品类别划分成一个个类似分公司的事业单位，实行相对独立核算。事业部制适合规模很大的股份公司。各事业部下属若干工厂、派出机构，形成以产品试制到生产、销售、收支等统一经营的事业体。公司的各职能部门一般除财务部门外，不要求与事业部的职能组织上下对口，垂直领导，而是事业部职能上对事业部主管负责，事业部主管只对总经理负责。

（3）国有独资公司的组织形式。国有独资公司的组织一般采用参谋直线职能制形式。由于国有独资公司是由国家授权投资的机构或授权的部门代表国家行使国有资产的投资经营权，而这些部门或机构本身并不直接参与公司的生产经营，只是通过委派董事和董事会及董事会聘请的总经理间接地参与公司的管理，因此为了更好地管理公司，监督公司的经营，则采用有效率的直线职能制和能起监督职能的参谋制。

（二）契约型联合企业组织的结构和形式

（1）组织结构。契约型联合体企业组织的结构相对比较简单，即最高协调管理机构层及各成员企业层，而最高协调管理层通常只负责对协议条款的执行情况的监督和协调，除此而外，不再对成员企业有其他任何管理职能。

（2）契约型联合体企业组织形式，具体如下：

第一，卡特尔和辛迪加的管理委员会制。卡特尔和辛迪加等在某一方面或某几方面通过协议联合起来的联合体企业组织通常采用管理委员会制。

第二，特许连锁经营企业组织形式。特许连锁经营企业的联合组织一般有一个中心企业，它拥有著名产品、商标、服务标志等，其他成员企业通过协议获得使用这些东西的权利。中心企业除了授权成员企业经营著名产品、商标、服务标志等并进行管理外，一般它自己也生产经营。

第三，联营企业组织形式。联营企业组织形式同特许连锁经营企业组织形式类似，也是由一个中心企业来管理联营企业，但这种管理主要是按协议在某几方面的协调，如联营企业是协作型企业，中心企业只负责把握零部件的质量关，并同时负有包购这些零部件的义务。

第四，战略联盟公司的组织形式。战略联盟公司是通过电子、信息技术临时组成的暂时性联盟组织，因此这种组织形式是虚设的，战略联盟成员企业之间的联系主要通过现代通信技术等高新技术。

第二节 现代企业组织的关系与创新

一、现代企业组织的关系

组织关系是指发生在两个或两个以上的组织之间的相对持久的资源交换、流动、联系。在严峻的国际竞争、技术变革、体制转型环境中，任何公司都难以独行。企业组织存在的相互作用促使企业不断产生新的关系类型。这些相互作用和相互关系影响到企业的整个系统。

（1）总公司、分公司的关系。总公司和分公司是一个经济实体，分公司是总公司的一部分。总公司是法人企业，分公司不是法人企业，尽管分公司可以在工商部门登记办理营业执照，对外进行营业，但涉及法律问题必须由总公司的法人代表出面。总公司和分公司是上下级的直接领导关系，分公司在总公司的直接领导下进行一切经营活动。

（2）母公司和子公司的关系。母公司和子公司的关系主要是股权关系。从法律的角度来看，母公司和子公司是两个独立的经济实体，都是企业法人。母公司和子公司不存在直接的上下级关系，母公司不能直接领导子公司的经营活动，在对外的一切活动上彼此都是独立的。然而母公司对子公司有着控股的关系，是子公司的大股东，因此母公司可以通过股东大会以及它的常设机构董事会来对子公司进行控制，间接领导子公司的经营，决定子公司的一切重大决策，并且可以间接地决定子公司的总经理人选。母公司由于对子公司事实上拥有较多的支配权，因此一些母公司在进行组织构造时常常有专门的部门对子公司进行管理，如事业部制结构的公司就是将不同的子公司分别归在相应的事业部下面。

通常，A公司拥有B公司50%以上的股份，就称A公司是B的母公司，B公司是A的子公司。但是各国对母公司成立的要求不尽相同，一般可归纳为四种：①A公司控制B公司一半以上股份；②A公司拥有相对控制B公司多数表决权的股份；③A公司能实际控制B公司的董事会；④B公司是A公司所拥有的子公司控制的子公司，此时也称B公司是A的孙公司。

（3）跨国公司与国外子公司和分公司的关系。跨国公司母公司与国外子公司在法律上是相互独立的企业法人，母公司在母国遵守母国的法律法规，而子公司在东道国遵守东道国的法律法规，子公司是具有东道国国籍的公司。在股权上，母公司拥有子公司达到控股程度的股份，因此对其有控制权，有间接指挥其经营的管理权。

跨国公司的国外分公司是母公司的一部分，是母公司由于业务需要而在国外设立的分支机构，尽管它在东道国注册经营，但由于它只是母公司的附属机构，相对东道国来说只是外国公司的一部分，因此它不具有东道国的国籍。分公司的对外一切活动都是在总部直接领导下进行的，总部对其有直接的指挥权。

（4）契约型联合体企业组织与成员企业的关系。契约型联合体企业组织只是一个协议性联合组织，就组织本身来讲，它并不是企业法人，不是一个独立的经济实体，它只是一个协调性组织，一个监督协议条款执行的组织，它除了对成员企业某些条款的执行情况进行监督外，没有任何指挥权，因此成员企业和契约型联合体企业的组织关系是相当松散的。

（5）企业集团和成员企业的关系。企业集团是一种结构相当稳定的企业联合组织形式，但是从法律上讲，企业集团本身并不是企业法人，也不是独立的经济实体。然而由于企业集团四个层次的独特结构又使成员企业与企业集团有着紧密的联系。企业集团的核心层是企业集团的中坚，其他成员企业的关系实质就是核心层企业和成员企业的关系。核心层企业是企业集团的母公司，紧密层企业是母公司的子公司，它跟企业集团的关系非常紧密，是企业集团的忠实成员。半紧密层企业是母公司的关联公司。关联公司是指被其他公司持有一定比例的股份，但未达到被控制界限的公司，关于关联公司的持股比例各国有不同的规定。由于核心企业对关联企业持有一定比例的股份，因此对其人事、财务、经营等都有一定的影响，故关联企业和企业集团的关系也较紧密。相对而言，母公司的关系企业、协作企业，它们是企业集团的松散层，它们和企业集团的关系比较松散。

由于企业集团的核心层企业对其成员企业有着控股和持股等因素，所以企业集团可以通过母公司对其他成员企业进行间接指挥或影响它们的活动，而企业集团设立领导机构的话，更可以通过这一机构对成员企业的重大决策进行决定，领导成员企业实现企业集团的总体战略目标和利益。

二、现代企业组织创新

管理实践随着整个社会的变化而变化，现代企业组织的组建模式也相应地发生着变化。在成熟的市场经济中，大企业的执行官无一不是战略家，他们关注市场，关注技术变革，寻求企业发展的突破。虽然好的战略对企业的发展至关重要，但是企业竞争力和竞争优势的核心不仅仅依赖于特定的组织资源或能力，因为这些通常可以购买或被其他公司模仿，组织竞争的优势来源于组织内部的运行机制，即企业执行的程度是难以被模仿的，战略的执行和落地需要组织能力的支撑。

现代企业组织的创新表现在两个方面：一是企业组织模式创新，二是企业内部组织体制建构的创新。管理者的组织工作也侧重于对组织内整体的结构与流程进行设计。

（一）现代企业组织的组建模式创新

企业组织本身的创新，从历史角度看，是历史发展的必然，从资产权和经营权合一的企业组织形式到资产权和经营权分离的现代企业组织的发展，从作坊、单一工厂形式的企业组织到现代的联合企业组织形式的发展都说明，历史一直在选择新的、适合时代潮流的新的企业组织形式。

每一个企业虽然在组建之时都会构建组织形式，但组织形式演变的历史表明，组织过程本身是对组织的一种思考和思维方式。在很大程度上，当前企业的外部环境，譬如全球一体化带来的竞争、多元化、企业社会责任等问题，技术的快速发展，知识和信息转变成为组织最重要的资源，企业员工不断增强的对有意义的工作的探寻，对个人在企业内的职业发展机会的期望等，要求组织做出应对，对企业组织创新的要求是：①要有利于企业的经营，有利于企业的管理；②要能够增强企业的生产经营能力，提高抗风险的能力，提高企业竞争能力；③要能够提高企业员工的工作热情，发挥企业的最大潜能，发挥自身优势；④企业要有完善的经营机制、管理机制和约束机制。

（二）现代企业内部组织体系的创新

企业内部组织体系的创新目的就是更好地适应企业外部环境和内部环境的变化。企业的外部环境包括了宏观环境和产业环境。从宏观环境看，技术因素、经济因素、文化因素等因素的变化都会促使企业组织内部体系的创新。从产业环境看，比如竞争者的产品价值的变化、顾客需求的变化、供货商货源价格的变化等因素变化也都将促使企业内部组织体系的创新。

企业内部组织的创新一般应从三个方面进行：一是组织结构的创新，二是组织管理技术的创新，三是人才使用的创新。卓越的组织设计特征包括以下几个方面：

（1）组织结构创新。企业内部组织结构的创新就是对企业内部组织结构的全部和一部分进行变革，从而得到一种新的内部组织结构。组织结构创新应该追寻的路径具体如下：

第一，从组织结构中的部门着手，它涉及分权程度的变革、管理跨度的变革、协作方式的变革、工作设计的变革以及工作进度的变革。

第二，从整个组织规划着手，它涉及组织体系的变革。

第三，从控制指挥系统着手进行创新。

（2）组织管理技术创新。管理技术创新就是对管理中使用的技术进行变革。如电话的产生、电子计算机的问世、信息技术的发展等都导致了管理技术的创新。

（3）人才的开发与使用的创新。企业内部组织，人才是关键因素，因为组织的运作是靠人去完成的。

（4）平衡绩效的财务和非财务指标完善。

（5）授权员工以增进创新。

（三）现代企业组织设计要素创新

（1）以网络为平台的电子商务，知识管理、信息管理是组织系统设计者优先考虑的创新要素。信息化世界成了管理者们关注组织兴衰的驱动因素。

以知识经济为特征的新经济在电子商务等新的经济活动形式的配合下，出现了这样一些新的规则：

第一，注重集结。组织通过网络将其上层至下层人员全面地、扁平化地连接起来，这不仅意味着网络技术在组织中的广泛使用，也意味着找到了一种能充分挖掘组织中每一个人的智慧的组织形式。

第二，随着市场从有形到无形的转移，距离和地域的限制变得愈来愈不重要，供给与需求双方间的中间环节减少了。

第三，机会先于效率。网络经济为组织开启了以往无法想象的机会，在一个强调定制和创新的年代，组织将更注重于机会的出现，整个组织形式会随"机会"而"舞动"。

（2）企业的伦理和社会责任越来越引起组织设计者的关注。不仅仅是大公司，各种规模的公司纷纷引入伦理准则，提出了鼓励伦理行为的政策和组织保障措施，有些公司成立了与此相关的职能部门。

（3）适应多样化的开放系统。组织必须与环境互相作用才能生存，组织结构不仅不能设计成封闭的，还必须符合变革要求以适应环境的快速变化。

（4）结构变量的变化。包括专业化、职权层级、组织规模、组织文化、人员比例、职业化程度等因素。

（5）高层管理者为组织的发展方向制定的战略指向等行为对组织结构的形式有一定的影响。战略营运单位就是对高层管理者做出的战略指向的一种组织形式上的响应。战略营运单位代表一种单独业务或相关业务的组合，独立经营和制定自己的战略。

（6）员工指向对组织结构的形式的影响。企业目标给组织的参与者提供了一种方向感。目标有助于激励员工，尤其当员工参与目标的制定时更是如此。目标管理（MBO）就带来了组织形式的变动。目标管理体系由下级和他们的上级一起确定具体的绩效目标，定期地对实现目标的进展情况进行检查，报酬的分配与实现目标的进展情况相符。

（7）组织与组织之间的冲突与合作关系，即组织的"生态环境系统"影响组织的结构。

（四）现代企业组织设计新方案

（1）动态网络模型。当前，企业有一个明显的趋势，就是企业将自己限定在少数几项做得非常出色的业务上，而将其他工作交由外部的专业公司去做，这就形成了网络型组织结构。网络型结构将市场协调方式引入到组织中，以此取代了传统的纵向层级结构。而快速的电子数据传送使这样一种新的组织形式成为可能，采用这一结构的一个优势是，组织可以在全世界范围内利用外部资源。

（2）学习型组织。学习型组织中的"学习"是指通过实践和思考来改变自己的思想、行为模式和能力，它具有两层含义，获取知识为目的的学习和促使心灵根本转变为目的的学习。

（3）平衡计分卡。组织可以设计一种将行政控制、市场控制和部门控制结合起来的形式，即平衡计分卡，通过财务维度、顾客维度、流程维度和员工维度综合评价企业的绩效，综合运用财务绩效报告来衡量市场对组织的满足情况。平衡计分卡是一个富有弹性的动态工具，可以完全随机应变，根据企业战略而变，辩证地看待局部与全局、眼前与长远、后退与前进之间的关系。

第三节　现代企业经营管理及其战略管理

一、现代企业经营管理

（一）经营管理的主要内容

由于人们对经营的认识不同，因此企业的经营管理有广义和狭义之分。广义的经营管理是指对企业全部生产经营过程的管理，它既包括对企业经营活动的管理，也包括对企业生产活动的管理。企业的全部生产经营过程包括以下五个方面内容：①制定经营战略过程；②产品开发过程；③产品制造过程；④市场开发和销售过程；⑤财务核算过程。

狭义的经营管理是指对企业经营活动的管理。工业企业的全部活动分为经营活动和生产活动两大部分。生产活动具有内向性，它的基本要求是充分利用企业内部的一切条件，用最经济的办法按预定计划把产品制造出来。经营活动则具有外向性，它的基本要求是使企业的生产技术经济活动适应企业外部的环境变化，根据市场环境的变化制定企业的目标、计划和战略，保证企业取得较好的经济效益。以生产活动为对象的管理属于生产管理，以经营活动为对象的管理属于经营管理。

（二）企业经营思想、方针和目标

1. 现代企业的经营思想

现代企业的经营思想是指现代企业从事生产经营活动、解决经营问题的指导思想。它是由一系列观念或观点构成的对经营过程中发生的各种关系的认识和态度的总和。

西方企业非常重视企业经营思想的确立，他们认为经营理念比资本更重要，经营理念的正确与否直接关系到企业经营的成败。

社会主义企业是建立在社会主义市场经济下自主经营、自负盈亏、独立核算的商品生产者和经营者。所以，社会主义现代企业的经营思想应包括以下六个观念：

（1）市场观念。市场观念是企业经营思想的中心。树立市场观念，应当把消费者需要和利益放在第一位，为消费者提供最适宜的产品和最佳的服务，用创造性的经营满足消费者需要，以此求得企业的生存与发展。

（2）竞争观念。在社会主义制度下，竞争的积极意义在于它是一种择优发展的经济手段，也是一种发挥企业主动性和创造性的外部压力。树立竞争观念，要求企业置身于竞争的环境中，在国家政策法令和职业道德所允许的范围内开展积极竞争，充分发挥自己的专长和优势，使自己的产品或经营方式具有某种特色。

（3）人才观念。人才是企业经管活动的主体，是企业最宝贵的资源。当今企业的竞争，既是经济实力的竞争，又是技术知识的竞争，归根到底是人才的竞争。树立人才观念，要求企业尊重知识、尊重人才，重视人才的培养和合理使用，不断提高人的素质。

（4）创新观念。企业的生命力在于它的创造力。创新精神是企业经营成功的力量源泉。企业环境瞬息万变，市场竞争日趋激烈，只有永不满足已取得的成就，永远有新目标，永无止境地进行探索与开拓，企业才会取得卓越的成就。

（5）效益观念。提高经济效益是企业经营管理的中心任务，也是发展社会主义经济的基本要求。树立效益观念，要求企业用尽可能少的劳动消耗与劳动占用，提供尽可能多符合社会需要的产品或服务。提高经济效益并不是单纯地为了盈利。社会主义效益观念要以社会主义生产目的为指导，处理好使用价值与价值的关系，处理好企业经济效益与社会效益的关系，处理好当前经济效益与长远经济效益的关系。

（6）战略观念。战略观念是企业经营思想的综合体现，居于一切经营观念的统帅地位。战略观念是指企业为实现经营目标，通过对企业外部环境和内部条件的全面估量和分析，从全局出发而做出的较长时期的总体性谋划和活动纲领。它具有全局性、长远性和风险性的基本特征。企业经营的成功之道，就是不满足现状，高瞻远瞩，面向未来，胸怀全局，实行战略经营和战略管理。

2. 现代企业的经营方针

现代企业的经营方针是在一定的经营思想指导下，从事各种经营活动所必须遵循的基本纲领与准则。经营方针是企业经营思想的具体反映，是实现经营目标的行动指南。

依据不同类型企业的不同经营特点、不同时期的不同内外条件、要解决的不同经营问题，可将经营方针具体分为三种：

（1）明确服务方向方针。企业是以提供具体的产品或服务为消费者服务的。企业的产品服务方向不同，经营管理要求则有很大区别。企业服务方向的方针，可以有多种选择：可以为国内市场服务或为国际市场服务；可以为农村消费者服务或是为城市消费者服务；可以为工业生产提供原材料、设备服务或者是为消费者提供直接服务等。每个企业都要确定具体的服务方向，才能有的放矢，做好经营管理工作。

（2）坚持技术发展方针。企业技术发展对经济效益有着重要影响，企业应当有明确的技术发展方针。技术发展方针可以是采用一般技术、用物美价廉的中低档产品取胜的发展方针；也可以是采用先进技术、用优质高档产品取胜的发展方针。企业技术力量的配备，是以实用性研究为主还是以基础性研究为主，企业设备技术更新改造方式的选择，都是技术发展方针的内容。

（3）确定生产营销方针。企业生产经营活动，主要反映在品种、数量、质量、价格、交货期和服务等方面，企业应结合自身条件，发挥优势，确定经营方针。生产营销方针，可以是扩大产量薄利多销，可以是优质优价以质取胜，可以是以发展品种保持多样化经营为特色，也可以是提高服务质量促进生产发展等。

现代企业经营方针的制定，是一个周密的调查研究过程，要从长远考虑，从企业实际出发，扬长避短、发挥优势，形成自己的经营风格和特色。同时，注意根据企业条件和市场形势的变化，适时地调整和修订经营方针。

3. 现代企业的经营目标

现代企业的经营目标，是现代企业生产经营活动在一定时期内所预期达到的经营成果与水平。任何企业在一定时期内都有其经营目标，企业的各项生产经营活动都要围绕一定的预期目标来进行。每一个社会主义企业，在不同时期都有不同的经营目标。企业经营目标的基本内容一般包括四点：

（1）贡献目标。企业的存在取决于它对社会的贡献和贡献的大小。社会主义企业对社会的贡献，既包括提供产品或服务，满足消费者的物质文化生活需要，又包括创造价值，为国家提供积累，满足促进社会经济发展的需要。

（2）市场目标。市场是企业的生存空间。开拓新市场、提高市场占有率是企业重要的经营目标。市场目标是指一定时期内，企业占领市场的广度和深度。对有条件的企业，还应提高产品在国外市场的竞争能力，开辟国际市场。

（3）发展目标。发展目标是指企业在一定时期内，其生产规模的扩大、品种的增多和产品质量、技术水平等的提高。它不仅表现在生产规模的扩大、技术水平与管理水平的提高上，而且还表现在企业员工素质的提高上。

（4）利益目标。利益目标是指企业在一定时期内，为本企业和员工创造的物质利益。它表现为企业实现的利润、工资与奖金、员工福利等。利益目标是现代企业经营活动的内在动力，也是企业谋求生存和发展的基础。

企业的总体经营目标，是通过各个环节和各个部门员工的努力实现的，因此，应该围绕企业的总体目标制定本部门的具体目标，从而形成一个纵横交错、有机关联的目标体系。也正是通过企业经营目标的层层分解和层层保证，使各部门各环节的生产经营活动紧密配合，使企业的总体经营目标得到最终实现。

二、现代企业战略管理

现代企业战略管理不仅包括根据内外环境来确定长期发展方向、目标以及选择达到目标的途径，而且还包括组织企业战略的实施，对实施过程进行检查评价和调整。与企业以往制定长期规划或长期发展战略相比，企业战略管理是一个动态的过程，而不是一次性活动。

（一）现代企业战略的层次

在大中型企业中，企业的战略可以分为三个重要层次：公司战略、业务战略和职能战略。在这三类战略里，战略的四个构成要素，即经营范围、资源配置、竞争优势和协同作用又扮演着不同的角色，发挥着各自不同的作用。

1. 公司战略

公司战略又称总体战略。在大中型企业里，特别是多种经营的企业里，公司战略是企业战略中最高层的战略，需要根据企业的目标，选择企业可以竞争的经营领域，合理配置企业经营所必需的资源，使各项经营业务相互支持、相互协调。可以说，从公司的经营发展方向到公司各经营单位之间的协调，从有形资源的充分利用到整个公司价值观念、文化环境的建立都是公司战略的重要内容。

公司战略的特点是：①从形成的性质看，公司战略是有关企业全局发展的、整体性的、长期的战略行为；②从参与战略形成的人员看，公司战略的制定与推行人员主要是企业的高层管理人员；③从战略构成要素的作用来看，经营范围和资源配置是公司战略中主要的构成要素，竞争优势和协作作用两个要素则因企业不同而需进行具体分析。

2. 业务战略

业务战略又称经营单位战略。在大型企业中，尤其是在企业集团里，为了提高协同作用，加强战略实施与控制，企业从组织上把具有共同战略因素的若干事业部或其中的某些部分组成一个经营单位。每个经营单位一般都有着自己独立的产品和细分市场。在企业内部，如果各个事业部的产品和市场具有特殊性，可以视为独立的经营单位。

因此，业务战略就是战略经营单位、事业部或子公司的战略。业务战略是在公司战略的制约下，指导和管理具体经营单位的计划和行动，为企业的整体目标服务。从战略构成要素的角度来看，资源配置与竞争优势是业务战略中最重要的组成部分。由于经营范围与产品和细分市场的选择有关，与产品和市场的深度与广度的关系甚少，因此在业务战略中，协同作用则变得愈加重要，要重视经营单位内部不同职能领域活动的协调。

3. 职能战略

职能战略又称职能层战略。它是指企业内部主要职能部门的短期战略计划，使职能部门的管理人员可以更加清楚地认识到本职能部门在实施公司战略中的责任和要求，有效地运用研究开发、营销、人力资源、财务等方面的经营职能，保证企业目标的实现。

职能战略的特点是：①用于确定和协调企业的短期经营活动，期限较短，一般在一年左右；②更具有针对性和具体性，便于实施和控制；③从战略构成要素来看，协同作用和资源配置是职能战略的关键要素，而经营范围的重要性较低。

（二）现代企业战略管理的意义

制定企业战略，从总体上对企业的经营活动进行谋划、指导和控制，对于现代企业来说，具有如下重要意义：

第一，有利于企业整体目标的实现。制定企业战略使企业各部门、各环节的工作都能按统一的战略目标来运行，这样一个协调性的运转机制，就为实现企业的整体经营目标打下了良好的基础。

第二，优化资源配置，提高资源利用效率。企业战略管理的本身就是从诸多的可以达到既定目标的行动方案中选择一个对于企业当前情况来说最满意的方案。因此，凡是制定得合理、正确，并得到了正确贯彻执行的企业战略，都能保证企业的资源得到最有效的配置和最充分的利用。

第三，增强企业经营活动的稳定性。由于企业外部经营环境的不断变化，企业的经营战术活动也需相应地变化或调整。但是，一切战术问题的调整和变化，必须是为了实现有利于既定的企业总体任务和目标。对战术问题的调整，不应是盲目的、随心所欲的或仓促被动的。因此，只有在企业经营战略的规定下，企业才能够主动地、有预见地、方向明确地按经营环境的变化来调整自己的经营战术，这样才能减少被动性、盲目性，才能处变不惊，使企业始终在多变的经营环境中按既定目标稳步前进。

第四，为获取市场竞争的优势地位奠定基础。在日趋激烈的市场竞争中，企业与竞争对手的竞争不仅是企业现有实力的较量，而且是同竞争对手比较谋略。要想在市场竞争中取得胜利，首先必须有正确的、出奇制胜的战略谋划。制定正确的并能得到有效贯彻的企业战略，可使企业在竞争中不断取得成功。

第五，实现员工参与管理，激发员工工作积极性。从管理的原理来说，管理必须强调统一意志、统一指挥。同时，管理工作也应强调调动被管理者的积极性和创造性。在具体管理操作中，对于全局性的谋划，对于战略的制定，是需要集思广益的，最需要企业员工上下同心，明确企业的发展前景。因此，在企业战略管理中，调动广大员工参与，不仅体现了管理的民主性，也便于管理者吸收广大员工的智慧，起到激励下属的功效，使企业所有的员工都能明确企业的发展前景及其实现途径，增强企业员工的主动性和凝聚力。

不同行业竞争力量的综合强度是不同的，因此，各行业利润的最终潜力也不同。在竞争激烈的行业中，一般不会出现某家企业获得惊人收益的状况。在竞争相对缓和的行业中，各个行业普遍可以获得较高收益。此外，行业竞争的不断加剧，会导致投资收益率下降，直至趋近于竞争的最低收益率。企业的收益率如果长期低于行业的最低收益率，最终会停止经营，并将投资投入其他行业；相反情况下，它就会刺激外部资金流入该行业，流入的方式有两种：①新加入者带入资本；②行业内现有竞争者增加资本。总之，行业竞争力量的综合强度决定着资本流入的程度，并最终决定了企业保持高收益的能力。

从战略形成的观点看，五种竞争力量共同决定行业竞争的强度和获利能力。但是，各种力量的作用是不同的，常常是最强的某个力量或某几个力量处于支配地位，起决定性作用。

第四节　现代企业市场调查与市场预测

一、现代企业市场调查

市场是商品经济的产物，只要存在商品生产和商品交换，就必然存在市场。在商品经济的发达阶段——现代市场经济条件下，企业作为独立的商品生产者和经营者，直接置身于市场环境之中，随时受到市场机制的制约与调节，经受市场竞争的洗礼与考验。

市场调查是运用科学的方法，全面、系统地收集、记录、整理有关市场信息和资料，分析市场情况，了解市场现状，为企业经营预测和决策提供客观、准确资料的活动。

（一）市场调查的意义和内容

1.市场调查的意义

市场调查是现代企业开展经营活动的基础和起点，搞好市场调查，对改善企业经营、提高决策的科学水平具有重要意义，主要体现在三个方面：

（1）市场调查是企业市场预测的基础。现代企业处于瞬息万变、竞争激烈的市场之中，如某企业想求得生存和发展，就必须时刻把握市场的脉搏，正确预测市场未来的发展趋势，而这一切都离不开市场调查。

（2）市场调查为制定正确的经营决策提供重要依据。由于市场处于不断的变化之中，而市场调查为企业提供了认识市场的工具，企业通过市场调查可以敏锐地洞察市场的状况及变化，进而把握市场机会，为制定正确决策提供重要依据。

（3）市场调查为企业制定成功的竞争策略提供可靠情报。随着商品经济的发展，现代企业之间的竞争越来越激烈，企业要想在竞争中获胜，取得有利的市场机会，必须对潜在市场竞争状况进行全面了解，这些都离不开市场调查。

2. 市场调查的主要内容

市场调查的内容十分广泛，企业从决定生产某种产品，到生产出来，再到消费者手中的整个企业生产经营过程，都需要大量的信息资料。所有这些信息资料，都是市场调查的内容。市场调查的基本内容主要表现在如下方面：

（1）市场需求及其环境的调查。市场需求及其环境调查的主要目的是了解市场对商品的需求量，以及影响企业生存和发展的外部环境因素，寻找潜在市场。市场需求调查主要包括市场需求的品种、质量、价格及变化情况等。市场环境调查主要包括政治、经济、社会、文化与自然等环境因素。

（2）消费者（顾客或用户）的调查。了解及熟悉消费者，并千方百计地满足消费者需要，是现代企业经营管理的主要任务。因此，对消费者的调查是市场调查的核心。消费者的调查主要包括消费者的类别、地区分布、购买习惯、需求差异等。

（3）竞争情况的调查。竞争情况的调查，一般是指对竞争对手的调查分析，也即调查竞争对手的数量、规模、市场占有率、竞争产品的质量和价格，以及其采用新技术和发展新产品的趋向等。通过对竞争对手的调查，可使企业扬长避短、改进管理，从而生产适销对路、竞争力强的产品。

（4）技术发展情况的调查。科学技术的进步，加快了产品的更新换代。所以现代企业必须及时、全面地了解国内外新产品的技术发展水平，努力采用新技术、新工艺、新材料，使企业产品在设计、制造工艺、设备、资源节约及综合利用方面，较同行业保持先进性，从而增强企业的竞争力。

（二）市场调查的基本方法

市场调查方法选择得恰当与否直接影响到市场调查的真实性。市场调查的方法很多，按调查方式分，有直接调查法和间接调查法；按调查范围分，有普查法和抽样调查法。下面着重介绍直接调查法中的询问法、观察法及实验法。

1. 询问法

询问法是通过向被调查者询问的方式收集资料的一种方法，也是企业进行市场调查最常用的一种方法。询问法按调查者与被调查者的接触方式不同，又可分为面对面调查、电话调查、邮寄答卷调查、会议调查及在线调查五种。

（1）面对面调查。这是指调查者直接与被调查者进行交谈，询问有关问题，收集有关资料的一种方法。面对面调查的优点是可立即得到答复，比较灵活。在面对面调查时可以从对方的谈话中提出连锁性问题，使调查比较深入，并可观察被调查者的反应，根据被调查者的个性等特点采用不同的谈话技巧。面对面调查的缺点是时间和费用支出较多。

（2）电话调查。这是指借助电话工具向被调查者进行询问的一种调查方法。这种方法的优点是简便迅速、省时省钱，适宜访问不易接触的被调查者。其缺点是受时间的限制，复杂的问题不易在电话中说清，回答者没有思考的余地，收集的资料可能不够完整。因此，电话调查事先应准备好调查内容，注意措辞并做好记录。

（3）邮寄答卷调查。这是指将事先设计好的调查表格邮寄给被调查者，由被调查者按要求填写后寄回的一种调查方法。这种方法的优点是调查范围大、费用低，被调查者有充分的思考时间。其缺点是调查表回收率低，影响调查的代表性。

（4）会议调查。这是指企业利用参加各种外协会议和订货会的机会进行调查。这种会议往往集中了各类人员，能收集到广泛的信息内容。会议调查的优点是能节省时间和费用，资料丰富。其缺点是受开会时间和内容限制。

（5）在线调查。在线调查也叫网上调查。随着越来越多的企业建立自己的网页，这样就可以把调查的问题放到自己的网页上进行研究。不过由于被调查者回答问题的主观随意性很大，加之目标消费群体受条件限制可能根本不上网，这些都会影响到在线调查的质量。

2. 观察法

观察法是指调查人员直接到现场，在被调查者不知不觉中，观察和记录其行为、反应或感受，收集有关资料的一种方法。这种方法的优点是收集的资料能真实准确地反映消费者及市场动态。其缺点是只能观察人们的表面活动，对于产生行为的动机，难以通过观察得出推论。

采用观察法进行市场调查有多种多样的方式，如调查者亲自站柜台，了解购买某种商品的消费者的年龄和性别、喜爱商品的品种和规格、质量和价格等；参加展销会、订货会，观察消费者购买商品的情况。随着科学技术的进步，观察手段也不断发展。不仅可以由调查人员进行观察，还可以借助先进的仪器进行观察，如录像机、照相机和电子监测等。

3. 实验法

实验法是通过实验比较，来取得市场资料的一种调查法。这种方法的优点是客观、切合实际，缺点是时间长、费用大。

实验法应用范围很广。无论是企业推出新产品，还是改变现有产品的质量、包装、价格、商标、广告等因素，都可用实验法来收集市场的反映。实验法经常采用市场试销实验、试穿试用、举办产品展会等方法来收集有关市场信息。

以上三种市场调查方法各有优缺点，在实际调查中，应根据调查对象的性质和特点有选择地采用。

二、市场预测

预测是对事物未来的发展所做出的估计。市场预测是现代企业市场研究的一个重要组成部分，它和市场调查是密切联系的，市场调查是对市场以前和现状进行记录和分析，而市场预测是在市场调查的基础上，利用预测技术对市场未来发展做出的估计和评价。市场预测是根据市场调查取得的有关信息资料，运用科学的预测技术对市场商品的供求状况、影响因素和发展趋势所做出的分析和判断，以减少未来的不确定性，降低决策可能遇到的风险，使决策目标得以顺利实现。

（一）市场预测的作用

随着社会主义市场经济体制的建立和发展，市场预测越来越受到现代企业的关心和重视。因为企业已认识到，不论从发展社会主义市场经济或者从企业生存发展来讲，都离不开市场预测。市场预测对加强企业经营管理、提高企业经济效益具有重要的作用。

（1）市场预测是企业经营决策的依据。经营决策是企业经营管理的重点工作，经营决策的正确与否，关系到企业的兴衰。正确的决策来自可靠的预测，为了避免或减少决策不当造成的浪费和损失，企业经营决策必须以未来市场发展变化的有关资料为依据，而这些资料，只有通过市场预测才能获得。所以市场预测是企业经营决策的依据。

（2）市场预测是企业制订正确经营计划的基础。企业无论在编制长期经营计划或中短期经营计划时，都离不开市场预测。不搞市场预测或预测时考虑不周，必然会导致计划与市场脱节，使计划失去预见性，从而失去指导作用。

（3）市场预测是制定市场营销策略、搞好市场开发的前提。企业的产品生产出来以后，以什么价格、选择什么渠道、通过什么促销手段把它销售出去，这是市场营销策略问题。市场营销策略制定得科学与否关系到企业的产品销售、市场开发乃至企业生存。现代企业要制定行之有效的市场营销策略，必须搞好市场预测，通过市场预测了解和掌握企业所面临的市场特点及规律，科学地、有预见性地制定企业的市场营销策略。

（4）市场预测是促进产品销售、提高企业经济效益的重要条件。产品能否顺利销售出去受多种因素影响：一类是企业可控制的因素，如产品品种、质量、价格、分销渠道、促销等；另一类是企业不可控制因素，如需求、竞争等。企业只能利用可以控制因素的合理组合，来适应市场需求并与环境保持协调，从而保证和促进产品销售。要做到这点，必须通过市场预测了解市场的状况和发展的方向，有针对性地制定产品策略和销售策略，促进产品销售，提高经济效益。

（二）市场预测的类型

市场预测的种类很多，按照不同的标准可划分为不同的类型。市场预测有以下类型：

（1）按预测的范围可分为宏观市场预测和微观市场预测：①宏观市场预测。这是指对国家或某地区市场总体发展变化的预测，如对国家或某地区市场需求、供给状况、发展变化趋势的预测等；②微观市场预测。这是指对某部门、某企业、某种产品的市场情况及其发展变化趋势的预测，如对某企业产品供求状况、销售前景的预测等。

（2）按预测时间长短可分为长期预测、中期预测和短期预测：①长期预测。这是指对市场5年以上情况及其发展变化趋势的预测，主要包括潜在市场预测、产品生命周期阶段预测、商品需求结构变化预测、市场技术发展变化预测等；②中期预测。这是指对市场1~5年的预测，它能为企业制订发展计划提供科学的依据；③短期预测。这是指对计划年度内的市场需求的预测，它能为近期安排企业生产和营销计划提供科学依据。

（3）按预测方法的性质可分为定性预测和定量预测：①定性预测。定性预测也称为经验判断预测。它是由一些熟悉业务知识、具有丰富经验和综合分析能力的人员凭主观经验，分析判断进行的预测；②定量预测。定量预测也称分析计算预测。它是利用数学模型和数理统计方法来定量地研究和推测市场发展变化趋势。

（4）按预测对象可分为行业预测、产品群预测和某种产品预测：①行业预测，这是指对某个行业的产品产销状况及未来发展进行的预测；②产品群预测，这是指对某类产品的预测；③某种产品预测，这是指对某具体产品的预测。

（三）市场预测的主要内容

（1）市场需求预测。市场需求是所有企业普遍关心的问题，也是市场预测最重要的内容。市场需求预测是通过对过去和现在产品在市场上的销售状况和影响市场需求的各种因素的分析和判断，来预计市场对产品的需求量有多大、发展变化趋势如何等。

市场需求受两类因素的影响：①市场环境，如经济发展状况、家庭收入情况等，这是企业本身不能控制的因素；②推销形式，如广告推销、展销、服务等，这是企业本身能够加以控制的因素。

（2）市场占有率预测。市场占有率是指本企业的产品销售量占该种产品市场销售总额的百分比。任何一种产品往往有若干家企业在生产，无论哪一个企业都不可能独占市场，而只能占有市场销售量的一定份额。因此，市场占有率反映着企业之间的力量对比关系，反映着企业的竞争能力和市场地位，市场占有率预测实质上是竞争能力的预测。市场占有率的预测包括以下几个相互联系的内容：①市场供给能力预测；②本企业发展能力预测，该预测包括企业生产规模、技术条件、资源供应、服务能力等趋势预测；③市场占有率预测，该预测是指确定了市场供给能力和本企业发展能力，就可以做出本企业及竞争对手市场占有率现状及发展趋势的预测。

（3）与企业相关的科学技术发展趋势预测。这是通过对科学技术的历史和现状进行分析，认识其规律性，来推测科学技术的发展变化对企业发展的影响。它给企业开发新产品、改进老产品、生产技术手段更新等方面的决策提供了依据。

（四）市场预测的基本方法

市场预测的方法较多，可以分为两类：一类是经验判断法，包括经理（领导）人员判断法、专业人员分析法、专家意见法和用户意见法；另一类是分析计算法，包括时间序列分析法和回归分析法。

1. 经验判断法

经验判断法又称定性预测法。它是依靠预测对市场过去和现在的状况进行综合分析判断并对市场发展趋势做出估计的预测方法。这类方法具有简便、实用、省时、费用低的优点。但由于缺乏客观标准，往往带有主观片面性。下面是几种常用的经验判断预测方法：

（1）经理（领导）人员判断法。这是由企业领导（决策者）召集生产、技术、销售、财务等有关部门负责人，广泛交换意见，经充分讨论最终做出判断的一种预测方法。这种方法的优点是简便迅速，有利于集中高层管理者的智慧和经验。但是这种方法带有一定程度的主观片面性。

（2）专业人员分析法。这是召集与市场相关的专业人员进行座谈讨论，集中各自的预测意见，经过综合分析得出预测结果的方法。专业人员主要包括销售人员、技术服务人员、市场研究开发人员及计划人员等。这种方法的优点是由于专业人员对市场比较熟悉，经常与用户保持联系，他们的预测较接近实际。其缺点是专业人员受到专业和知识经验的限制，预测带有一定程度的片面性和局限性，预测的准确性会受到一定影响。

（3）专家意见法。这是依靠专家的知识、经验和分析判断能力，对市场和企业未来的发展变化做出预测的方法。

（4）用户意见法。这种方法是通过电话、函询或直接访问等形式，广泛征求用户对产品需求的意见，通过整理、分析，得出预测结果的方法。这种方法主要适用于生产资料生产企业或耐用消费品生产企业的市场预测。其优点是简便易行、节省时间，但其准确性会受用户配合、协作程度的影响。

2.分析计算法

分析计算法又称定量预测方法。这是以市场发展的历史数据为基础，运用一定的数学模型和统计分析方法进行科学的加工处理，对市场未来的发展变化，做出定量预测的方法。根据所采用数学模型的不同，分析计算法又分为多种类型，本书仅介绍时间序列分析法。

时间序列分析法是将同一指标的若干历史数据按时间先后顺序排列成一个数列，根据其变动趋势向前推移，求得未来市场预测结果的一种方法。由于客观事物的发展变化具有一定的延续性或惯性，所以，可以利用时间序列呈现出的发展趋势，采用外推的原则，得出较为符合实际的预测结果。但应指出，历史的时间序列变化虽然具有规律性，但也不能完全说明未来的情况。因此，这种方法运用于短期预测要比长期预测准确。另外，当历史数据呈现循环变化和不规则变化时，预测效果就较差。

常用的时间序列分析法有以下几种：①简单平均法。简单平均法是将过去若干时期实际发生的历史数据进行算术平均，作为预测期预测值的方法；②移动平均法。移动平均法是假定预测值只同预测期相邻的若干期实际发生数据有密切关系，因此，计算预测值是只用靠近预测期的实际发生数据计算平均值，并按时间向前逐点推移的一种预测方法；③加权平均法。加权平均法是将各项实际发生数据对预测值的影响程度按作用不同，分别给以不同权数后加权计算平均数，作为预测值；④指数平滑法。指数平滑法是对移动平均法的改进，它是根据近期统计资料和数据，用指数加权进行平均的方法。

第五节 现代企业经营决策与经营计划

一、现代企业经营决策

（一）决策

1.决策的概念

思考与决策是人类普遍存在的行为，人们在经济等活动中，都自觉或不自觉地在各种方案中进行抉择，处理生存与发展中的各种问题。但是人类以往历史的决策活动，主要是依赖于个人的聪明才智和经验做出的判断，往往存在着一定的局限性。第二次世界大战以后，由于科学技术的迅速发展，企业规模逐渐扩大，垄断与竞争加剧，企业逐渐认识到如何及时根据环境变化，做出科学的决策，是企业成败的关键。因此，决策科学理论逐渐形成，并且得到了广泛的传播。

在决策科学中，决策是指对未来行为确定目标，并从两个及以上的可行性方案中选择一个合理方案的分析判断过程。掌握科学决策的含义，应明确以下要点：①决策是行为的前提或基础；②决策要有明确的目标；③决策要有可行的方案；④决策是方案的选优过程；⑤决策是一个分析判断过程。

2.企业决策的分类

不同的企业决策行为对企业的影响是不一样的。有的决策影响企业整体和全局，对企业的生存和发展起着较大的作用和影响，如战略决策、高层决策；有些决策只影响企业的局部，对企业生存和发展影响不是特别大，如基层决策等。那些规定和影响企业整体和全局发展，以及各种重要经营活动的决策叫作经营决策。经营决策是指企业在经营过程中，为了实现经营目标，在对企业外部环境和内部条件进行分析和判断的基础上，利用科学的方法，对所制订的可行方案进行选优并付诸实施的过程。随着社会主义市场经济体制的建立和完善，企业经营自主权越来越大，企业经营决策在企业管理中的地位也越来越重要。

（1）经营决策是决定企业生存和发展的关键。企业经营决策是关系到企业整体和全局的重要经营活动的决策。它决定了企业在经营活动中的经营目标、经营方针和以经营策略为主体的经营方案，经营决策正确与否，直接影响到企业经营的成败。

（2）经营决策是企业经营管理的核心。现代管理理论认为，管理的重心是经营，经营的重心是决策。经营决策实质上也是企业为达到经营目标对企业行为进行的选择。如果企业经营决策失误，就可能会使企业经营活动走上错误的道路，此时管理效率越高，企业蒙受的损失就可能越大。

（3）正确的经营决策是调动企业各方面积极性的重要手段。首先，正确的经营决策来自决策的科学化和民主化，有利于调动广大员工参与企业决策的积极性。其次，企业经营决策所制定的经营方针和经营目标，指明了企业的发展方向，有利于统一大家的行为，并使全体员工为实现这一目标而齐心协力、努力工作。最后，企业经营决策所制定的各种经营策略，是企业成功的重要手段，有利于调动各方面的积极性，为企业的顺利发展而不断创新。

（二）企业经营决策的基本原则

经营决策涉及的问题多种多样，决策过程又是复杂的认识与实践的过程，要取得理想的效果，除遵循科学的决策程序外，遵循经营决策的原则同样十分重要。经营决策的原则概括了决策过程的基本要求，遵循这些原则在决策工作中就能少走弯路，减少决策失误，提高决策效果。经营决策的基本原则如下：

1. 系统性原则和经济原则

（1）系统性原则。经营决策要坚持系统分析观点，从整体出发，全面地对问题进行分析比较，确定目标和找出对策。贯彻系统性原则具体来说必须考虑三点：①内部条件与外部条件相结合；②局部利益与整体利益相结合；③当前利益与长远利益相结合。

（2）经济原则。决策本身要讲究效果和代价的关系，也就是要研究决策的收益和所花代价的问题。如果决策所花的代价很大，而取得的效益甚微，则应该考虑进行该项决策有无必要。贯彻经营决策的经济原则应该从两个方面考虑。

第一，决策的必要性。决策来自问题，无论是解决现实与要求之差距，还是利用新的市场机会问题，只有决策者认为值得付出代价去解决的才有必要进行决策。认识问题的本质是决策必要性的前提，同时还要认识组织决策付出人、财、物和时间的代价与可能的经济成果之间的关系，即研究决策效果与代价的关系。当决策者确认其必要性后，再考虑决策的形式、方法和手段。

第二，决策的形式、方法和手段。要根据决策的重要性、数量化程度、计算与逻辑过程的复杂性，以及时间来选择决策的形式、方法和手段，要以最少的人、财、物及时间耗费取得最大的效益或争取最小的损失。

2. 科学性原则和民主化原则

（1）科学性原则。决策科学化是科学技术和社会生产力高度发展的产物，也是现代企业经济活动取得预期效果的重要条件。只有坚持科学决策，才能在错综复杂的市场环境中避免或减少决策失误。决策过程中贯彻科学性原则，要做到：首先，确定决策目标具有科学依据和客观可能性，重视信息，切忌脱离实际；其次，遵循科学的程序，开展决策活动，服从决策组织，避免决策过程的混乱；最后，充分运用科学的决策方法，既不能只做质的分析不做量的分析，也不能单纯依靠数学模型，应将质的分析和量的分析相结合，坚持实事求是的态度，在决策实施执行中根据客观情况的变化适时调整和修改决策目标和方案，使决策方案符合生产经营的客观实际。

（2）民主化原则。现代企业决策问题涉及范围广泛，具有高度复杂性，单凭决策者个人的知识和能力很难做出有效的决策。决策者必须充分发扬民主，善于集中和依靠集体的智慧与力量进行决策，以弥补决策者知识、能力方面的不足，避免主观武断、独断专行可能造成的失误，保证决策的正确性、有效性。贯彻决策的民主化原则要做到以下几点：

第一，合理划分企业各管理层的权限和决策范围，调动各级决策者和人员参与决策的积极性和主动性。

第二，充分尊重每一个参与决策的决策者的地位和权利，尽力做到协同合作。

第三，悉心听取广大群众的意见和建议，在群众的参与或监督下完成决策工作。

第四，重视发挥智囊参谋人员的作用，吸收各有关方面的专家参与决策。

第五，加强企业决策领导机构的建设，健全决策工作的民主化程序，对重大问题要坚持集体领导、集体决策。

3. 创新原则

企业经营管理活动处于不断运动和发展变化之中，经营决策作为对未来经营目标、行动方案的抉择活动，其形式和内容要不断的创新。决策遵循创新原则的基本要求有两点：

（1）经营决策的制定要立足现实，更要着眼未来，要在市场调查和预测的基础上把握经济活动内在变化过程的规律。

（2）经营决策机制不能停留在现有水平上，要不断发展变化，积极汲取当代科学技术发展的最新成果，不断更新决策观念，充实决策理论，改革决策组织，提高决策者的自身素质。

（三）经营决策的方法

随着决策理论和实践的发展，人们在决策中采用的方法也不断得到充实和完善。归纳起来，决策方法大体上可以分为两大类，即定性决策法和定量决策法。

定性决策法又称主观决策法或经验判断法。这种方法是直接利用人的智慧、经验和能力进行决策。核心是决策者利用自己的知识、经验与能力，在决策的各阶段，根据已知情况和现有资料，提出决策目标和各种方案并作出相应的评价和选择。这种决策方法简便灵活，节省费用与决策时间，但主观成分大，有一定的局限性，适用于受社会经济因素影响大、所含因素错综复杂又无法量化的综合性经营决策。

定量决策法是建立在数学模型基础上的决策方法。其核心是把与决策有关的变量与变量之间、变量与目标之间的关系用数学关系表示出来，通过数学模型的求解选择决策方案。定量决策方法使决策过程数学化、模型化，大大提高了科学决策的水平。但是，也有一定的局限性，对于许多非程序化的决策课题，对于涉及政治、社会、心理的决策因素，人们还难以用数学语言加以表达和描述，而且有些常规的和谐化课题至今还没有简便可行的数学方法。因此，应当把定量决策与定性决策方法结合起来。下面着重介绍几种在不同决策条件下的决策方法：

（1）确定型决策。确定型决策是指决策条件（或称自然状态）非常明确，通过对各种方案的分析，都会知道其明确的结果。因此，确定型决策的主要任务是借助一定的计算分析方法把每个可行方案的结果计算出来，然后通过比较，把结果最好的方案选取出来，作为决策的行动方案。确定型决策使用的计算分析方法很多，如代数法、线性规划、微分法和盈亏分析法等。

（2）风险型决策。风险型决策是指决策问题的每个可行方案有两个以上的自然状态，哪种自然状态发生预先无法肯定。但每种自然状态的发生，可以根据以往的统计资料得到一个客观概率，决策时只能根据各种自然状态发生的概率进行决策。由于引入概率的概念，任何方案的执行都要承受一定的风险，故称风险型决策。

第一，风险型决策的依据。风险型决策的依据是各方案的期望损益值。决策时只要把各个方案的期望损益计算出来，进行比较，就可以从中选择一个满意的方案。

第二，决策树法。决策树是辅助决策用的一种树形结构图。其决策的依据是期望损益值。所不同的是，决策树是一种图解法，对分析复杂的决策问题较为适用。

（3）不确定型决策。不确定型决策是指决策者所要解决的问题有若干个方案可供选择，但对事件发生的各种自然状态缺乏概率资料。这时只能依赖于决策者的主观经验，选择决策标准，择优确定决策方案。

（4）盈亏分析。盈亏分析又称本量利分析，是企业经营决策中常用的一种决策方法，是通过产量（或销量）、成本、利润的关系来分析企业的盈亏状况，从而为经营决策提供依据。

二、现代企业经营计划

经营计划是为实现企业经营目标，对企业生产经营全过程所做的具体安排与部署。这是企业经营思想、经营目标、经营决策、经营方针及策略的进一步具体化，是企业全体员工的行动纲领。

经营计划是社会主义市场经济条件下，企业普遍采用的一种计划形式，它与计划经济条件下企业实行的生产技术财务计划有明显的区别。经营计划与生产技术财务计划的主要区别为：

（1）计划所涉及的范围不同。生产技术财务计划基本上限于企业内部，不与外部市场环境发生联系。经营计划不仅要协调企业内部的生产环节，而且还要将其与外部经营环境联系起来统一考虑。

（2）计划的依据不同。生产技术财务计划编制的依据是国家下达的计划指标，目的是完成和超额完成国家计划任务。经营计划的编制依据是包括国家在内的社会需要，目的是获得最大的经济效益。

（3）计划过程不同。生产技术财务计划只是对国家下达的产品生产指标进行具体安排，不需要进行多方面的论证和决策。经营计划的制订要以企业内外多方面的信息为基础，要从多个方案中选优，是个复杂的决策过程。

总之，企业生产技术财务计划是计划经济体制的产物，是一种单纯执行性的计划，而经营计划是我国经济体制改革的产物，是一种开放型、决策性的计划。

当前，我国还没有编制经营计划的统一程序、方法和形式，也不规定统一的计划内容。从经营角度看，现代企业的素质不同，生产方向和服务对象不同，面对的市场和竞争对手不同，因而它们的经营目标、方针、策略和方法等也就不可能一样，各企业的计划模式也必然各异。

（一）经营计划的类别

现代工业企业应通过多种计划来有效地实施管理。一个企业应编制多种经营计划，特别是社会主义市场经济条件下，企业成为自主经营、自负盈亏的商品生产经营者以后，企业应根据自己生产经营特点的需要来设计适当的计划种类。目前来看，企业的经营计划主要有以下几种：

第一，按计划的期限，可分为长期经营计划、年（季）度经营计划和月度作业计划。长期经营计划是企业较长时期（一般是指 3~5 年）的长远规划；年（季）度经营计划是计划年（季）度生产经营活动的纲领；月度作业计划是年（季）度经营计划的具体执行计划，是组织日常生产经营活动的依据。

第二，按计划的作用，可以分为战略计划和战术计划。战略计划是全局性的对企业发展起关键作用的计划。这包括企业总的经营方针和发展目标，企业的技术改造规划，科研和新产品开发规划，产品开发战略，市场开发战略及人才开发规划等。战术计划解决的是局部的、短期的，以及保证战略计划实现的问题，如企业年（季）度资源分配计划、工程计划、产品生产计划、企业技术改造和新产品开发等阶段计划。

第三，按计划的综合程度，可分为综合经营计划和单项计划。单项计划是为解决某一方面的问题或某一个专题而制订的计划，如利润计划、销售计划、品种计划、生产计划、科研计划、劳动人事计划、财务计划、企业技术改造计划等。综合计划是各个单项计划联系在一起构成的一个整体，是各单项计划的综合。

第四，按计划的空间范围，可分为全厂计划、车间计划和工段、班组计划。建立从全厂到班组的计划体系，使企业计划层层落实，是实现计划的可靠保证。

（二）经营计划的主要任务

企业经营计划的任务，就是在服从国家计划和管理的前提下，按照社会与市场的需要，通过编制计划，组织计划的实施，以及对计划的控制，把企业内部各项经营要素和各项经营活动科学地组织起来，保证全面均衡地完成计划和满足市场的需要，努力提高经济效益。具体地说，其任务有以下几个方面：

（1）制定目标。在科学预测的基础上，将企业的经营思想、经营方针和策略，具体化为经营目标，并在此基础上制订企业的计划，并用它来动员、组织和协调广大员工的行动。

（2）分配资源。要实现企业的目标，必须有资源做保证。由于资源是有限的，因此，合理地分配资源也是企业计划管理的一项重要任务。工业企业所需的资源包括人力、物力、财力、信息及时间等。合理分配资源，就是按企业经营目标、目标的重要程度、目标的先后次序，采用科学的方法合理地安排资源，保证重点目标实现的需要，使资源发挥出最大效率。

（3）协调生产经营活动。企业是一个开放式系统，为实现企业系统的目标及任务，必须搞好两个方面的平衡与协调：①企业与外部环境的平衡；②企业内部各环节的平衡。这一切就是计划工作的主要内容，没有计划这两方面的平衡是不可能实现的，企业的生产经营活动也就难以顺利进行。

（4）提高经济效益。企业一切活动的目的是在不断满足社会需要的前提下提高经济效益。计划管理的中心任务就是促使满足社会需要与获得经济效益有机地结合起来。因此，经营计划工作要求在认真进行企业外部环境研究和内部条件分析的基础上，做好制定目标、分配资源、协调生产经营等项工作，使企业用一定的投入取得最大限度的产出。

（三）经营计划的编制和执行

1. 经营计划的编制

经营计划无论是长期的还是短期的，无论是单项的还是综合的，一般都要根据国家和企业决策的要求，经过如下四个步骤编制：

（1）认真调查研究，为具体编制计划创造前提条件。企业编制经营计划时，首先要对企业的外部环境和内部条件，进行全面调查、周密分析，这是计划工作的基础。外部环境研究的目的是更为深入地摸清市场为企业提供的机会和威胁，以便企业能充分利用市场机会，避开威胁。企业内部条件既是企业发展的基础，同时也制约企业的发展，通过企业内部条件分析，主要要弄清企业本身的长处和薄弱环节。这样企业在制订计划时，就可以扬长避短，发挥优势。

（2）统筹安排，全面确定计划的具体目标。确定经营计划的各项具体目标是计划编制的关键步骤。没有目标或者目标不明确就会影响计划的质量和执行效果。所谓统筹安排，是指全面考虑各个目标、各种条件之间的相互联系和相互制约关系，使之相互协调。此外，统筹安排还要协调好企业当前与长远的关系。

（3）编制不同的计划方案，经过反复比较，选择最优或最满意的方案。完成任何一个目标，往往可以采取几种不同的方法，形成几个不同的计划方案，只有把一切合理方案都挖掘出来，才能通过比较鉴别把最优或最满意的方案选择出来。一般说来，每一个计划方案都有它的合理性，同时也有局限性或不足，对各种条件的利用或限制来说，也都各有侧重。要通过对多种方案的反复比较，把那个最接近目标而又最适应关键限制性条件，同时利多弊少的方案选择出来，作为最优或最满意的方案。为使计划有更好的适应性和灵活性，对其余落选的但又有价值的方案，可以作为备用方案，一旦前提条件改变，就可以启用备用方案。

（4）综合平衡，编制正式计划。这是编制计划的最后一步，主要内容是综合平衡。在计划编制的第二步统筹安排中已经做出了初步的匡算平衡，但是那一步侧重于和企业外部的平衡，侧重于目标的平衡协调，而这一步则侧重于企业内部的平衡。因此，平衡的内容除与外部的衔接平衡外，主要是企业内部各部门、各环节的工作平衡。其中有：第一，以利润为中心的利润、销售、生产的平衡；第二，供应、生产、销售之间的平衡；第三，资金需要和筹集的平衡；第四，生产与生产准备的平衡；第五，各环节生产能力之间的平衡等。综合平衡要进行大量细致的计算工作，但是综合平衡更主要是一个发动群众、进一步暴露矛盾的过程，也是计划落实的过程。做好综合平衡工作，不仅能编制出计划，同时也为计划的贯彻执行奠定了良好的基础。

2. 经营计划的执行

组织计划执行的基本要求，就是要保证全面地、均衡地完成计划。生产型管理条件下，企业生产技术财务计划的贯彻执行主要通过短期的各种作业计划及厂内经济核算制来实现。经营型管理条件下，经营计划的贯彻执行除作业计划及经济责任外，还有自己独特的方式。因为经营计划可能是单项计划，计划内容中有各种非指标形式的经营目标，如创名牌、开辟国外市场等，还有各种文字形式的经营方针，如"以质量求生存，以效益求发展""以快取胜"等。这类计划不解决好它的贯彻执行问题，就可能成为一个落空的口号。从当前国内外的经验看，解决这一问题的主要方式是目标管理。

目标管理的基本观点是把以前的以作业为中心和以人为中心的两种不同的管理方法综合起来，形成一种"自我"追求成果的管理方式。目标管理的基本做法是把自上而下的目标分解和自下而上的目标期望结合起来，让企业各个部门及全体员工围绕企业总的经营目标，提出本部门及个人应完成的目标，并制定措施保证目标的实现。目标管理最突出的优点是把经营计划的贯彻执行建立在员工主动性、积极性的基础上，可以广泛地把企业员工吸引到企业经营活动中来。

第四章　现代企业生产与质量管理

随着现代化生产精细化的发展，生产专业化程度不断提高，生产经营规模不断扩大，现代企业生产与质量管理已经不仅仅是企业发展的必要工具，更是培育企业核心竞争力、实现企业可持续发展的重要途径。本章重点探讨现代企业生产管理方式、运作计划以及现代企业质量管理。

第一节　现代企业生产管理方式

一、现代企业生产管理

生产管理就是对企业生产活动的计划、组织、控制。它有广义和狭义之分。广义的生产管理是指对企业生产活动的全过程进行综合性的、系统的管理，也就是以企业生产系统作为对象的管理。因此，其内容十分广泛，包括生产过程的组织、劳动组织与劳动定额管理、生产技术准备工作、生产计划和生产作业计划的编制、生产控制、物资管理、设备和工具管理、能源管理、质量管理、安全生产、环境保护等。狭义的生产管理是指以产品的生产过程为对象的管理，即对企业的生产技术准备、原材料投入、工艺加工直至产品完工的具体活动过程的管理。由于产品的生产过程是生产系统的一部分，因此，狭义的生产管理的内容，也只能是广义生产管理内容的一部分。狭义的生产管理主要包括生产过程组织、生产技术准备、生产计划与生产作业计划的编制、生产作业控制等。

（一）生产管理在企业管理中的地位

企业是一个有机的整体，企业管理是一个完整的大系统，由许多子系统组成。生产管理作为一个子系统处于什么地位，需要从它和其他子系统之间的关系来认识。

（1）生产管理与经营决策的关系。经营决策确定了企业在一定时期内的经营方针、目标、策略、计划等。生产管理作为企业管理的重要组成部分，通过组织生产活动，来保证经营意图的实现。经营决策的目的是谋求和筹划企业外部环境、内部条件和经营目标三者之间的动态平衡；生产管理为经营决策提供物质条件，起着重要的保证作用。因此，它们之间的关系是决策和执行的关系。

（2）生产管理与技术开发的关系。技术开发是企业在经营决策目标的指导下，进行产品开发、工艺技术开发和原材料开发，是生产管理的前提条件，是组织生产、实现经营目标的重要技术保证。而生产管理也为技术开发的顺利进行提供了实验条件和反馈信息。所以，两者在企业管理中都处于执行地位，有着密切的关系。

（3）生产管理与销售管理的关系。生产管理是销售管理的先决条件，为销售部门及时地提供用户满意的、适销对路的产品或服务。做好生产管理，对开展销售管理工作、提高产品的市场占有率有着重要的意义。然而，生产管理应主动适应销售管理工作的要求，销售部门也必须及时向生产管理部门提供可靠的信息，以改进产品、提高质量，并力求使市场需要和生产条件结合起来，达到最优配合。因此，两者在企业管理中都处于执行地位，它们之间是一种十分密切的协作关系。

综上所述，在企业管理系统中，经营决策处于核心地位，它决定着企业的全局，为企业的其他管理子系统确定正确的奋斗目标和方向。而其他各管理子系统，围绕着实现企业的经营目标而活动，处于执行地位。

（二）生产管理在企业管理中的重要作用

生产管理处于执行地位，但其作用并未削弱。企业对生产管理提出了更高的要求，因此，加强生产管理显得更为重要。

（1）生产管理是企业管理的基本组成部分。工业生产活动是工业企业的基本活动，而工业企业经营的主要特征是商品生产。所以，生产什么样的产品、生产多少来满足用户和市场的需要，就成为工业企业经营的一项重要目标。生产管理就是将处于理想状态的经营目标，通过产品的制造过程而转化为商品。所以生产管理是企业经营管理的物质基础，是实现经营目标的重要保证。

（2）提高生产管理水平有利于增强企业产品竞争力。当前，市场需求多变，不仅需要产品新、品种多、质量高，还要价格便宜、交货迅速、及时。要做到这些就必须加强生产管理，建立稳定的生产秩序，强化生产管理系统的应变能力。只有这样，才能实现企业的经营目标。

（3）加强生产管理有利于企业经营管理层抓好经营决策。在市场竞争日趋激烈的情况下，企业经营管理层的主要任务是抓好经营决策。但要有一个前提条件，就是企业生产管理比较健全、有力，生产、工作秩序正常。这样，企业领导才能没有后顾之忧，才能从日常大量的烦琐事务中摆脱出来，集中精力抓好经营决策。因此，强化生产管理仍然是十分必要。

二、现代企业生产管理方式

（一）现场管理模式——5S 管理

5S 活动是指对生产现场各生产要素（主要是物的要素）所处状态，不断地进行整理、整顿、清扫、清洁，以达到提高素养的活动。由于整理、整顿、清扫、清洁、素养这五个词在日文罗马标注发音的英文单词都以"S"开头，所以把这一系列活动简称为 5S 活动。

（1）整理（Seiri）。整理是指在规定的时间、地点把作业现场不需要的物品清除出去，并根据实际，对保留下来有用的物品按一定的顺序摆放好。经过整理应达到以下要求：不用的东西不放在作业现场，坚决清除干净；不常用的东西放在远处（工厂的库房）偶尔使用的东西集中放在车间的指定地点；经常用的东西放在作业区。

（2）整顿（Seita1）。整顿是指对整理后需要的物品进行科学、合理的布置和安全、不损伤的摆放，做到随时可以取用。整顿要规范化、条理化，提高效率，使整顿后的现场整齐、紧凑、协调。整顿应达到的要求有：物品要定位摆放，做到物各有位；物品要定量摆放，做到目视化，过目知数；物品要便于取存；工具归类，分规格摆放，一目了然。

（3）清扫（Seiso）。清扫是指把工作场所打扫干净，对作业现场要经常清除垃圾，做到没有杂物、污垢等。清扫应达到的要求有：对自己用的东西，自己清扫；对设备清扫的同时，检查是否有异常，清扫也是点检；对设备清扫的同时，要进行润滑，清扫也是保养；在清扫中会发现一些问题，如跑、冒、滴、漏等，要透过现象查出原因，加以解决，清扫也是改善。

（4）清洁（Seiketsu）。清洁是指要保持没有垃圾和污垢的环境。清洁应达到的要求有：车间环境整齐、干净、美观，保证员工健康，增进员工劳动热情。清洁贵在保持和坚持，要将整理、整顿、清扫进行到底，并且制度化，管理要公开化、透明化。

（5）素养（Shitsuke）。素养是指努力提高人员的素养，养成良好的风气和习惯，具有高尚的道德品质，自觉执行规章制度、标准，改善人际关系，加强集体意识，它是 5S 活动的核心。素养应达到的要求有：不要别人督促，不要领导检查，不用专门去思考，形成条件反射，自觉地做好各项工作。典型的例子就是要求严守标准，强调的是团队精神。

开展 5S 活动的目的是要做到人、物、环境的最佳组合，使全体人员养成坚决遵守规定的习惯。开展 5S 活动要坚持自我管理、勤俭办厂、持之以恒的原则。

5S 是现场管理活动有效开展的基础，5S 活动不仅能改善生活环境，还可以提高生产效率、减少浪费、提升产品的品质及服务水平。将整理、整顿、清扫、清洁进行到底，并进行标准化管理，使之成为企业文化的一部分，这些将为企业带来新的转变和提升。

（二）准时制生产

准时制生产是指在精确测定生产各工艺环节作业效率的前提下按订单准确地计划生产，是以消除一切无效作业与浪费为目标的一种管理模式，又称为零库存生产。简单地说，就是在合适的时间，将合适的原材料和零部件以合适的数量送往合适的地点，生产出所需要的产品。合适的时间与合适的数量，即适时、适量，要求通过看板管理的方式实现生产同步化、均衡化及批量极小化；生产所需的产品可通过质量管理保证产品的质量。

准时制生产技术根据"反工序"原理，在生产系统中将任何两个相邻工序即上下工序之间都确定为供需关系，由需方起主导作用，需方决定供应物料的品种、数量、到达时间和地点。供方只能按需方的指令（一般用看板）供应物料。具体地说，就是每一个阶段加工或供应产品的品质、数量和时间由下一阶段的需求确定。在传统生产制造系统中，物流与信息流同向运动，制品根据生产计划从前制程"推"到后制程，这种生产方式被称为"推动式生产系统"；而准时制生产的物流与信息流呈相反方向运动，后制程向前制程传递需求信息，"拉"出自己所需求的制品。所以，准时制生产方式又被称为"拉动式生产方式"，送到的物料必须保证质量、无次品。这种思想就是以需定供，可以大大提高工作效率与经济效益。

准时制生产的基本思想简单，容易理解。但是，实现准时制生产却不容易，因为准时制生产不仅仅是一种生产技术，更重要的，它是一种全新的管理模式。准时制生产涉及产品的设计、生产计划的编制、设备的改进、设备的重新布置、工序的同期化、设备的预防维修、生产组织的调整等各方面，任何一个环节不改进，准时制生产就推行不下去。

准时制生产方式将获取最大利润作为企业经营的最终目标，将降低成本作为基本目标。准时制生产方式是一个贯穿整个系统的平滑物料流，也就是一个平衡系统。在这种思想主导下，生产过程将在尽可能短的时间内，以尽可能佳的方式利用资源，彻底消除浪费。

准时制生产方式是以降低成本为基本目标，在生产系统的各个环节、各个方面全面展开的一种使生产能同步、准时进行的方法。为了实现同步化生产，企业开发了后工序领取、单件小批量生产、生产均衡化等多种方法。而为了使这些方法能够有效地实行,准时制生产方式又采用了被称为'看板'的管理工具。

看板管理也可以说是准时制生产方式中最为独特的部分,是实现准时制生产极为重要的手段。看板的主要功能是传递生产和运送的指令。看板作为管理工具,犹如连接工序的神经而发挥着作用。需要注意的是,绝不能把准时制生产方式与看板方式等同起来。准时制生产方式说到底是一种生产管理技术,而看板只不过是一种管理工具。

（三）精益生产方式

精益生产方式是对准时制生产方式的进一步升华,是对准时制生产方式精华的提炼和理论总结。精益生产方式将原来主要应用于生产领域的准时制生产扩展到市场预测、产品开发、生产制造管理、零部件供应管理以及产品销售和售后服务等领域,贯穿于企业生产经营的全过程,使生产方式的变革更具有可操作性。

精益生产打破了传统的大规模流水生产线和金字塔式的分层管理模式,其核心思想就是以整体优化的观点,合理配置和利用企业拥有的生产要素,把参与一种产品的开发、生产、销售以及售后服务所有步骤的员工融合在一些合作小组之中,以达到增强企业适应市场多元化要求的应变能力,以获得更高的经济效益。

精益生产方式具有如下特征:

（1）在产品开发与生产准备工作上化整为零,采用小组工作法。小组工作法是精益生产方式的另一个突出的特点。小组工作法是指企业的生产组织以小组为单位,小组不仅进行生产,而且要参与管理和经营,它是为彻底消除无效劳动和浪费、实行拉动式生产而建立的。小组工作法强调以人为本,团结协作,集思广益,齐心合力,以及团队精神。

（2）以人为本,充分调动人力资源的积极性,培训员工一专多能,不断提高工作技能,推行多机床操作和多工序管理,并把工人组成作业小组,且赋予其相应的责任和权力。作业小组不仅直接参与组织生产,而且参与管理,甚至参与经营。

（3）在开发产品、提高质量、改善物流、降低成本等方面密切合作,确保主机厂和协作厂共同获得利益。

（4）把多种现代管理手段和方法用于生产过程之中,如工业工程、价值工程等,计算机被更多地应用到计划、过程控制中来,使生产手段现代化,也极大地提高了生产效率。

（5）有效配置使用企业资源。

（6）彻底消除无效劳动和浪费，即追求"零废品、零库存"，消除一切影响工作的因素，以最佳的工作环境、条件和最佳工作态度来从事最佳的工作。

第二节　现代企业生产运作计划

一、物料需求计划（MRP）

（一）物料需求计划的含义

在制造业中，零部件需要经过多道工序的加工和组装才能形成最终的产品，编制物料需求计划是一项十分复杂、繁重而又困难的工作，一直是生产管理中的一个"瓶颈"。随着计算机技术在企业管理领域的广泛应用，借助计算机系统对从原材料开始直到最终产品的物料流动进行管理，才将人们从烦琐的工作中解脱出来。

物料需求计划系统目前已成为世界上运用推广最为普遍的一项现代计划管理技术，是运用电子计算机编制物料需求计划的一种方法。具体地说，物料需求计划是根据反工艺顺序法的原理，按照产品出产计划要求（数量和期限），以及各个生产阶段的生产周期、库存情况，反工艺地计算出构成产品各种物料的需求量和需求时间的计划。在企业的生产计划管理体系中，它属于作业层的计划决策。

物料需求计划系统的基本指导思想是，只在需要的时候，向需要的部门，按需要的数量，提供需要的物料。也就是说，物料需求计划系统既要防止物料供应滞后于需求，也要防止物料过早地出产和进货，以免增加库存，造成物料和资金的积压。

物料需求计划的特点是：①有了成品出产的总任务，可以自动连锁地推算出成品所包含的各个部件、零件的生产任务；②可以进行动态模拟；③库存计算精确，对库存严格控制，可减少库存；④运算速度快，便于计划的修正。物料需求计划系统极大地提高了生产计划的准确性和可靠性，提高了库存管理的服务水平，最大限度地降低了库存量，真正起到了指导生产的作用。

这种方法主要适用于成批生产加工装配型的企业，特别适用于根据订货进行生产或生产不稳定的成批生产企业。

（二）物料需求计划的要素

主生产计划、物料清单、独立需求计划以及库存记录等信息在物料需求计划的计算过程中起着关键性的作用。下面对这些关键要素分别进行介绍。

（1）主生产计划。主生产计划（MPS）要确定每一个最终产品在每一个具体时间段的生产数量，是物料需求计划的基本输入内容。物料需求计划根据主生产计划展开，导出构成这些产品的零部件与材料的需求。主生产计划必须是可以执行、可以实现的，它应该符合企业的实际情况，其制订与执行的周期视企业的情况而定。企业的物料需求计划、车间作业计划、采购计划等均来源于主生产计划，即先由主生产计划驱动物料需求计划，再由物料需求计划生成车间作业计划与采购计划。所以，主生产计划在物料需求计划系统中起承上启下的作用，实现从宏观计划到微观计划的过渡与连接。

（2）物料清单。物料清单（BOM）是产品结构的技术性描述文件，表明了最终产品的组合、零件直到原材料之间的结构关系和数量关系。物料清单是物料需求计划的第二个信息来源，也称为产品结构表，常用的表示有两种：一种为树状结构，另一种为表状结构。物料需求计划系统利用 BOM，把 MPS 中的产品订单分解成对零部件和材料的需求订单。物料需求计划运算时，需要使用 BOM 提供的物料的从属关系、底层标识、图样类型、虚拟件类型、设计购置类型等信息。物料需求计划的准确性和可靠度依赖于 BOM 的准确性和可靠度。

（3）独立需求计划。物料需求分为相关需求和独立需求。相关需求是指一个物料的需求直接与另一个物料的需求有关系，可以通过对另一个物料的需求精确地计算出来。例如，用于装配列入主生产计划的产品的零部件属于相关需求。独立需求是不能直接由另一个物料的需求计算得到的，如用于产品售后服务的零部件等。独立需求计划为物料需求计划提供了除最终产品以外的物料需求时间和需求数量，物料需求计划计算根据独立需求计划的需求信息，根据独立需求物料的属性产生生产计划或采购计划，进行物料需求计划运算。

（4）库存记录。库存记录说明现在的库存状况，如库存中物料的现有库存量、可用库存量、计划入库量、已分配量等。物料库存资料以每个存储项目（零部件或材料）作为一个单独的文件。库存记录包括每个存储项目的名称、实际库存量、保险储备量、订购批量、订购周期以及物料的进出情况（计划需要量、计划到货量及计划订货量等）。这些文件平时储存在计算机系统，在物料需求计划程序运行中，根据需要取用这些文件。

（5）物料主文件及其他。物料主文件记录物料的各种属性，为物料需求计划提供物料的描述信息、生产或采购信息（提前期、批量生产、废品系数等）。

除了物料主文件的相关信息外，还需要工艺文件、工作中心数据、工厂日历的数据、工艺文件描述、企业加工和制造零部件的工艺路线以及相关数据，如产品工艺卡、材料定额等。

二、制造资源计划（MRPH）

（一）MRPH 的逻辑流程

MRPH 的基本思想就是把企业作为一个有机整体，从整体最优的角度出发，通过运用科学方法对企业各种制造资源和产、供、销、财各个环节进行有效计划、组织和控制，使它们得以协调发展，并充分地发挥作用。MRPH 系统在技术上已相当成熟。

MRPH 的逻辑流程包括决策层、计划层、执行层等企业经营计划层以及生产中物料需求和生产能力需求的基础数据和主要财务信息。经营计划是物料需求计划的起点，它根据市场需求和企业现有条件，确定企业的产量、品种、利润等指标，从而决定企业产品销售计划，各种物料、资金、人工等的需求计划，再在此基础上制订出企业的具体生产计划，确定生产何种产品及其产量和投产时间。在制订生产计划的同时还需对生产能力进行平衡，以保证生产计划能够实际完成。然后根据生产计划制订产品生产计划，规定每种产品的生产数量和生产时间，它是营销和生产作业的根据。

MRPH 使企业的生产经营管理达到系统化、合理化和规范化。而计算机快速处理信息的强大功能又极大地提高了管理和进行管理决策的效率和质量，于是，从根本上改变了企业管理的面貌。许多企业在实施了 MRPH 之后都取得了显著的经济效益：①降低了库存，包括原材料、在制品和产品的库存；②资源利用趋于合理，缩短了生产周期，提高了劳动生产率；③确保按期交货，提高了客户服务质量；④降低了成本，如采购费、加班费；⑤如同财务系统集成，可减少财务收支上的差错或延误，从而减少经济损失。

（二）MRPH 的特点

（1）计划与管理的系统性。MRPH 是一种计划主导型管理模式，计划层次从宏观到微观、从战略到技术、由粗到细逐层优化，但始终保证与企业经营战略目标一致。MRPH 通常是三级计划管理统一起来，把企业所有与生产经营直接相关部门的工作联结成一个整体，各部门都从系统整体出发做好本职工作，每个员工都知道自己的工作质量及其他职能部门的关系。这只有在一个计划之下才能系统化，条块分割、各行其是的局面被团队所取代。

（2）数据共享性。MRPH 是一种制造企业管理信息系统，企业各种业务在统一的数据环境下工作，最大限度地达到了信息的集成。企业各部门都依据同一数据信息进行管理，任何一种数据变动都能及时地反映给所有部门，做到数据共享，提高了信息处理的效率和可靠性，为生产计划和控制提供了依据，有利于控制生产成本，通过牵引技术实现按需准时生产。

（3）动态应变性。MRPH 是一个闭环系统，要求跟踪、控制和反馈瞬息万变的实际情况，管理人员可随时根据企业内外环境条件的变化迅速作出反应，及时调整决策，保证生产正常进行。它可以及时掌握各种动态信息，保持较短的生产周期，因而有较强的应变能力。

（4）模拟预见性。MRPH 具有模拟功能，利用系统中的数据和建立的模型，可以对未来相当长时期内可能出现的情况进行模拟，预见到在相当长的计划期内可能发生的问题，可事先采取措施消除隐患，而不是等问题已经发生了再花几倍的精力去处理。这将使管理人员从忙碌的事务堆里解脱出来，致力于实质性的分析研究，提出多个可行方案供领导决策。

（5）物流、资金流的统一。MRPH 包含了成本会计和财务功能，可以由生产活动直接产生财务数据，财务部门及时得到资金信息用于控制成本，通过资金流动状况反映物料和经营情况，随时分析企业的经济效益，参与决策，指导和控制经营和生产活动。

三、企业资源计划（ERP）

企业资源计划（ERP）可以从管理思想、软件产品和管理系统三个层次给出它的定义。

其一，ERP 是美国著名的计算机技术咨询和评估集团提出的一整套企业管理系统体系标准，其实质是在 MRPH 基础上进一步发展而成的面向供应链的管理思想。

其二，ERP 是综合应用了客户机、服务器体系、关系数据库结构、面向对象技术、图形用户界面、第四代语言（4GL）、网络通信等信息产业成果，以 ERP 管理思想为灵魂设计的软件产品。

其三，ERP 是集企业管理理念、业务流程、基础数据、人力物力、计算机硬件和软件于一体的企业资源管理系统，即对一个制造企业的所有资源编制计划，并进行监控和管理。

所以，对于管理界、信息界、企业界不同的表述要求，ERP 分别有着它特定的内涵和外延，分别采用"ERP 管理思想""ERP 软件""ERP 系统"的表述方式。

（一）ERP 系统的管理思想

ERP 系统的核心管理思想就是实现对整个供应链的有效管理，主要体现在三个方面：

（1）体现对整个供应链资源进行管理的思想。在知识经济时代仅靠企业自己的资源不可能有效地参与市场竞争，还须把经营过程中的有关各方，如供应商、制造工厂、分销网络、客户等，纳入一个紧密的供应链中，才能有效地安排企业的产、供、销活动，满足企业利用全社会一切市场资源快速高效地进行生产经营的需求，以期进一步提高效率和在市场上获得竞争优势。换句话说，现代企业竞争不是单一企业与单一企业间的竞争，而是一个企业供应链与另一个企业供应链之间的竞争。ERP 系统实现了对整个企业供应链的管理，适应了企业在知识经济时代参与市场竞争的需要。

（2）体现精益生产、同步工程和敏捷制造的思想。ERP 系统支持对混合型生产方式的管理，其管理思想主要表现在两个方面。

其一，精益生产的思想。它是由美国麻省理工学院提出的一种企业经营战略体系，即企业按大批量生产方式组织生产时，把客户、销售代理商、供应商、协作单位都纳入生产体系，企业同其销售代理、客户和供应商的关系已不再简单地是业务往来关系，而是利益共享的合作伙伴关系，这种合作伙伴关系组成了一个企业的供应链，这就是精益生产的核心思想。

其二，敏捷制造的思想。当市场发生变化，企业遇有特定的市场和产品需求时，企业的基本合作伙伴不一定能满足新产品开发生产的要求，这时，企业会组织一个由特定的供应商和销售渠道组成的短期或一次性供应链，形成"虚拟工厂"，把供应和协作单位看成是企业的一个组成部分，运用"同步工程（SE）"组织生产，用最短的时间将新产品打入市场，时刻保持产品的高质量、多样化和灵活性，这即是"敏捷制造"的核心思想。

（3）体现事先计划与事中控制的思想。ERP 系统中的计划体系主要包括主生产计划、物料需求计划、能力计划、采购计划、销售执行计划、利润计划、财务预算和人力资源计划等，而且这些计划功能与价值控制功能已完全集成到了整个供应链系统中。

此外，ERP 系统通过定义与事务处理相关的会计核算科目与核算方式，在事务处理发生的同时自动生成会计核算记录，保证了资金流与物流的同步记录和数据的一致性，从而实现根据财务资金现状，可以追溯资金的来龙去脉，并进一步追溯所发生的相关业务活动，改变了资金信息滞后于物料信息的状况，便于实现事中控制和实时作出决策。

计划、事务处理、控制与决策功能都在整个供应链的业务处理流程中实现，要在每个流程业务处理过程中最大限度地发挥每个人的工作潜能与责任心，流程与流程之间强调人与人之间的合作精神，以便在有机组织中充分发挥每个人的主观能动性与潜能。同时，实现企业管理从"高耸式"组织结构向"扁平式"组织结构的转变，提高企业对市场动态变化的反应速度。

总之，由于信息技术的飞速发展与应用，ERP系统得以将很多先进的管理思想变成现实中可实施应用的计算机软件系统。

（二）ERP系统与MRPH的区别

（1）在资源管理范围方面的差别。MRPH主要侧重对企业内部人、财、物等资源的管理，ERP系统在MRPH基础上扩展了管理范围，它把客户需求和企业内部的制造活动，以及供应商的制造资源整合在一起，形成企业的一个完整供应链，并对供应链上的所有环节进行有效管理。这些环节包括订单、采购、库存、计划、生产制造、质量控制、运输、分销、服务与维护、财务管理、人事管理、实验室管理、项目管理、配方管理等。

（2）在生产方式管理方面的差别。MRPH系统把企业归类为几种典型的生产方式来进行管理，如重复制造企业、批量生产企业、按订单生产企业、按订单装配企业、按库存生产企业等，对每一种类型都有一套管理标准。而在20世纪80年代末90年代初期，企业为了紧跟市场的变化，多品种、小批量生产以及看板式生产等成为企业主要采用的生产方式，单一的生产方式向混合型的生产方式发展。ERP则能很好地支持和管理混合型的制造环境，满足企业的多元化经营需求。

（3）在管理功能方面的差别。ERP除了MRPH系统的制造、分销、财务管理功能外，还增加了支持整个供应链上物料流通体系中供、产、需各个环节之间的运输管理和仓库管理功能，支持生产保障体系的质量管理、实验室管理、设备维修和备品备件管理功能及支持对工作流（业务处理流程）的管理功能。

（4）在事务处理控制方面的差别。MRPH是通过计划的及时滚动来控制整个生产过程的，它的实时性较差，一般只能实现事中控制。而ERP系统支持在线分析处理（OLAP）、售后服务及质量反馈，强调企业的事前控制能力，可以将设计、制造、销售、运输等通过集成并行地进行各种相关作业，为企业提供了对质量、适应变化、客户满意、绩效等关键问题的实时分析能力。

此外，在MRPH中，财务系统只是一个信息的归结者，它的功能是将供、产、销中的数量信息转变为价值信息，是物流的价值反映。而ERP系统则将财务计划功能和价值控制功能集成到整个供应链上，如在生产计划系统中，除了保留原有的主生产计划、物料需求计划和能力计划外还扩展了销售执行计划和利润计划。

（5）在跨国或地区经营事务处理方面的差别。现代企业的发展，使得企业内部各个组织单元之间、企业与外部的业务单元之间的协调变得越来越多、越来越重要，ERP 系统应用完善的组织架构，可以支持跨国经营的多国家地区、多工厂、多语种、多币制应用需求。

（6）在计算机信息处理技术方面的差别。随着信息技术的飞速发展，网络通信技术的应用，使得 ERP 系统实现对整个供应链信息进行集成管理。

第三节 现代企业质量管理

一、质量及质量管理的概念

（一）质量

质量定义为：客体的一组固有特性满足要求的程度。质量的本质是顾客对一种产品或服务的某些方面所作出的评价，也是顾客通过把这些方面同他们感受到的产品所具有的品质联系起来以后所得出的结论。事实上，在顾客的眼里，质量不是一件产品或一项服务的某一方面的附属物，而是产品或服务各方面的综合表现特征。

质量概念的关键是"满足要求"。这些"要求"必须转化为有指标的特性，作为评价、检验和考核的依据。由于顾客需求的多样化，因此反映质量的特性也应该是多种多样的。除此之外，不同类别的产品，其质量特性的具体表现形式也不尽相同：

（1）硬件产品的质量特性主要有性能、寿命、可信性、安全性、经济性、适应性等。

（2）软件产品的质量特性主要有功能性、可靠性、易用性、效率、可移植性、保密性、经济性、可维护性等。

（3）流程性材料的质量特性主要有物理性能、化学性能、力学性能、外观、经济性等。

（4）服务质量特性主要有无形性、存储性、同步性、异质性、经济性、安全性、舒适性、文明性等。

对于企业来说，产品质量是企业进入市场的通行证，是开拓市场的重要手段。低质量的产品会损害企业在公众心目中的形象，增加生产产品或提供服务的成本，降低企业在市场中的竞争力。没有质量就没有竞争力，就难以占领市场。从某种程度上来说，质量就是企业的生命。因此，企业必须加强质量管理，将提高产品质量作为重要的经营和生产战略。

（二）质量管理

质量管理的定义是：关于质量的管理。质量管理可包括制定质量方针和质量目标，以及通过质量策划、质量保证、质量控制和质量改进实现这些质量目标的过程。企业在整个生产和经营过程中，需要对质量、计划、劳动、人事、设备、财务和环境等各个方面进行有序的管理。由于企业的基本任务是向市场提供能符合顾客和其他相关方面要求的产品，所以，围绕着产品质量形成的全过程实施质量管理是企业各项管理的主线。质量管理是企业各项管理的重要内容，通过深入开展质量管理能推动其他的专业管理。质量管理涉及企业的各个方面，能否有效地实施质量管理关系到企业的兴衰。最高管理者在正式发布本企业的质量方针、确立质量目标的基础上，应认真贯彻有关质量管理原则，运用管理的系统方法来建立质量管理体系，并配备必要的人力和物力资源，开展各种相关的质量活动。另外，应采取激励措施激发全体员工积极参与，提高员工充分发挥才干的热情，造就人人做出应有贡献的工作环境，确保质量策划、质量控制、质量保证、质量改进活动的顺利进行。

质量管理的中心任务是建立、实施和保持一个有效的质量管理体系并持续改进其有效性。

二、质量管理的发展阶段

质量管理的发展与人们的观念、现代社会科学技术的发展是密不可分的。随着人们认识的不断提高，现代技术、设备、方法的不断改进，质量管理从质量检验阶段、统计质量控制阶段发展到了全面质量管理阶段。

第一个阶段，是质量检验阶段。1939年之前，人们对质量管理的认识还仅仅是对产品质量的检验。通过严格检验保证在每道工序传递过程和最终传到消费者手中时，产品都合格。因此，质量管理工作的核心就是检验。当时人们注重改进检测方式，提高检测手段，增加检测次数到全数检验。变化的核心是检测的主体在逐步发生变化。

第二个阶段，是统计质量控制阶段。这个阶段是由统计学专家和质量管理专家联合，用统计理论和方法来解决质量管理问题。1924年，美国的休哈特提出了控制和预防缺陷的概念，这是统计质量控制阶段开始的标志。但是，当时运用此法的企业很少，直到 20 世纪 40 年代才为大众所接受和使用，此时统计质量控制阶段才真正到来。

从质量检验阶段发展到统计质量控制阶段，质量管理的理论和实践都发生了一次飞跃，从"事后把关"变为"预先控制"，并很好地解决了全数检验和破坏性检验的问题，但也存在以下不足：①它仍然以满足产品标准为目的，而不是以满足顾客的需求为目的；②它仅偏重于工序管理，而没有对产品质量形成的整个过程进行管理；③统计技术难度较大，主要靠专家和技术人员，难以调动广大工人参与质量管理的积极性；④质量管理与组织管理未密切结合起来，质量管理仅限于数学方法，常被领导忽略。由于这些问题，统计质量控制也无法适应现代工业生产发展的需要。自 20 世纪 60 年代以后，质量管理便进入了第三个发展阶段。

第三个阶段，是全面质量管理阶段。全面质量管理从 20 世纪 60 年代开始，到目前仍在不断完善中。促使全面质量管理理论诞生的主要原因是：①顾客对产品的质量要求不仅是一般的使用性能，还包括安全性、经济性、可靠性等要求；②企业管理中的系统思想被广泛使用，新思想、新方法开始出现；③消费者权益引起人们越来越多的关注和重视；④企业为了提高自身竞争力，向顾客承诺产品质量。

全面质量管理是把以往的质量管理工作向前后延伸：向前延伸至市场调研、产品研发、质量设计，原料采购等工序；向后延伸至质量保证、售后服务和建立质量体系。

上述三个阶段的根本区别在于：①质量检验阶段是一种防守型的质量管理，主要依靠事后把关，防止不合格品出厂；②统计质量控制阶段是一种预防型的质量管理，主要依靠在生产过程中实施控制，把可能发生的质量问题消灭在生产过程中；③全面质量管理是一种进攻型的质量管理，主要运用现代管理思想，采取系统管理方法，全面解决质量问题，同时还要不断改进、不断提高。

第四节　企业物流与供应链管理

一、企业物流

（一）物流的概念

物流概念中的"物"，广义上指的是一切有经济意义的物质实体，即商品生产、流通、消费的物质对象。它既包括有形的物，又包括无形的物；既包括生产过程中的物质，如原材料、零部件、半成品及成品，又包括流通过程中的商品，还包括消费过程中的废旧物品。

物流概念中的"流"，指的是物质实体的定向移动，既包含其空间位移，又包含其时间延续，并且这里的"流"是一种经济活动。

"物"和"流"合在一起形成了物流概念。物流是指按用户的要求以最小的总费用将物质资料从供给地向需求地转移的过程，这主要包括运输、储存、包装、装卸、配送、流通加工、信息处理等活动。物流活动是一种创造时间价值、场所价值，有时也会创造一定加工价值的活动。

（二）企业物流活动的类型

1. 企业供应物流

企业为保证本身的生产，需要不断组织原材料、零部件、各种辅料供应的物流活动。企业供应物流不仅是一个保证供应的问题，而且还是在以最低成本、最低消耗，以最大的保证来组织供应物流活动的限定条件下进行的，因此，带来了很大的实施难度。现代物流学是基于非短缺经济这一宏观环境来研究物流活动的。在这种市场环境下，供应数量上的保证是容易做好的，而如何降低物流成本，是企业物流的一大难题。为此，企业供应物流必须研究有效的供应网络问题、供应方式问题及库存问题等。

2. 企业生产物流

企业生产物流是指企业在生产工艺中的物流活动。企业生产物流的过程大体为：原料、零部件、辅料等从企业仓库或企业的"入口"开始，进入生产线的开始端，进一步随生产加工过程一个环节一个环节地"流"，在"流"的过程中，本身被加工，同时产生一些废物，直到生产加工终结，再"流"至仓库，便完成了企业生产物流过程。实际上，一个生产周期，物流活动所用的时间远多于实际加工的时间。生产流程如何安排，各生产环节如何进行衔接才最有效，如何缩短整个生产的物流时间，工艺过程有关的物流机械装备如何选用等问题都是值得研究的课题。

3. 企业销售物流

企业销售物流是企业为保证本身的经济效益，将产品所有权给用户的物流活动。在买主市场的大环境下，销售往往要将商品送达用户并经过售后服务才算终止。企业销售物流的空间范围很大，这是销售物流的难度所在。在这种前提下，企业销售物流的特点，便是通过包装、配货、送货等一系列物流实现销售。为此，企业销售物流需要研究顾客订货处理、配送方式、包装水平、运输路线等，并采取诸如少批量、多批次、定时、定量配送等特殊的物流方式达到目的。

（三）几类典型企业的物流过程

1.制造企业的物流过程

（1）原材料供应物流。制造企业向供应商订购原材料、零部件，并将其运达原材料库。

（2）产品生产物流。在制造企业的车间或工序之间，原材料、零部件或半成品按照工艺流程的程序依次过渡，最终成为成品，送达成品库暂存。其中包括原材料库直接对各车间或工序的供料，半成品在车间、工序间的顺序流动及成品送入成品库储存三部分。

（3）产成品销售物流。制造企业通过购销或代理协议将产成品转移到流通环节或最终顾客。另外，不合格材料的退货、残次品的回收再利用、废弃物的处理等，形成了生产物流过程中的去向和回向分支性物流。

2.零售企业的物流过程

零售企业的物流过程主要包括商品采购环节、库存商品的储存、配送物流及销售环节的物流。

（1）商品采购环节的物流。在与供应商签订进货协议后，商品按照协议中的有关条款通过适当的途径和方式，由生产企业或批发企业的储存库存移动到零生企业的储存库存或直接上架。这一物流过程实际上是以运输为主体，包括包装、装卸、搬运等物流功能的组合。

（2）后库商品的储存及配送。零售企业各门店或柜台陈列的商品，只是为了便于顾客选购，一般数量不会太多。为了提高顾客服务水平，避免短时间内的缺货风险，零售企业都会按适当的比例，在其储存库（后库）暂存一定量的商品。一般来讲，一个大的连锁超市都拥有自己的配送中心来储存一定量的商品。

（3）销售环节的物流。在直接的交易过程中，商品由货架移动到顾客那里；在订货或兼有送货上门服务的销售环节中，商品则是由零售企业备车将商品从配送中心、后库或卖场货架送达顾客指定的场所。

在采购、进货过程中，发现的不合格商品，往往需要退回货主，对配送中心、后库或货架上直接销售过程中的残、次、过期商品，往往需要回收、返销生产企业或将其放弃。这一过程也会产生运输、包装、装卸搬运等物流作业。

3.批发企业（配送中心）的物流过程

传统形态的批发企业功能比较单一，大多只承担采购和调送两个功能。现代的批发企业，实际上只是一种以物流为主体的流通机构。通常所说的物流中心或社会化配送中心便是其具体化的组织形态。

（1）收货。收货作业是配送中心运作周期的开始，它包括订货或接货两个过程。配送中心收到顾客的订货单后，首先要确定配送货物的种类和数量，然后要查询配送中心现有库存中是否有所需的现货。如果有现货，则转入拣选流程；如果没有，或虽然有现货但数量不足，则要及时发出订单，进行订货。通常，在商品货源充裕的条件下，采购部门向供应商发出订货以后，供应商会根据订单的要求很快组织供货，配送中心接到通知后，就会组织有关人员接货，先要在送货单上签收，继而还要对货物进行检验。

（2）验收入库。验收入库就是采用一定的手段对接收的货物进行检验，包括数量的检验和质量的检验。若与合同要求相符，则可以转入下一道工序；若不符合合同要求，配送中心将详细记录差错情况，并拒绝接收货物。按规定，质量不合格商品将由供应商自行处理。

货物经过验收之后，配送中心的工作人员随即要按照类别、品种将其分开，分门别类地存放到指定的位置和场地，或直接进行下一步操作。

（3）储存。储存主要是为了保证销售需要，但要求是合理库存，同时还要注意在储存业务中做到商品不发生数量和质量的变化。

（4）配货。配货是配送中心的工作人员根据信息中心打印出的订货单上所订的商品、订货的时间、储存区域以及装车配货的要求、顾客位置的不同，将货物挑选出来的一种活动。拣选的方法一般是：以摘取的方式拣选商品。工作人员推着集货车在排列整齐的仓库架间巡回走动，按照配货单上指定的品种、数量、规格挑选出顾客需要的商品并放入集货车内，最后存放在暂存区以备装车。

（5）配送。为了充分利用载货车厢的容积和提高运输效率，配送中心常常把同一条送货路线上不同门店的货物组合、配装在同一辆载货车上。在配送中心的作业流程中，把多个顾客的货物混载于同一辆车上进行配载，不但能降低送货成本，而且也可以减少交通流量、改变交通状况。一般对一家门店配送的商品集中装载在一辆车上，从而减少了配送中心对门店的配送事项，同时也有利于环境保护。

（6）送货。送货是配送中心作业的最终环节，也是配送中心作业的一个重要环节。送货包括装车和送货两项活动。在一般情况下，配送中心都使用自备车辆进行送货作业。有时，它也借助于社会上专业运输组织的力量，联合进行送货作业。此外，为适应不同超市的需要，配送中心在进行送货作业时，常常做出多种安排：有时是按照固定时间、固定路线为固定用户送货；有时也不受时间、路线的限制，机动灵活地进行送货作业。

为保障配送中心整体的正常运作，在作业部还需要进行信息处理、业务结算和退货、废弃货物处理等作业。

4.企业主要物流工作

（1）网络设计

所谓网络设计，是指对企业物流设施的地理位置及规模的设计，包括制造工厂、仓库、码头、零售商品以及它们之间的作业条件，确定每一设施怎样进行存货作业，需要储备多少存货，设施安排在哪里，在哪里对顾客的订货进行交付等。

（2）信息处理

物流作业信息处理技术就是平衡物流系统的各个组成部分，使总体效果最佳。预测和订货管理是依赖于信息处理的两大物流工作。物流预测是要估计未来的需求，指导企业的存货策略，满足预期的顾客需求。订货管理部门的工作涉及处理具体的顾客需求。顾客可以分为外部顾客和内部顾客。外部顾客就是那些消费产品或服务的顾客，以及先购买产品或服务，然后再出售的批发商。内部顾客是指企业内部需要物流支持便承担起指定工作的组织单位。订货管理的过程涉及从最初的接受订货到交付、开票以及托收等有关管理顾客的方方面面。所有的活动，在当今经济全球化的趋势下，没有物流信息处理技术的支持是不可想象的。

信息技术是联结各项物流作业的纽带，通过信息这根纽带，各种物流作业被视为物流信息系统的一个组成部分。

（3）运输

在既定的物流网络结构和信息处理能力的条件下，运输是指在不同的地域范围间，以改变物流的空间位置为目的的活动，对物料进行空间位移。成本、速度和一致性这三个因素对运输是十分重要的。

（4）库存

库存管理的基本目的是要在满足对顾客所承担的义务的同时实现最低的物流成本。库存必须考虑两个重要因素，即顾客细分和产品分类。

（5）装卸和包装

装卸和包装是网络设计、信息处理、运输和库存这些作业方案的组成部分，把装卸和包装作业融入企业的各种物流作业中，可以使企业的整个物流系统高效地运行。

二、供应链管理的一般概念

（一）供应链及供应链管理的概念

1. 供应链的概念

中国国家标准《物流术语》将供应链定义为：在生产流通过程中，涉及将产品或服务提供给最终用户活动的上游与下游企业所形成的网络链结构。

美国供应链协会对供应链的定义为：供应链涵盖了从供应商到消费者，自生产至成品交货的各种工作努力。这些工作努力可以用计划、寻找资源、制造、交货和退货五种基本流程来表述。

美国生产与库存控制协会将供应链定义为：供应链是白原材料供应直至最终产品消费，联系跨越供应商与用户的整个流程；供应链涵盖企业内部和外部的各项功能，这些功能形成了向消费者提供产品或服务的价值链。

从各种不同的论述中可以看出供应链的定义有以下共同点：

（1）供应链上存在不同行为主体，如消费者、零售商、批发商、制造商和原材料供应商。

（2）供应链是企业间以及企业内部之间的互动与合作。

（3）供应链具有特定的功能，如提供某类商品或服务以及某种结构特征，如有起始点和终结点、呈现出网状结构等。

（4）供应链的业务过程和操作可以从工作流程、实物流程、信息流程和资金流程四个方面进行分析。供应链上的工作流程称为商流，指业务规则、交易规则及其操作流程；实物流程也即物流，指从供应链上游到下游直至客户手中的物质转换流程和产品流程；信息流程包括产品需求、订单传递、交货状态、交易条件和库存等信息；资金流程包括领用条件、支付方式以及委托与所有权契约等。

供应链可以从简单到复杂分为基本供应链、段落供应链、最终供应链和全球供应链。

每一条供应链的目标都是使供应链整体价值最大化。一条供应链所创造的价值，就是最终产品对于顾客的价值与供应链为满足顾客的根本需求所付出的成本之间的差额，即所谓的供应链盈利。对于供应链来说，唯一的收入来源就是最终顾客。在一条供应链中，只有顾客能带来正的现金流。

2. 供应链管理的概念

（1）供应链管理的定义：对供应链各个环节内部和各环节之间的工作流、

物流、信息流和资金流进行管理，以实现供应链整体利润的最大化。

（2）供应链管理的基本原则如下：

①以消费者为中心的原则。

②贸易伙伴之间密切合作、共享盈利和共担风险的原则。

③促进信息充分流动的原则。应用计算机与信息网络技术，按信息充分流动的原则，重新组织和安排业务流程，实现集成化管理。

（3）供应链管理与传统管理的区别：

①系统观念。把供应链看成一个整体，而不是由采购、制造、分销和销售等构成的一些分离的功能块，为有助于整体运作，供应链需要有新的业绩评估方法。

②战略决策。战略决策的出发点是为满足消费者的需求和偏好。基于最终消费者对成本、质量、交货速度、快速反应等的多种要求，以及重要性排序，建立整个供应链的共同目标和行动方案。

③动态管理。对供应链的价值过程和合作伙伴关系开展动态管理。供应链管理对库存有不同的看法，从某种角度来看，库存不一定是必需的，库存只是起平衡作用的最后工具。

④建立新型的企业伙伴关系。通过仔细地选择业务伙伴，减少供应商数目，变过去企业与企业之间的敌对关系为紧密合作的业务关系。新型企业关系表现为信息共享，有共同解决问题的协调机制等。

⑤开发核心竞争能力。供应链上的企业努力发展自身的核心竞争能力，即向专业化方向发展。企业自身核心竞争力的形成，有助于保持和强化供应链上的合作伙伴关系。

（二）供应链的特征

供应链上的供需匹配是一个持续的难题。供应链系统是一个动态变化系统。供应链上不断出现新的人们所不熟悉的课题。

1.供应链的类别，按供应链功能分类

（1）有效供应链和反应供应链。

（2）生产推动型和需求拉动型供应链。

2.按供应链产品分类

（1）功能性商品和创新性产品。

（2）消费品供应链和生产物品供应链。

第五章 现代企业人力资源管理

第一节 企业人力资源管理概述

一、人力资源管理的基本概念

（一）人力资源的含义

"人力资源"一词最早是由当代著名的管理学家彼得·德鲁克于1954年在《管理实践》一书中提出来的。他指出，和其他资源相比较，唯一的区别就是它是"人"，并且是企业必须考虑的具有特殊资产的资源。除此之外，许多学者从不同角度给人力资源赋予了不同的含义。从内涵的角度看，主要将人力资源作为一种特殊资源来研究。一般认为，人力资源主要包括两部分：一部分是现实的人力资源，即现在就可以使用的人力资源，它是由劳动适龄人口中除因残疾而永久丧失劳动能力者外的绝大多数适龄劳动人口和老年人口中具有一定劳动能力的人口组成的，包括正在使用的人力资源和暂时未被使用的人力资源两种；另一部分是后备人力资源，即现在还不能使用但未来可以使用的人力资源，主要由未成年人口组成。

（二）人力资源管理的概念及功能

1.人力资源管理的概念

人力资源管理作为企业的职能性管理活动，其概念的提出最早源自著名的社会学家怀特·巴克于1958年发表的《人力资源功能》一书。该书首次将人力资源管理作为管理的普通职能来加以论述。美国著名的人力资源管理专家雷蒙德·A·诺伊在其《人力资源管理：赢得竞争优势》一书中提出：人力资源管理是指影响雇员的行为、态度及绩效的各种政策、管理实践以及制度。佳里·德斯勒在《人力资源管理》一书中指出：人力资源管理是指为了完成管理工作中涉及人或人事方面的任务所需要掌握的各种概念和技术。我国台湾著名人力资源管理专家黄英忠则指出：人力资源管理是将组织所有人力资源做最适当的确保、开发、维持和使用，以及为此所规划、执行和统治的过程。另有著名学者则将人力资源管理界定为：对人力这一特殊的资源进行有效开发、合理利用与科学管理。

综合以上观点，人力资源管理是基于实现组织和个人发展目标的需要，有效开发、合理利用并科学管理组织所拥有的人力资源的过程。

2. 人力资源管理的功能

人力资源管理的功能是指它自身所具备或应该具备的作用，其主要体现在以下四个方面：吸纳、激励、开发和维持。

（1）吸纳功能是指企业吸引并且让杰出的人才加入本企业，吸纳功能是基础，为其他功能的实现提供了条件。

（2）激励功能是指企业让员工在现有的工作岗位上创造出优良的绩效。激励功能是核心，是其他功能发挥作用的最终目的，如果企业不能激励员工创造出优良的绩效，其他功能的实现也就失去了意义。

（3）开发功能是指企业让员工保持能够满足当前及未来工作需要的知识和技能。开发功能是手段，只有让员工掌握了相应的技能，激励功能的实现才会具备客观条件。

（4）维持功能是指企业让已经加入的员工继续留在本企业。维持功能是保障，只有将吸纳的人员保留在企业中，开发和激励功能才会有稳定的对象，其作用才能持久。

3. 人力资源管理的目标和任务

人力资源在所有资源中是最为宝贵的资源，因此人力资源管理是现代管理的核心，人力资源管理水平的高低，对企业的发展、地区和国家经济的繁荣、国家的兴旺发达都有重要的意义。具体来说，人力资源管理的目标和任务如下：

（1）充分调动员工的积极性

人力资源管理的首要目标和任务，就是充分调动员工的积极性，做到事得其人、人尽其才、人事相宜，取得最大的使用价值。

根据价值工程理论：V（价值）=F（功能）/C（成本），即价值等于功能与成本之比。若使 V 最大，有四种办法：一是功能提高，成本不变；二是成本降低，功能不变；三是成本提高，功能提得更高；四是提高功能，降低成本。其中第四种办法最为理想，被称作大价值、高功能、低成本。人力资源管理的根本目标就在于此，既使人的使用价值达到最大化，还会使人的有效技能得到最大的发挥。

（2）发挥最大的主观能动性

人的主观能动性的大小，受到许多因素的影响。对于企业的员工而言，其主观能动性主要受以下两个方面因素的制约：一是企业价值观念对员工的影响；二是激励因素的强弱对员工行为的影响。人力资源管理的主要目标就是塑造组织良好的价值观念，制定各种激励的制度，因为这些因素时刻影响着每个组织成员能动性的发挥。

（3）人力资源管理在企业管理中的地位

人力资源管理是企业管理的中心，它关系着现代企业的生存和发展，决定着企业的成败与命运。这是因为企业中生产、供销、财、物等各个环节的正常运行都要靠人来完成。机器要工人来开动和操纵，原材料要供销人员来订购，产品也要销售人员的工作才能推销出去。只有抓住"人"这个中心环节，搞好人力资源的管理，企业才能维持正常的运转。但是，仅仅维持正常的运转是远远不够的。作为一个以经济利益最大化为目标的经济组织，企业只有在激烈的市场竞争中赢得竞争优势才能生存和发展。而人力资源管理正是企业增强核心竞争力，赢得竞争优势的必然途径。

（三）人力资源管理的基本原理

在人力资源管理的理论基础上，经过长期的人力资源管理实践，形成了人力资源管理的基本原理。根据一些学者的研究，目前大家比较认同的人力资源管理的原理主要有以下几个：

1. 同素异构原理

同素异构原理是指事物的构成要素因其排列次序和结构形式的变化会引起不同的结果，甚至发生质的变化。用系统论的原理来分析，组织结构的作用是使人力资源形成一个有机的整体，可以有效地发挥整体功能大于部分功能之和的优势，即人力资源系统经过组织、协调、运行、控制，使其整体功能获得最优绩效的理论。该原理的基本要点是：①系统的整体功能必须大于部分功能的代数和；②系统的整体功能必须在大于部分功能之和的各值中取最优，系统内的各要素必须和睦相处、和谐和合作，整体有奋发向上之力；③系统内部的消耗必须达到最小。该原理要求在人力资源管理中使人的群体功效达到最优，这是人力资源管理中最主要的原理。

2. 能位匹配原理

能位匹配原理主要指具有不同能力的人，应配置在组织内部不同的位置上，给予不同的权利和责任，实行能力与职位的匹配。其基本要点是：承认人的能力有差别；不同能力应赋予不同的权力与职位，应该与其所处的管理层次动态对应；人的能力与其所处的职位不是固定不变的；人的能力与其所处的职位之间的对应程度，标志着社会进步和人才使用的状态改变。该原理要求在人力资源管理中一定的能力必须赋予一定的职位与权力，并承担相应的责任。

3. 互补优化原理

人力资源系统中各个个体的能力、性格、见解等存在广泛的差异性和互补性，作为系统整体，完全可以通过使个体间取长补短而形成整体优势，达到组织目标。这就是互补优化原理。其互补内容主要包括：知识互补、能力互补、气质互补、年龄互补、性别互补、关系互补等。该原理的基本要点：优化的客观标准是 1+1=2，甚至 > 2。如果 1+1=2，则说明没有优化；若 1+1<2，则不仅没有实现互补优化，而且发生了内耗减值。该理论的启示是在目标一致的情况下，充分利用互补优化原理，往往可以收到事半功倍的效果。

4. 动态适应原理

动态适应原理的含义是随着时间的推移，员工的个人状况（年龄、知识结构、身体状况等）、组织结构、外部环境等也会发生变化，人力资源管理要适时予以调整，适应各种变化。人与事的不适应是绝对的，适应是相当的，从不适应到适应是在运动中实现的，是一个动态的适应过程。因此，企业应该对人力资源实行动态管理：实施人员的调整；实施岗位的调整；实施弹性工作时间；培养员工一专多能的才干，实现岗位流动：实施动态优化组合，实现组织、机构人员的优化。

5. 激励强化原理

激励强化原理是指通过创设满足员工的精神或物质的需要，来强化其努力工作的心理动机，激发员工的潜能，使其主观能动性得到最大限度的发挥，从而实现组织目标的过程。

6. 公平竞争原理

公平竞争原理是指对竞争各方遵循同样的规则，公正地进行考核、录用、晋升和奖惩的竞争方式。企业若想使竞争机制产生积极的效果，应该具备三个前提：①竞争必须是公平的。企业管理者应该严格按规定办事，一视同仁，给予员工鼓励和帮助；②竞争有度。没有竞争或竞争不够，会使员工和企业缺乏活力，死气沉沉；但竞争过度也会适得其反，使企业中人际关系紧张，破坏员工之间的协作，甚至产生内耗、排斥力，以致破坏组织的凝聚力。因此，企业管理者应该认真把握好竞争的度；③竞争必须以组织目标为重。企业管理者应该使员工之间的竞争以组织目标为重，有效地把个人目标与组织目标结合起来，个人目标包含在组织目标之中，如果个人目标与组织目标不一致时，不能为了个人利益的实现而损害组织目标。

二、人力资源管理的基础工作——职位分析

（一）职位分析的概念

职位是指一个企业在有效时间内给予某一员工的特定的任务及责任，是组织的基本单元。组织的一切战略与目标最终都必须通过职位功能的发挥才能得以实现。职位分析是企业进行人力资源管理的基础工作，也是企业人力资源管理的核心职能，是企业中的人力资源管理者对企业中各个职位的定位、目标、工作内容、职责权限、工作关系、业绩标准、人员要求等基本要素进行系统的收集、分析和确定，并以职位说明书的形式进行描述过程。

（二）职位分析需要收集的信息

职位分析需要收集的信息主要包括三个方面：工作的外部环境信息、与工作相关的信息和与任职者相关的信息。

在职位分析实践中，企业的人力资源管理者常常会犯"信息收集的近视症"，只看到工作与任职者的信息，看不到工作的外部信息。实际上，工作的外部信息是职位存在的外部环境，这些信息对人力资源管理者从根本上理解职位，对职位的目的、职责与任务等方面的信息进行综合判断具有至关重要的意义，不应该被忽视。

（三）职位说明书

在职位分析中通过对信息的搜集与分析，最后要形成职位分析的成果——职位说明书。一份职位说明书主要包括职位描述和任职资格两块核心内容。

职务描述主要包括：工作标识、工作概要、工作范围、工作职责、工作权限、业绩标准、工作关系等内容；任职资格主要包括：受教育程度、工作经验、工作技能、基本素质与能力等。这两部分并非简单罗列，而是通过客观的内在逻辑形成一个完整的系统。

第二节 企业人力资源的招聘与选拔

一、人力资源招聘

（一）招聘的含义

招聘就是企业根据自身实际情况和发展需要，依照市场规则和本企业人力资源规划的要求，通过各种媒介，向目标公众发布招聘信息，并按照一定标准来招募、聘用企业所需人力资源的全过程。招聘是企业获取人力资源的重要环节，也是人力资源选拔的基础，招聘质量的高低对企业至关重要。人力资源任务的提出通常有以下几种情况：新组建一个企业；企业业务扩大，人员缺乏；原有人员调任、离职、退休、死伤等造成职位空缺；人员队伍结构不合理，企业在裁减多余人员时需要补充短缺人才。

（二）招聘的原则

企业在进行人力资源招聘时主要应遵循以下原则：

1. 因事择人

企业应该根据自身的人力资源规划进行招聘，否则就会出现多招人和招错人的情况，给企业带来高成本、低效率等负面影响，降低企业整体效益。

2. 公开招聘

企业所有的招聘信息及招聘方法都应该公之于众，告知社会，形成社会舆论。一方面，可以将招聘工作置于公开监督之下，防止不正之风；另一方面，可以吸引大批竞争者，有利于企业招到一流人才。

3. 公平竞争

企业对所有应聘者都应该一视同仁，不能人为地制造出各种不平等的限制，杜绝拉关系、走后门等腐败现象发生。所有应聘者只凭借自身的能力和条件参与竞争，为人才提供平等的竞争机会。

4. 择优录取

企业应该根据应聘者的考核成绩、测试结果的优劣高低，从中选择优秀者予以录取。择优录取是招聘质量高低的关键，因此企业必须制定严格的招聘制度来约束企业人力资源管理部门尤其是招聘主管的行为。

（三）招聘的途径

人力资源招聘有内部招聘和外部招聘两种途径。内部招聘是指企业吸引内部员工填补企业空缺职位，主要包括内部提升、横向调动、岗位轮换等；外部招聘是指企业吸引广泛的社会人才来填补企业空缺职位，外部招聘的具体渠道很多，如各种媒体招聘、网络招聘、校园招聘、猎头公司等。两种途径各有利弊，具体选择哪种途径，由企业所在地的人才市场、拟聘职位的性质、层次和类型及企业规模等多种因素决定。

二、人力资源选拔

人力资源选拔是指企业通过一定的方法和手段，对所有应聘者的各方面特征进行评估、比较，并最终选择合适的人进入企业的一个过程。人力资源的选拔可以使企业形成合理的人才结构，做到"事得其人、人适其事"，实现人与事的科学结合，使企业的目标得以顺利实现。

（一）人力资源选拔的客观标准和依据

一般来讲，企业进行人力资源选拔时应主要考虑应聘者以几个方面的特征：

1. 基本的生理特征和社会特征

如应聘者的性别、年龄、户籍等，但是这些因素不应成为企业最终选拔人才的决定性因素。

2. 知识和技能方面的特征

如应聘者的学历、专业、专业工作经历、其他工作经历、所接受过的培训、专业资格证书、计算机熟练程度等，这些因素往往是企业在选拔人才时主要考虑的"硬件特征"。

3. 心理及其他特征

如应聘者的人格魅力、兴趣爱好、情商、德商、逆商等各种素质和能力，这些因素往往是企业在选拔人才时所考虑的"软件特征"，在现代社会，企业取得成功的一个主要原因就是具备大量"软件"过硬的员工。

（二）人力资源选拔的方法

企业在进行招聘的时候，可以通过不同的方式收集应聘者的信息，不同的信息收集方式就对应着不同的人员选拔方法。企业在使用不同的选拔方法的时候，既要考虑所收集信息的成功率、类型和数量，又要考虑所使用选拔方法的有效性。

1. 申请表

申请表是企业初始阶段的筛选工具。它的主要内容包括过去和现在的工作经历、学习经历、培训情况、职业兴趣等特征，其目的在于收集应聘者相关的背景和信息，以评价应聘者是否能满足工作要求。

2. 笔试

笔试是人力资源选拔中较常用的技术之一，也是最为基础的技术之一。笔试主要用于测量应聘者的基本知识、专业知识、管理知识以及综合分析能力、文字表达能力等。现在越来越多的企业在笔试过程中加入了专门用于测试应聘者情商、逆商和德商的心理测试题，这说明了企业越来越重视人的全面发展。

3. 管理评价中心技术

管理评价中心技术是近几年兴起的一种选拔高级管理人才和专业人才的人员选拔方法，主要采用情景性的测评方法对应聘者的特定行为进行观察和评价，测试人员根据职位需求设置各种不同的模拟工作场景，让应聘者参与，并考察他们的实际行为，以此作为人力资源选拔的依据。

4. 面试

面试是企业最常采用的，也是必不可少的选拔手段。调查表明，绝大多数企业在人力资源选拔中都采用这种方法。面试根据结构化程度，可分为结构化面试和非结构化面试。前者的问题与回答都经过事先准备，考评人员根据设计好的问题和有关细节进行提问，适用于选拔一般员工和一般管理人员；后者则无固定主题，考评人让应聘者自由发表议论，主要考察应聘者各方面的综合能力，这是一种高级面试，适用于选拔中高级管理人才。

除了上述提到的四种方法以外，企业经常用到的选拔方法还包括对应聘者的各种测试，如身体能力测试、个性测试、智力测试、职业性向测试、心理测试等。各种选拔方法在测试应聘者的知识、技能、能力、人格、兴趣、偏好时各有利弊，企业应结合运用不同方法，并通过组织和设计尽可能提高测试的信度和效度，以确保人力资源选拔的质量。

第三节　企业人力资源的培训

一、人力资源培训的内涵

人力资源培训是企业为了实现自身的目标和员工的发展相结合而有计划地

组织员工进行学习和训练，以改善员工工作态度、提高员工工作技能、激发员工创造潜能，使员工能胜任本职工作的一种人力资源管理活动。主要从以下四个方面来把握其内涵：

（1）人力资源培训的主体是企业。应该由企业来组织和实施人力资源的培训。有些活动（比如员工自学）尽管在客观上也能提高工人工作技能、激发工人创造潜能，但实施的主体不是企业，就不能把这种活动看作是培训。

（2）人力资源培训的客体是企业中的全体员工，而并非部分员工。这并不是指每次培训的对象都必须是全体员工，而是企业应该把全体员工都纳入到培训体系中来。

（3）人力资源培训的内容是与员工工作有关的所有内容。既包括对与员工工作相关的业务知识、工作技能等"硬件"的培训，又包括对员工工作态度、企业文化等"软件"的培训，二者缺一不可。员工工作既包括员工目前所从事的工作，又包括员工将来可能从事的工作。

（4）人力资源培训的目的是通过改善员工工作态度、提高员工工作技能、激发员工创造潜能而改善员工业绩，从而实现企业自身的发展目标。

二、人力资源培训的作用

人力资源培训的作用主要体现在以下三个方面：

（一）实现企业的发展目标

现代企业管理已经将培训作为组织的一项重要功能。通过有效的员工培训，提高员工的综合素质，使员工更加适应现代生产和改善企业文化的需求，从而充分满足企业职位的要求，提高企业职位的业绩，确保企业发展目标的实现。

（二）实现员工的自我价值

任何一名员工进入企业都有着自己的追求。比如有的想掌握新的知识和技能，有的希望得到较高的报酬和良好的待遇，有的期望使个人的志趣得以发挥等。通过企业的人力资源培训，能够有效地提升员工的职业能力，开拓员工的职业空间，增强员工适应环境变化的能力，从而直接或间接满足员工追求自我价值实现的内在要求。

（三）实现人力资本内涵式的扩张

现代企业人力资源管理将员工视为一种资源，对员工进行投资是企业有潜力、更为有效的一种投资方式，最终形成知识资本或智力资本，实现企业人力资本的内涵式扩张，提升用人成本的使用效益，增加人力资本存量，开发员工的潜能，使企业的劳动生产率得以迅速提高，从而提升企业的竞争地位。企业在进行人力资源培训活动时，应遵循以下几个原则，才能够充分保证培训的效果。

三、适应企业战略要求的原则

战略作为企业的最高经营纲领，对企业各方面的工作都有指导意义。培训作为人力资源管理系统中一个重要的组成部分，自然也要服从企业的战略。人力资源培训工作的开展，应当从企业战略的高度出发来进行，绝不能将二者割裂开来。这就要求培训工作不仅要关注眼前的问题，更要从长远角度考虑，从未来发展的角度进行培训，这样才能保证培训工作的积极主动，而不只是充当临时救火员的角色。

（一）投入产出原则

企业作为一种经济性组织，它从事任何活动都是讲究投入产出比的，都是讲究效益的，都要以最小的投入获得最大的产出。因此对于企业来讲，进行人力资源培训同样要坚持投入产出原则，也就是说在费用一定的条件下，要使培训效果最大化；或者在培训效果一样的情况下，使所花费的培训费用最小化。

（二）差异性原则

企业人力资源培训不同于学校教育，它在普遍性的基础之上更强调差异性，差异性的表现主要有以下两个方面：

1.员工上的差异性

人力资源培训的客体是企业的全体员工，但这并不意味着平均使用力量。为了提高培训投入的回报率，必须有重点地进行培训。根据"二八原理"，即企业中80%的价值是由20%的员工创造的，所以在培训中必须对关键职位进行倾斜，尤其是企业的中高层管理人员和技术人员。

2.内容上的差异性

人力资源培训必须根据员工的实际水平和所处职位确定不同的培训内容，对员工进行个性化培训，将培训和工作结合起来，做到有的放矢。这样才能改善员工的工作业绩，从而提高企业的经营效率。如果培训不考虑到这些问题，就会造成培训资源的浪费，失去培训的意义。

（三）激励原则

许多企业人力资源的培训只是为了提高员工的素质，并不涉及录用、提拔、安排工作等问题，这样使得员工培训的积极性受到影响。激励原则是调动员工积极性和主动性的有力杠杆。这种激励是贯穿于培训的全过程，培训前对员工进行宣传教育，以激发员工学习的信心；培训中及时反馈，以增强员工学习的热情；培训后进行考核，并且将考核和晋升、奖励相挂钩，考核不合格的予以惩罚，以增强员工培训的压力。

（四）知识技能培训和企业文化培训兼顾的原则

企业在进行人力资源培训时，不仅要根据不同员工的实际水平和所处的不同岗位进行相关的知识技能培训，还必须要对员工进行理想、信念、价值观、道德观等方面的培训。这些方面要和企业的目标、经营哲学、企业文化、企业制度、企业传统等结合起来，以增强企业的凝聚力。

四、人力资源培训的方法

人力资源培训的方法是多种多样的，内容十分丰富。在实践工作中，要结合这些方法的不同特点和企业的需要，合理地选择采用。

（一）在职培训

在职培训是指在工作中，由上级有计划地对员工进行的教育培训，以便使员工具有有效完成工作所需要的知识、技能和态度。在职培训的主要特点是培训对象在学习期间身不离岗，从事本职工作的同时进行培训，充分利用现有的人力、物力，不需要另外添置场所、设备。但是这种培训往往缺乏良好的组织，比如技术培训，机器设备、工作场所只能有限制地提供培训使用。在职培训主要包括以下几种方法：

1. 工作轮换

工作轮换的方法是让员工到企业的各个部门，以工作人员的实际身份介入某项具体工作，了解整个企业的各个工作环节，丰富工作经验。从企业的角度出发，这是企业全面考察员工的有效办法，可以借此发现员工的优点和弱项，给他们安排相应的工作；从员工的角度出发，可以拓展员工的知识和技能，激发员工的工作兴趣，找到适合自己兴趣和爱好的岗位，增进员工间的相互交流。这种方法在实践应用时要有周密的计划，企业的各个部门应对来自其他部门的员工进行热情的指导。

2. 学徒培训

学徒培训的方法是让员工长期连续性地接受主管的督导，经过长期的实际操作和学习，达到一定的技术水平，并由主管针对员工的受训学习情况提出一定评价及建议，使员工从中受益。这种方法能够让员工集中注意力，很快适应工作要求，也能使主管及时掌握培训的进展状况。

（二）非在职培训

非在职培训是指员工在专门的培训现场接受履行职务所必需的知识、技能、态度和价值观的培训。非在职培训主要有以下几种方法：

1. 角色扮演法

角色扮演法是指由培训者给出情景，让受培训的员工身处模拟的工作环境，按照其实际工作应有的权利和责任，模拟性地处理工作事务。角色扮演法在许多大公司培训中被广泛的采用，为员工和企业提供了有效的学习工具。其主要优点有：①使受训员工较快熟悉自己的工作环境，了解自己的工作业务，掌握必需的工作技能，尽快适应实际工作的要求；②能够教会员工如何交换研究心得，同时也在交流中培养人际感情和合作精神，可以训练和检验员工的言谈举止和仪容态度。

这种方法的关键问题是应注意排除受训者的心理障碍，让受训者认识到角色扮演的重要意义，减轻其心理压力。角色扮演法主要适用于培训新员工、岗位轮换和职位晋升，主要目的是使员工尽快适应新岗位和新环境。

2. 案例教学法

案例教学法是指由培训者按照培训需求向培训对象展示有关现实事件的真实性背景材料，指导接受培训的员工根据材料来分析问题，提出解决问题的方案，并对各种方案进行比较选优，从而培训员工分析问题和解决问题的能力。

这种方法在人力资源培训中得到越来越多的应用。其原因在于：①在案例教学中，培训者不是单纯的教，也同时参与讨论；员工也不仅仅是听讲和接受，同时也可以讨论、分析和阐述，双方都可以在这种模式中得到充实和提高；②案例教学法注重实践，有利于员工素质和能力的培养，有助于培养员工积极创新、独立思考的精神。

运用这种方法进行培训，培训者事先要对案例进行充分的准备，对受训员工事先要进行深入的了解，确定培养目标，针对培养目标收集相关的案例。该方法主要适用于中层以上的管理人员，目的是训练他们良好的决策能力、分析能力、创造能力和应变能力。

3. 讲授法

讲授法是指由教师在一定的场所讲解某些知识、概念和原理。可以是企业内部自设培训，由主管或专人负责讲授，也可以是企业利用其他专业机构或高等院校所提供的培训；可以是短期培训，也可以是长期培训。

这种方法优点是较为经济，并可以一次性将知识传授给多人。其缺点是比较单调，员工参与的积极性不大，参与程度不高，相对比较被动。

（三）运用新技术的培训方法

随着现代社会信息技术的广泛运用，各种新的培训方法不断出现，并且被越来越多的企业接受和运用，取得了很好的效果。

1. 网上培训

网上培训是一种基于网络的培训，以计算机多媒体和互联网技术为实现手段，凭借单机、局域网、互联网或手机互联网提供的交互式环境，无需面授就可达到培训目的。

国内较早提倡网上培训的专业公司——知识天地公司曾公布数据表明网上培训较之传统的讲授法有着明显的优势。比如，员工网上学习新知识所需的时间是传统讲授法所需时间的 40%；对知识的记忆保持力比传统方法提高了 25%~60%；学习接受新的信息量比传统方法增加了 56%，培训时间比传统方法减少了 30%。更为重要的是，网上培训可以减少培训者素质对员工培训效果的重要影响，降低了知识传递过程中由于面授而难以避免的偏差。

2. 虚拟培训

虚拟培训法主要利用虚拟现实技术生成实时的、具有三维信息的人工虚拟环境，员工通过运用某些设备接受和响应该环境各种感官刺激而进入其中，员工可以通过多种交互设备来驾驭该环境及有关可操作的物体，从而达到提高员工知识和技能的目的。

（四）人力资源培训的工作流程

强化人力资源培训可以将员工的个人发展目标和企业的目标统一起来，满足员工自我发展的需要，调动员工的工作积极性，增强企业的凝聚力和竞争力。必须发挥人力资源培训对企业的积极作用，建立有效的培训体系。人力资源培训的工作流程通常包括培训需求分析、培训计划的制订和实施、培训评估三个环节。

培训需求分析是整个培训工作流程的出发点，关系到培训的方向，直接决定整个培训工作的质量。企业之所以会存在培训需求，是因为企业当前出现了问题或者未来可能会出现问题，这些问题就是企业产生培训需求的"压力点"。比如，新员工的进入、职位的变动、顾客新的需求、引进新的技术、生产新产品、企业或个人绩效不佳、组织未来的发展等都可能会使企业产生培训的需求。麦吉和塞耶早在 1961 年就提出了企业培训需求的分析主要包括三个方面：企业层面的分析；任务层面的分析（也称为工作分析）；人员层面的分析。

企业层面的分析可以了解到培训可以用的资源情况以及管理者对培训活动

的支持情况；任务层面的分析可以确定重要的任务以及需要在培训中加以强调的知识、技能和行为方式，以帮助雇员完成任务；人员层面的分析有助于了解谁需要培训、弄清楚绩效不令人满意的原因，并让员工做好接受培训的准备。企业往往通过对培训需求的分析确定培训目标。

五、培训计划的制订和实施

培训计划的制订是根据企业近期、中期和远期的发展目标对企业员工培训需求进行预测，然后制订培训活动方案的过程。培训计划是整个培训过程展开的源头，必须在一开始就获得各级员工直至主管的支持和认可，要让员工及其主管承担培训效果转化的最终责任。而企业培训中心的职责是提供基于人力资源开发目标的培训平台与相关资源，最终的受益者是员工本人和企业。因此，在制订员工培训计划时，要以人力资源部门及其他主管提供的信件为依据，培训中心要将这些信息转化为培训可以实施的语言，经过汇总形成培训计划表。

培训计划制定好以后，就要求按照计划进行相应的实施与管理。这个过程首先应该由相关人员编制培训所需的教材，并聘请合适的培训人员。

整个培训工作的展开纷繁复杂，需要企业的高层领导、人力资源部门、业务部门、培训专业人员以及受训者的支持配合共同完成：高层领导提供政策、方向和支持，培训部门提供资源、方法、制度，各级管理者推动，培训人员有效组织培训，员工积极参与，这样才能真正有效地推动培训工作，提高培训的有效性。

培训评估是培训流程的最后环节，它既是对整个培训活动实施成效的评价和总结，又是以后培训工作的重要资料，为下一个培训工作确定培训需求提供了重要信息。

培训评估需要遵循以下几条原则：

（1）过程评估与结果评估相结合。培训评估不仅仅是收集反馈信息、衡量结果，其重要的作用在于检验与促进培训目标的达成。所以，培训评估要贯穿培训过程始终，从分析培训需求、制订培训计划开始到培训过程结束，都必须进行评估。

（2）评估方法与培训目标相适应。评估的主要方法有访谈法、问卷调查法、直接观察法、档案记录法等，评估小组应该就培训的目标和内容选择合适的评估方法。

（3）全员评估。培训工作流程中的每一个参加者都对评估过程和结果负责。培训管理者要对培训评估整个环节负责；员工要对培训应取得的成果负责；各级直线管理者要参与培训评估的各个阶段，为培训效果的实践转化提供支持。

第四节　绩效管理与薪酬管理

一、绩效管理

企业人力资源管理活动的任何方面都离不开绩效考核，绩效考核既是人力资源管理活动的手段，又是人事决策的依据，同时还是改进人力资源管理系统的依据。然而绩效考核本身不是一项孤立的工作，它是完整绩效管理过程中的一个环节，所以绩效考核之前的全部管理工作都会对最终的考核结果产生重要的影响。

（一）绩效、绩效管理与绩效考核的概念

绩效（Performance），也称为业绩、成效，可以泛指企业中所有岗位上的员工所取得的工作进展和业务完成情况。绩效指企业中的业务人员所取得的可以用经济指标衡量的业务量，还包括无法用经济指标衡量的业务量，比如由于员工优质的服务而给公司带来的美誉度和良好的社会效应。

从理论上讲，绩效的定义更多的是从影响工作绩效因素来考虑的，它把影响绩效的因素分为四种：员工的激励、技能、环境和机会，其中前两种属于员工自身的、主观性影响因素，后两者则是客观性影响因素。其公式表示如下：

$$P=f(M, S, E, O)$$

其中，P 代表绩效，M 代表激励，S 代表技能，E 代表环境，O 代表机会。也就是说，绩效是技能、激励、机会与环境四个变量综合作用的函数。

根据绩效的定义，绩效管理就是为确保管理者期望下属产生的工作行为、表现及其结果而进行的企业内的管理活动，通常是通过企业的管理规章制度和工作流程来体现的。绩效管理是把对组织的管理和对员工的管理结合起来，保证企业为完成其战略目标而设计的流程和规定。它包括企业目标设定、奖惩计划、日常反馈、评估和学习机制。这些流程对企业员工的绩效表现进行持续有效的指导和帮助，最终支持企业实现整体的战略目标。总之，绩效管理就是企业内部系统的管理活动流程，通常包括计划、实施、考核、诊断和再计划五个部分。

绩效管理是一个完整的系统，在这个系统中，企业、经理和员工全部参与进来，经理和员工通过沟通的方式，将企业的战略、经理的职责、管理的方式

和手段以及员工的绩效目标等管理的基本内容确定下来，在持续不断沟通的前提下，经理帮助员工清除工作过程中的障碍，提供必要的支持、指导和帮助，与员工一起共同完成绩效目标，从而实现企业的远景规划和战略目标。在绩效管理这个概念中，我们可以从以下几个方面去理解：

1. 系统性

绩效管理是一个完整的系统，不是一个简单的步骤。绩效管理不是一个什么特殊的事物，更不是人事部门的专利。绩效管理就是一个管理手段，它涵盖管理的所有职能：计划、组织、领导、协调、控制。所以，我们必须系统性地看待绩效管理。

2. 目标性

目标管理的一个最大的好处就是员工明白自己努力的方向，经理明确如何更好地通过员工的目标对员工进行有效管理，提供支持帮助。同样，绩效管理也强调目标管理，目标＋沟通的绩效管理模式被广泛提倡和使用。只有绩效管理的目标明确了，经理和员工的努力才会有方向，才会更加团结一致，共同致力于绩效目标的实现，共同提高绩效能力，更好地服务于企业的战略规划和远景目标。

3. 强调沟通

沟通在绩效管理中起着决定性的作用。制定绩效要沟通，帮助员工实现目标要沟通，年终评估要沟通，分析原因寻求进步要沟通，总之，绩效管理的过程就是员工和经理持续不断沟通的过程。离开了沟通，企业的绩效管理将流于形式。许多管理活动失败的原因都是因为沟通出现了问题，绩效管理就是致力于管理沟通的改善，全面提高管理者的沟通意识，提高管理的沟通技巧，进而改善企业的管理水平和管理者的管理素质。

4. 重视过程

绩效管理不仅强调工作结果，而且重视达成目标的过程。绩效管理是一个循环过程，这个过程不仅关注结果，更强调目标、辅导、评价和反馈。

（二）绩效管理的组成部分

绩效管理是一个完整的系统，该系统主要由以下五个部分组成。

1. 制订绩效计划

绩效计划是绩效管理的开始。一份有效的绩效计划必须具备以下几个条件：服务于公司的战略规划和长远目标；基于员工的职务说明书而制订；计划具有一定的挑战性，具有激励作用；计划符合 SMART 原则，即 Specific（明确的）、Measurable（可衡量的）、Aligned（相关的）、Realistic（现实的）、Timed（有截止期限的）。

5. 持续不断的沟通

沟通是一切管理所必不可少的重要手段，我们在沟通的前面用"持续不断"修饰，尤其强调绩效沟通的关键性作用。沟通应符合以下几个原则：①沟通应该真诚：一切的沟通都是以真诚为前提，都是为预防问题和解决问题而进行的。真诚的沟通才能尽可能地从员工那里获得信息，进而帮助员工解决问题，提供帮助，不断提高经理的沟通技能和沟通效率；②沟通应该及时：绩效管理具有前瞻性的作用，在问题出现时或之前就通过沟通将之消灭于无形或及时解决，所以及时性是沟通的又一个重要的原则；③沟通应该具体：沟通应该具有针对性，具体事情具体对待，不能泛泛而谈。管理者必须珍惜沟通的机会，关注于具体问题的讨论和解决；④沟通应该定期：经理和员工要约定好沟通的时间和时间间隔，保持沟通的连续性；⑤沟通应该具有建设性：沟通的结果应该是具有建设性的，给员工未来绩效的改善和提高提供建设性的建议，帮助员工提高绩效水平。

6. 绩效考核与评估

绩效目标最终要通过绩效考核和评估进行衡量，因此有关员工绩效的信息资料的收集就显得特别重要。在这个环节中，经理要注意观察员工的行为表现，并做记录，同时要注意保存与员工沟通的结果记录，必要的时候，请员工签字认可，避免在年终考评的时候出现意见分歧，在绩效评估时不出现意外，使评估的结果有据可查，更加的公平、公正。绩效评估一般在年底举行。员工绩效目标完成得怎么样，企业绩效管理的效果如何，通过绩效评估可以一目了然。绩效评估也是一个总结提高的过程，总结过去的结果，分析问题的原因，制定相应的对策，便于企业绩效管理的提高和发展。同时，绩效评估的结果也是企业薪酬分配、服务晋升、培训发展等管理活动的重要依据。

7. 绩效诊断和反馈

没有完美的绩效管理体系，任何的绩效管理都需要不断改善和提高。因此，在绩效评价结束后，全面审视企业绩效管理的政策、方法、手段及其他的细节，不断改进和提高企业的绩效管理水平。完成了上述过程之后，绩效管理的一轮工作就算是结束了，之后，伴随着企业的进一步发展，经理和员工将再次合作，制订新的工作计划，形成良性循环。

（三）绩效管理在企业中的地位及作用

1. 绩效管理的战略地位

绩效管理的战略地位，实际上是一个绩效管理的定位问题，即是绩效管理的目标与方向的问题。要做好绩效管理，首先必须明确绩效的目标，使其定好位，并从一开始就走在正确的道路上。一个企业能否做出正确的战略选择是重要的，同样能否正确地实施战略也是重要的。绩效管理是企业战略目标实现的一种辅助手段，通过有效的目标分解和逐步逐层的落实帮助企业实现预定的战略。在此基础上，理顺企业的管理流程，规范管理手段，提升管理者的管理水平，提高员工的自我管理能力。

2.绩效管理的作用

（1）提升计划管理有效性

有的企业搞管理没有一定的计划性，管理的随意性很大，企业经营处于不可控状态，而绩效管理则可以弥补这一问题。因为绩效管理体制强调：认定合理的目标，通过绩效考核这一制度性要求，使组织认真分析每一季度的工作目标，并在月末对目标完成结果进行评价，从而加强各级部门和员工工作的计划性，提高公司经营过程的可控性。

（2）提高管理者的管理水平

有部分管理人员缺乏基本的管理知识和技能，沉迷于具体的业务工作。不知道如何管人，如何发挥部门优势，而绩效管理的制度性要求强迫部门主管必须制订工作计划目标，必须对员工做出评价，必须与下属充分讨论工作，并帮助下属提高绩效。这一系列的工作本来是每一位管理者应做的事情，但大多数企业没有明确规定下来，淡化了管理者管理企业的责任。绩效管理就是要设计一套制度化的办法来规范每一位管理者的行为。绩效管理体制正是提高管理者水平的一个有效方法。

（3）发现企业管理问题

绩效管理是企业中运用最普遍的管理方法，也是问题最多的管理主体。企业在实施绩效管理问题时，会遇到许多问题与矛盾，人们会产生一些怀疑或管理，可能是自己的问题，以往没有觉察，但恰恰这一问题正是影响他人的原因，而问题的暴露也会使企业找到其管理的方向。

二、薪酬管理

（一）整体薪酬理念及其构成

整体薪酬，是指企业在员工充分参与的基础上，建立每个员工不同的薪酬组合系统，并定期随着他们兴趣爱好和需求的变化，作出相应的变更。这是一种自主风格的薪酬制度，各个雇员可以按照事业发展、工作和个人生活的协调比例，决定自己的薪酬组合以及组合中各薪酬元素的比例。

整体薪酬模式传达了全新的薪酬理念：整体薪酬方案克服了传统薪酬方案零碎的缺点，这种薪酬模式整合了更多的薪酬元素，强调薪酬的整体性。①客户理念：整体薪酬和传统薪酬方案本质的区别是从以雇主为中心转变为以雇员为中心，雇员从一个薪资的接受人转变为薪资的客户；作为客户，就有选择的权利，老板应该像留住优质客户那样更加关注雇员的愿望并尽量满足他们的需求，这样的信念将成为这个制度的奠基石；②业绩理念：这种薪酬模式是偏重业绩的一种薪酬制度，业绩指员工工作的成果，但传统薪酬制度中也有业绩工资，这种工资形式容易犯"只重结果、不重过程"的错误；为了克服这一缺点，在进行整体薪酬方案设计时，要求员工充分参与；③个性化理念：已婚女性员工希望薪酬组合中现行的福利比例大一些，如更长的假期、弹性的工作时间；而对于一个尚未成家的年轻人来说，可能希望奖金的比例大一些，退休保险的比例小一些。员工的这些需求都可以在这种薪酬制度中得到实现。

整体薪酬的构成：在未来的薪酬制度里，选择将成为一个时髦的用语，它表明每个员工在工作中都有更多的选择余地；同时，随着时代和需求的变化，这种模式也会变化，自助餐式薪酬将提供给我们无限的选择空间，并进而构成整体薪酬。

薪酬改革步履艰难，无处不渗透着金钱的力量。但面对日趋激烈的竞争，改革的重要性不言而喻，整体薪酬方案是对薪酬体制中的多元性和选择性的一种满足，也是对传统薪酬体制弊端的革新，它确定了目前薪酬改革的方向。

（二）整体薪酬设计的原则

企业设计薪酬时必须遵循一定的原则，这些原则包括战略导向、经济性、激励作用、内部一致性、外部竞争性等。

1. 战略导向原则

战略导向原则强调企业设计薪酬时必须从企业战略的角度进行分析，制定的薪酬政策和制度必须体现企业发展战略的要求。企业的薪酬不仅仅只是一种制度，更是一种机制，合理的薪酬制度驱动和鞭策那些有利于企业发展战略的因素的成长和提高，同时使那些不利于企业发展战略的因素得到有效的遏制、消退和淘汰。因此，企业设计薪酬时，必须从战略的角度进行分析，哪些因素重要，哪些因素不重要，并通过一定的价值标准，给予这些因素一定的权重，同时确定它们的价值分配，即薪酬标准。

2. 经济性原则

经济性原则强调企业设计薪酬时必须充分考虑企业自身发展的特点和支付

能力。它包括两个方面的含义，从短期来看，企业的销售收入扣除各项非人工（人力资源）费用和成本后，要能够支付起企业所有员工的薪酬；从长期来看，企业在支付所有员工的薪酬及补偿所用非人工费用和成本后，要有盈余，这样才能支撑企业追加和扩大投资，获得企业的可持续发展。

3. 激励作用原则

在企业设计薪酬时，同样是 10 万元，不同的部门、不同的市场、不同的企业发展阶段支付给不同的员工，一种方式是发 4 万元的工资和 6 万元的奖金，另一种方式是发 6 万元的工资和 4 万元的奖金，激励效果是完全不一样的。激励作用的原则就是强调企业在设计薪酬时必须充分考虑薪酬的激励作用，即薪酬的激励效果。企业在设计薪酬策略时要充分考虑各种因素，使薪酬的支付获得最大的激励效果。

4. 内部一致性原则

内部一致性原则是秘密公平理论在薪酬设计中的运用，它强调企业在设计薪酬时要"一碗水端平"。内部一致性原则包含以下几个方面：一是横向公平，即企业所有员工之间的薪酬标准、尺度应该是一致的；二是纵向公平，即企业设计薪酬时必须考虑到历史的延续性，一个员工过去的投入产出比和现在乃至将来都应该基本上是一致的，而且还应该是有所增长的。这里涉及一个工资刚性问题，即一个企业发给员工的工资水平在正常情况下只能看涨，不能看跌，否则会引起员工很大的不满。内部一致性主要通过职位分析、建立职位描述、职位评价、建立职位等级结构来实现。

5. 外部竞争性原则

外部竞争性原则强调企业在设计薪酬时必须考虑到同行业薪酬市场的薪酬水平和竞争对手的薪酬水平，保证企业的薪酬水平在市场上具有一定的竞争力，能充分地吸引和留住企业发展所需的战略性、关键性人才。外部竞争性主要是通过外部相关劳动力市场界定、市场工资调查，并在此基础上调整薪酬结构来实现的。

第五节　员工安全与劳动关系管理

一、员工健康与安全问题

现代企业员工都希望企业能给自己提供一个安全、可靠和健康的环境，但我国的部分企业认为事故和职业病是工作不可避免的副产品，甚至到目前为止这种思想也没有完全得到根除。不过令人欣慰的是越来越多的企业正在努力预防和控制，以期减少进而消除工作场所的风险。

关于员工健康的传统认识，一般局限在生理健康范围内，但现在越来越多的企业普遍认可的员工健康包括心理健康。总的来说，员工健康是指企业的员工在身体、心理和情感上都安康的一般状态。来说，健康的人没有疾病、损伤或者那些能影响普通人活动的心理和情感上的问题。

员工安全是指员工的身体安康得到保护的状态。过去对安全的解释仅局限在员工在企业内部的安全，现在，员工在上下班、就餐、从事外部工作任务等路线上发生的事故，均被当成安全问题。研究发现，员工在工作时间之外发生的安全事故超过了工作时间内的事故，并且同样能影响员工的工作效率。因此，许多企业开始将企业安全计划延伸到工作地和工作时间之外。企业实施有效的安全项目，就是为了预防与工作相关的损害和意外的发生。

二、劳动关系管理

（一）劳动关系的含义

劳动关系既是人力资源管理领域的一个概念，又是一个法律概念，具有明确的法律内涵。在我国，调整劳动关系的根本法律是《中华人民共和国劳动法》。我国现行的劳动法是从 1995 年 1 月 1 日开始实施，它是调整劳动关系以及与劳动关系密切联系的其他关系的法律规范，其作用是从法律角度确立和规范劳动关系。劳动法中并没有给出劳动关系的明确定义。但是，按照《关于贯彻执行〈中华人民共和国劳动法〉若干问题的意见》，劳动关系是指存在于企业、个体经济组织与劳动者之间，劳动者事实上已成为企业、个体经济组织的成员，并为其提供有偿劳动的关系。其中，"个体经济组织"是指一般雇工在七人以下的个体工商户。劳动法还规定国家机关、事业单位、社会团体和与之建立劳动合同关系的劳动者之间的关系，依照劳动法执行。

（二）劳动关系的法律特征

劳动法所规定的劳动关系主要有以下三个法律特征：第一，劳动关系是在现实劳动的过程中发生的关系，与劳动者有直接的联系；第二，劳动关系的双方当事人，一方是劳动者，另一方是提供生产资料的劳动者所在的单位，如企业、事业单位、政府部门等；第三，劳动关系的一方劳动者要成为另一方所在单位的成员，并遵守单位的内部劳动规则。

劳动关系的基本内容包括：劳动者与用人单位之间在工作时间、休息时间、劳动报酬、劳动安全卫生、劳动纪律与奖惩、劳动保险、职业培训等方面形成的关系。

（三）劳动争议与处理

劳动争议又称劳动纠纷，是指用人单位与劳动者之间因实现或履行《中华人民共和国劳动法》确定的劳动权利义务产生分歧而引起的争议。我国劳动关系的特点决定了劳动争议具有如下特征：劳动争议主体一方为用人单位，另一方必须是劳动者：劳动争议主体之间必须存在劳动关系；劳动争议仲裁机构目前受理的只能是用人单位与劳动者之间发生的劳动争议。用人单位之间、公民之间发生的争议不属于受理范围。劳动争议是在劳动关系存续期间发生的；劳动争议的内容必须与劳动权利义务有关。

1.劳动争议的处理

劳动争议是劳动关系不协调的一种表现，在生产劳动过程中，由于劳动关系主体之间的动机取向和利益要求不同，以及受各种因素的影响，发生劳动争议也就有其客观性。劳动争议一旦形成，就会影响企业正常的生产秩序，影响社会安定，因此必须及时依法进行处理。处理劳动争议，其仲裁程序的法律依据是《中华人民共和国劳动法》第十章、国务院发布的《中华人民共和国企业劳动争议处理条例》、原劳动部制定的《劳动争议仲裁委员会办案规则》等。

2.劳动争议受理范围

劳动争议仲裁机构受理下列劳动争议：因企业开除、除名、辞退职工和职工辞职、自动离职发生的争议；因执行国家有关工资、保险、福利、培训、劳动保护的规定发生的争议；因履行劳动合同发生的争议；法律、法规规定应处理的其他争议（如履行集体合同发生的争议等）。

3.劳动争议处理的基本形式

依法向企业劳动争议调解委员会申请调解；向劳动争议仲裁委员会用请仲裁；向人民法院提起诉讼，当事人自行和解；向企业劳动争议调解委员会申请调解不是必经程序，当事人一方不愿调解，或双方调解不成，即向仲裁机构申请劳动争议仲裁；未经仲裁机构做出处理的劳动争议，人民法院不能直接受理。

（四）劳动争议处理的一些实体规定

1.开除、除名、辞退

开除是国务院《企业职工奖惩条例》规定的最高行政处分，其他五种行政处分，即警告、记过、记大过、撤职、留用察看而引发的劳动争议，仲裁机构不予受理。另一类行政处分：降级，如涉及降低工资而引发争议，可以受理。除名、辞退是一种处理而不是处分，除名针对的是企业职工的旷工行为；辞退是对违纪职工做出的处理。这两类处理，都规定了对违纪职工的教育程序。

2. 工资争议

工资争议主要是指拖欠工资争议和克扣工资争议，包括拖欠、克扣下岗人员生活费。

3. 培训争议

培训争议主要是指企业职工在职期间因培训发生的争议，比较多的涉及培训费赔偿问题，如劳动者培训期满，返回企业工作，但未服务满企业规定的工作期限而提前解除劳动合同，劳动者应按约定赔偿培训费。

4. 保险争议

保险争议包括养老保险、医疗保险、生育保险、工伤保险、失业保险争议。

5. 履行劳动合同争议

这类争议分为：签订劳动合同争议、变更劳动合同争议、解除劳动合同争议、终止劳动合同争议。

在劳动争议处理工作中，涉及大量事实劳动关系形成的劳动争议。事实劳动关系是指劳动者事实上已成为企业、个体经济组织的成员，并为其提供有偿劳动。事实劳动关系亦有可能构成开除、除名、辞退以及工资、解雇争议，处理这一类争议，适用劳动法律法规。

第六章 企业管理创新的内容

第一节 企业市场的创新

企业成败的关键在于其所创造的产品能否经受住市场的考验，能否通过市场营销实现其应有的收益。若企业所生产的产品卖不出去，产品价值得不到实现，企业的生存和发展将面临危机。实践证明，企业产品开发的失败率是相当高的，并且失败的原因不在于企业的技术创新能力不足，而是市场营销方面的因素，市场对研究开发、设计、生产等各个环节的信息反馈在企业创新过程中是重要的环节，因此有必要对企业的市场创新问题进行有意义的探讨。

一、企业市场创新的内容

市场创新具有丰富的内涵和广泛的效应。市场创新，是指在市场经济条件下，企业通过引入并实现各种新市场要素的商品化与市场化，来开辟新的市场，促进企业生存与发展。市场创新的具体内容如下。

（一）建立现代市场理念

市场理念，是指企业把握市场信息、应对市场变化、处理市场关系、赢得市场所持有的观点和态度。市场经济是以市场为导向，离开了市场，市场经济的命源也就不复存在了。在我国市场经济迅速发展的过程中，一些企业经营者往往自觉或不自觉地依然用计划经济的思维观念去构建今天的市场，这种传统的市场理念已经赶不上当今瞬息万变的市场经济大潮了。而现代市场理念要求企业充分掌握有形市场和无形市场、现实市场与潜在市场的辩证关系。企业的经营管理必须以市场为导向、以用户为中心，不断地适应并参与市场竞争，关注市场变化，强化服务观念，满足广大用户的需求，不断发现新市场，才能在竞争中生存和发展。具体来讲，市场理念应该包含下列四层含义。

其一，市场的含义。市场包含三方面要素，即：有某种产品的需求的人、

为满足这种需求的购买能力和购买欲望。用公式来表示就是：市场 = 人口 ×
购买力 × 购买欲望。市场的这三方面要素是相互制约、缺一不可的，只有三
者结合起来才能构成现实的市场，才能决定市场的规模和容量。例如，一个国
家或地区人口众多，但收入很低，购买力有限，则不能构成容量很大的市场；
又如，购买力虽然很大，但人口很少，也不能构成很大的市场。只有人口既多，
购买力又高，才能成为一个有潜力的大市场。但是，如果产品不适合需要，不
能引起人们的购买欲望，对经营者来说，仍然不能形成现实的市场。所以，市
场是上述三个要素的统一。

其二，现代市场理念，是要求企业经营要以市场为导向，以消费者为中心，
以创造消费者需求为核心，以满足消费者需求为宗旨，以消费者、企业、社会
或国家共赢为目标的经营理念。也就是说，其出发点是以消费者为中心，企业
关心的是消费者需要什么我就生产什么，通过创造和传递既能有效地满足消费
者需求又能符合社会长远发展利益的产品和服务，实现企业经营目标。这种理
念顺应社会进步并不断被赋予新的内涵，它要求企业把竞争优势建立在能够给
消费者、企业、社会三者提供优异价值的能力上。企业要以发展人类需求、关
心社会福利、促进社会进步为宗旨，具体研究如何适应和刺激消费需求，通过
市场机会分析，选择服务的目标市场，制定市场战略，规划市场方案，加强市
场组织、执行与控制等，从而获取满意的经济效益和社会效益。

其三，市场理念要求企业市场经营运作时能理解和应用 STP 战略。由于企
业资源的有限性，任何企业都不可能满足所有消费者的需求，也不可能满足消
费者任何方面的需求，企业必须从巨大的市场中选择最适宜自己经营的子市场，
即目标市场（targeting）。目标市场选择的前提和基础是市场细分（segmenting）
策略（战略），目标市场选择之后必须实施市场定位（positioning）策略（战略）。
由此构成了 STP 战略，即市场细分、目标市场选择、市场定位。

其四，市场理念关键在贯彻应用。市场理念的贯彻主要取决于四项措施的
落实，即转变经营态度、建立或改变相应的组织机构、建立相适应的管理程序
及方案，以及建立体现现代营销理念绩效评价标准和方法。转变经营态度，就
是进行现代营销观念的教育，建立体现现代市场理念的规章制度，制定与现代
市场理念相适应的服务措施，创造相应的文化氛围。建立或改变相应的组织机
构，就是经营机构的核心地位要凸显，决策层、管理层、执行层都要有具备市
场理念素养的人员；人员的配备、培训、使用要符合市场理念的要求，机构和
人员的调整要有利于市场理念的贯彻。建立相适应的管理程序及方案，就是做
到四个转变，即由重视内部环境和内部管理向重视外部环境和外部管理转变：
由见物不见人的管理向以人为本管理转变：由一切以企业为出发点向以市场为
起点和终点转变；由单项管理向多维、系统、综合管理转变。建立体现现代营

销理念的绩效评价标准和方法，就是从重视产量、产值的考核转向重视销售收入、利润的考核，由关注近期、单项、局部的收益转向主要关注长远、综合、整体利益，从只追求企业利益转向追求企业利益与社会利益的双赢。

（二）市场创新的主要目标是开辟新市场

市场是供求关系的总和，要创造新的市场，就必须改变现有的市场供求状况、水平、要素及其关系。特别需要强调的是，这里的市场创新是一个综合性极强的整体概念，它包括各类市场要素及其关系的变化，而不仅是指产品变化与技术变化等。从市场总体发展状况与水平来看，只要改变其中某种或某些市场要素及其组合方式，就可能引起市场变化，开辟新的市场。因此，采用新技术和开发新产品是实现市场创新的主要形式和有效途径，但并不是实现市场创新的必要条件和唯一的方式。例如，通过改变市场定位、市场组织结构、市场需求状况、市场营销渠道和客户等方式，企业也可以改变现有市场状况及其特征，从而开辟相应的新市场。事实上，所有的企业都面临着十分广阔的市场创新领域。当然，新市场是一个相对的概念，是相对于旧市场而言的。

国际化战略是企业开辟新市场的重要组成部分。创新战略是指企业将市场创新点着眼于国际市场，在全球范围内开展生产和销售活动，建立国际营销网络，开拓海外市场。各国的实践经验证明，参与国际分工、发展外向型经济是企业发展的一条成功之路。在新世纪，经济全球化的步伐日益加快，将有利于企业走向国际市场。因此，企业要生存和发展下去，就必须立即行动起来，积极参与国际分工、大力开拓国际市场。市场国际化将为企业市场创新提供一个更加广阔的空间。

（三）市场化是实现市场创新目标的关键环节

创造性是市场创新的灵魂，也是衡量市场创新度的一个主要尺度。然而，市场创新的成败，既不取决于技术开发上的成败，也不取决于其市场创新性的大小，而主要取决于其市场实现的程度。换句话说，技术开发上的成功，并不等于市场开发上的成功；发明创造的先进性，也不等于市场创新的适应性。任何先进的科学发现和技术发明，都只是一种可能被利用的市场创新要素，只有将其实现市场化，才算是成功的市场创新。从试验室到超级市场的货架之间还有一段相当长的艰难路程要走。在产品、技术形成商品，实现市场化的过程中，企业要进行必要的市场研究、市场开发、市场推广、产品促销等工作。

（四）市场环境因素使市场创新具有广泛的社会经济效应

凡是与企业市场创新目标不相适应或者相互冲突的各种政治、法律、社会、经济、文化、技术等企业外部创新环境因素，都可能成为企业市场创新活动的阻力和障碍。例如，不适合市场经济规律的产业政策、过时的法规条文、僵化的经济管理体制、传统的文化观念、落后的消费习惯等，都可能在不同程度上抑制或阻碍企业的市场创新。因此，市场创新不仅涉及企业内部的研究开发、生产经营组织等方面的管理，而且涉及企业的外部市场调研、市场推广等方面的管理。市场创新能力是企业研究与开发能力、生产组织与经营管理能力、市场营销与推广能力等综合竞争实力的反映，既反映着企业内部组织自我调节、自我更新和自我发展的能力，又反映着企业对于外部市场营销环境变化的适应能力，只有不断提高市场适应性，才能有效地实现市场化创新目标，从而不断地提高企业的市场创新能力与水平。

二、企业的市场定位

企业要善于扬长避短，集中有限的资源进行市场聚焦，抢占新市场。企业的产品市场由于技术、知识、市场、信息等不确定的特点而带有很高的不确定性，对于企业，无论其规模大小，都存在这样的特点。然而，由于企业规模小，没有雄厚的资金实力和研究开发力量，也没有庞大的市场营销队伍，要想在激烈的高新技术领域生存，甚至成长壮大，准确的市场定位是其成功的第一步也是关键的一步。我们不难看到，在实际经济生活中，许多企业的失败，往往因为与大企业站在同一基点，在直接对抗中，由于实力不济而陷入困境。事实上，在新、旧产品更新换代之际，市场往往存在"战略空白"，在这些市场空白处常常可找到适合企业的成长点，只要企业根据自己的实力特点，积极寻求这样的机会，并善于开辟新市场，占据新市场的领先优势，常常是企业成功的"捷径"。

另外，在市场经济条件下，竞争是永恒的主题，即使有些大企业在某些领域处于垄断地位，也不可能是绝对的、长久的。随着高新技术的日新月异和高新技术产品的不断推陈出新，总是不断出现新市场机会，也会不断有新的企业崛起。在高技术层出不穷地面世时，也孕育着大量的市场机会和广阔的市场前景，由于其市场前景是难以预测的，即使是大企业也不一定拥有完全的信息能把握得住这突如其来的新市场机会，这无疑就给企业的创业提供了大量机会，这需要企业创业者凭借其敏锐的判断力和直觉，并朝这方面不懈努力。企业要改变常规思路，要善于利用外部资源采取正确的市场策略，来培养和维持企业自己的核心竞争力。

三、市场创新的主要方法

对于每一个企业来说，开辟的市场越多，其市场竞争力就越强，市场知名度就越高，所获收益也就越多。基于企业的特点，下面简要介绍一些市场创新方法。

（一）要善于找市场的"空白地带"

这是在各种市场现有的基础上，寻找空白、填补缝隙的方式。在市场开发中，常有一些被众多竞争者所忽略的"空白"或叫"死角"。注重开发"市场空白"往往可以取得意想不到的效果。当今市场，新产品层出不穷，企业间竞争异常激烈，机动余地日益减小。不少企业技术开发能力和市场风险承受能力较弱，在大市场上与大企业对峙，并非良策。而抓住"市场空白"，填补市场死角，创出"独此一家"的经营特色，却能做成较大生意。这种方法不是研究别人经营什么，步他人后尘，而是专门研究别人不经营什么，把自己的触角伸到那些别人不做、不能做或做不好的领域。然后根据自身的特点有选择地进入，填补市场供给的不足。企业在寻找"市场空白"时，要做到能及时分析市场的变化趋势，善于捕捉机会，果断地做出决策。因为，在市场竞争中，每个企业都在寻找这一"市场空白"，谁能抢先进入，谁就能占有优势。

（二）要善于弥补市场的"断裂带"

竞争要讲策略，市场开拓要讲艺术。特别要从实际出发，择机采取以柔克刚的战略战术。市场上的商品，初看起来林林总总，眼花缭乱，仔细察看却可以发现商品断层不少。有的层面的商品在特定时段、地区间有空白；有的商品因生产者生产能力有限，虽占有了市场，商品数量却跟不上，造成供给出现断裂时段，这就是企业的市场机会。眼光锐利、头脑机敏的企业家，应能预测、把握这种"断裂带"，乘虚而入，及时生产出满足相应需求的产品，以此去弥补这种"断裂带"。从现实来看，我国产品与世界著名企业的名牌产品相比，还有一些差距。如果与之在市场上硬拼，显然是不明智的。相反，如果经过细致的市场调研，看准市场的"断裂带"，摸清市场垄断带上的薄弱环节，以己之长，克敌之短，反倒能取得成功。

（三）要善于在"边缘地带"做文章

在竞争激烈的市场中，从表面上看似乎无缝插针，但实际却不是这样。企业应能识别出各种不同商品市场的边缘，找到市场领域的一个又一个的"边缘地带"。市场上常常存在着看似被占领，实际上是空当部位的领域。此外，即使别人占领的市场，也有乏力地域或薄弱环节。企业应重视竞争中形成的"边缘地带"，因为多处或大量的"边缘地带"聚合起来，就等于占领了大块市场。

（四）要善于吸取别人长处

这就是要留心市场上其他企业开发出的产品。根据"综合就是创造"的哲学原理，在别人的好产品的基础上，于某一功能部位或外观设计上做创新，赋予产品新的特色。这样，企业可以通过产品新的属性和不断提供的各种新的利益，为企业创造出一个又一个新的消费阶层，开辟一个又一个新的市场。如在电风扇中增加定时装置；在烧水壶中增加鸣叫装置；电子制造商将电子表机芯装在项链上变成项链电子表，装在圆珠笔上变成圆珠笔电子表等，这些都可以开发新的消费市场。

（五）要善于抓住"潜在需求盲点"

在市场经济活动中，常常有一些需求只是得到局部的满足，或根本未得到满足，有的甚至正在孕育即将形成的社会需求。这样就使得需求市场上出现了许多需求盲点所构成的潜在需求。企业在竞争中要努力发现和预测潜在需求，以便采取各种方式和方法来满足这种需求。市场的需求潜力是相对而言的，往往这种需求潜力是靠企业去开发和创造的。它一方面取决于市场的消费者对产品的需求性；另一方面又取决于企业能否生产出必要的产品去创造和引导需求。对一个企业来说，一旦发现有前景良好的潜在市场，就应着手做好开发、设计、生产、销售和管理工作，充分发挥企业的机制灵活优势，尽快将产品推向市场，以便建立优势，包括顾客信赖、专利保护、稀有资源的最先使用等。同时加强经营壁垒，提高进入障碍，形成主导能力，尽可能延长企业主导这一市场区域的时间，从而获得更大的经济效益。由此可见，企业通过对潜在市场需求的满足，可以不断地开发新的产品和新的市场，充分提高企业的竞争能力。

第二节　企业制度的创新

一、企业制度创新的含义

（一）制度与企业制度

制度是组织运行方式的原则规定，是对其成员的权、责、利关系的合理界定。制度一般包括组织结构、权责划分、运行规则和管理规章等。一个组织就是在制度等要素相互作用之下，实现内部要素与外部环境协调，并沿着组织既定的战略目标运行。

企业制度就是企业作为一个有机体组织，为了实现企业既定目标，实现内部资源与外部环境的协调，在财产关系、组织结构、运行机制和管理规范等方面的一系列制度安排。企业制度主要包括产权制度、经营制度（或称经营机制）

和管理制度等不同层次、不同方面的内容。

（1）产权制度是决定企业其他制度的根本性制度，它规定着企业所有者对企业的权利、利益和责任。按照资源配置方式的不同，有计划配置方式下的"公有制单位"形式和市场配置形式下的"企业制"形式。而企业制度按其产权归属及历史发展顺序可分为业主制、合伙制和公司制三种基本类型。

（2）经营制度又称经营机制，是有关经营权的归属及行使权力的条件、范围、限制等方面的原则规定。它构成公司的"内部治理结构"，包括目标机制、激励机制和约束机制等。

（3）管理制度是行使经营权，组织企业日常经营的各项具体规则的总称，包括材料、资金、设备、劳动力等各种因素的取得和使用的规定。

（二）制度创新及其特点

从以上有关企业制度含义的分析可以看出，企业的制度创新就是实现企业制度的变革，通过调整和优化企业所有者、经营者和劳动者三者之间的关系，使各个方面的权利和利益得到充分的体现，不断调整企业的组织结构和修正完善企业内部的各项规章制度，使企业内部各种要素合理配置，并发挥最大限度的效能。我国目前的企业制度创新主要是建立现代企业制度，是企业产权制度、经营制度和管理制度的综合创新。

企业制度创新是企业整体创新的基础，与企业的其他创新既有联系又有区别。我国目前的企业制度创新具有先导性、系统性和动态性几个特点。

1. 先导性

我国企业普遍存在技术老化、设备陈旧、产品更新换代慢、管理落后和缺乏技术创新、产品创新、市场创新的现象。但根本原因在于传统的企业制度不具备上述系列创新的功能和条件，所以，不进行制度创新，在旧制度下修修补补，是无济于事的。我国企业急需实现企业制度的创新、产品的创新、技术的创新、市场的创新等一系列的创新活动必须体现于企业制度中，才能形成一种主动创新和可持续创新的动力。因此，制度创新是企业创新的前提和源泉，先导性是其重要特点。

2. 系统性

我国目前进行的制度创新涉及税制改革、金融体制改革、社会保障制度改革等系列外部制度的改革和内部不同层次、不同机构的改革，哪一个环节改革不到位，都会影响制度创新的速度和效果。所以要求从系统的观点出发，注意社会外部制度创新与企业制度创新相协调，使企业内部产权制度改革与经营机制转换、管理制度改革相统一，总体推进。

3. 动态性

企业制度更替的历史表明，企业制度是随着生产力和商品经济的发展而不断发展完善，企业制度必须适应世界经济的不断发展变化。在知识对经济的贡献日益不可或缺的今天，由于知识的丰富和积累，现代化的发展加快。往日的"现代化"由于知识的创新可能过时，今日的"现代化"由于知识的再创新又可能成为明日的过时之物。所以在制度创新方面，绝不能满足已经取得的成就，而应以"革命"的精神不断创新，使企业永远充满生机和活力。

二、企业制度创新过程中应注意的问题

企业制度创新是一个复杂而艰难的过程，说其复杂是因为涉及的环节多、层次深，说其艰难是因为它直接进行的权力调整和利益划分，客观上容易带来意想不到的连锁反应。并且这里所研究的是企业微观层次的制度创新，是受多方面条件制约的，因此在企业制度创新过程中还要注意以下几个问题。

1. 注意企业制度创新的层次性

企业制度创新是一个多层次的体系，需要包括政府、企业和个人各个不同主体形成"合力"才能完成。但是现实微观层次企业制度创新存在着多方面的障碍，主要表现为：

（1）宏观层次上企业制度创新的时滞性。虽然我国建立企业制度已成为经济体制改革的中心，但与建立现代企业制度相配套的宏观企业制度创新滞后，例如干部任用制度、税收制度、社会保障制度等，这是制约企业制度创新的根本原因。

（2）宏观层次与微观层次在制度创新上的利益冲突性。各级政府因其对各自利益的不同考虑，限制企业制度创新，仍然沿用计划经济时期的行政手段干预企业，致使企业制度创新无法进行。这是阻碍企业制度创新的主要原因。

（3）企业内部各个层面创新观念的差异性。要解决这些问题唯一的办法就是加快各个层次企业制度创新配套制度的改革，协调理顺不同层次上的企业制度创新关系，消除各层次上的时滞，给企业创造良好的制度创新外部环境，形成良好的创新机制。

2. 注意企业制度创新的变形

企业制度创新成果是用一系列制度固定下来的。但在现实生活中，一种按照企业制度创新主体原来设计而出现的制度创新，或者在它产生的过程中，或者在它形成后不久，就发生了变化，同原来的设计有较大的差异，起不到它本来应当起的作用。例如原来设计的股份公司既考虑股东的利益，又考虑公司法

人的利益，并力求在经济发展中使企业有较大的活力，但在实际生活中发现同原来的设计有较大的出入；再比如人事制度的创新，目的是挖掘人力资源潜能，充分发挥人力资源优势，但在实际执行中发生了变异，这些情况不一而足。这就涉及制度变形问题。如前所述，各个不同层次创新主体根据其在企业制度创新中所获得的预期纯收入来决定其参加程度，并有意或无意地在执行中进行调整，向着有利于自己的方向拉动，从而产生企业制度创新的变形。究其原因有几种情况，如下所述。

（1）从企业方面来看，没有根本摆脱行政附属物的地位，往往针对某项企业制度创新，取得一定的对策，以便使自己尽可能多得利益少受损失，进而产生制度变形；经营者个人的素质低和敬业精神差；政府监督力度不够、执法不严。

（2）从员工方面来看，某一企业制度创新触及一部分人的利益，以群体行为表现出来的抵触情绪；个人对企业制度创新的认识程度；历史上传统分配观的影响等。消除企业制度创新变形、规范企业制度创新行为是制度创新企业需要认真研究的问题。因此，正确认识制度变形，认真分析产生变形的原因，针对不同情况加以分析和解决，能够促进企业制度创新不断完善。

三、企业制度创新的阻力

企业制度创新是经济发展的重要动力，但从一种制度转变为另一种制度，是需要投入、也是会发生成本的。在一定条件下，过高的制度变革成本会使得制度创新本身成为不合算的事情（至少对当事人来说是不合算的）而迟迟不能实现，并因此决定或改变着制度变迁的道路。而且，许多制度创新问题，不属于"帕累托改进"的范畴，而是一种"非帕累托改进"。因为在这一过程中，可能无法避免地使一些人蒙受损失，而不是在没有人受损的情况下使另一些人受益。即使从总体上看、从长期来说，制度变革过程满足"帕累托改进"的要求或满足"补偿原则"，但是，由于投入与产出之间的时滞，在相当长的时间内仍会存在"无法补偿"的实际问题。因而在一定时间内，改革过程仍然具有"非帕累托改进"的性质。而所谓"非帕累托改进"的含义就在于，在这一过程中不可避免的会遇到各种阻力。企业制度创新存在时滞效应，具体表现在以下几个方面：一是认识与组织的时滞，即从认识外部利润到组织"初次行动集团"所需要的时间；二是发明的时滞；三是菜单选择时滞，即搜寻已知的可替换的菜单和从中选定一个能满足"初级行动集团"利润最大化的创新的时间；四是启动时间时滞，即可选择的最佳创新和开始旨在获取外部利润的实际经营之间存在的时滞。

第三节　企业组织的创新

一、组织创新的含义

对于组织创新的含义，理论界见仁见智，观点纷呈。有学者认为，组织创新是指形成的共同目的认同体和原组织认同体，对其成员责、权、利关系的重构，其目的在于取得对新目标的进一步共识。组织创新理论主要以组织变革和组织成为研究对象。又有学者认为，组织创新是指影响创新性技术成果运行的社会组织方式技术组合形态和制度支撑体系的创新。它不是泛指一切有关组织的变化，而是专指能使技术创新得到追加利益的组织的变化。还有学者认为，组织创新是指在现行生产体系中引入新的组织形式，实现企业的新的组织。更有学者认为，组织创新是指组织受到外在环境的冲击，并配合内在环境的需求，而调整内部的若干状况，以维持本身的均衡从而达到组织生存与发展的调整过程。

我们认为对组织创新的理解与对企业生产原因的认识直接相关。目前，在企业理论的诸多学派中，最具影响的是交易费用经济学，其观点强调企业组织是处理和能够处理交易的制度。基于上述认识，并综合已有的组织创新定义，现将组织创新简单地定义为：组织创新就是组织规制交易的方式、手段或程序的变化。这种变化可以分为两类：一是组织的增量式创新，即不改变原有规制结构的性质，是规制方式手段或程序的较小的变化，如控制制度的精细化，人事上的变更或组织一项交易的程序发生了变化等；二是组织的彻底性创新，即规制结构的根本性变化，如U型（直线职能制）组织的出现，U型组织向M型（事业部制）组织的过渡等。

二、企业组织创新的原因

企业的组织结构从来不是一成不变的，它随着社会、经济、技术的不断发展而不断变迁，组织创新会随着技术创新、管理创新的不断变化而发生巨大变化。

旧的组织理论认为组织的目的就是为了完成任务，由各个不同的部分协作完成，它既是企业内部为完成任务共同协作的手段，也是企业为了适应市场竞争的需要。随着社会、经济、市场的高度发展和变化，新的组织理论在20世纪后期产生，其对组织的理解就有了一个更高的角度，认为组织并不仅仅出于经济功能，组织的最主要功能应是社会性的、人文性的，其目的必须让人们扬长避短，发挥优势——这才是组织存在并需要它存在的真实原因。新的组织理论强调人在组织中的积极性和创造性，组织与企业的经营业绩具有相互作用、相互影响的双向互动的关系。随着经济环境、社会环境的不断变化，组织也在不断地发展变化。

三、企业组织创新的方法

总结国内外企业组织创新的成功做法，其组织创新的基本思路大体可归纳如下。

（1）培育企业组织创新意识。培育企业组织创新意识是建立和完善企业组织创新机制的前提，没有创新意识就不会形成组织创新的需求拉力，自然不会产生创新动机，最终也不会形成创新的行为。

（2）加强组织创新的系统设计。组织创新不是一种简单的活动，而是受多方因素制约的系统设计与决策活动。产权明晰只是为组织创新提供了制度基础，健全的组织创新只能靠科学的决策与系统设计来完成。此外，组织创新是对组织形式、组织结构、组织规模全方位的设计。

组织创新的系统设计一般包括以下三个方面的具体内容：一是组织形式的选择。企业的组织形式是企业制度特征在组织形态上的体现。企业的组织形式在很大程度上影响着企业组织结构及规模的合理设计。单一制、合伙制、公司制这三种不同的组织形式，必然有着不同的组织结构及规模设计。二是组织结构的优化设计。企业的组织结构是企业内部各个部门有序结合的状态或形式，是部门设置、部门职权划分、各部门在企业中的地位与作用及其相互关系的体现。组织结构的设计主要是解决信息资源的分布与传输效果以及部门及成员的责权配置这两个关键问题。三是组织规模的设计，即管理层次与管理幅度的优化设计。组织规模的优化设计所要达到的目的就是疏通信息渠道，降低管理成本，提高企业组织机构的运行效率。另外，组织创新的系统设计还必须符合企业制度创新与技术创新的要求和充分考虑企业所处的内外环境，与当时的社会环境同步。

（3）明确组织创新的目标与方向。不同的企业在不同的发展阶段有着不同的发展目标、方向与战略。组织创新只有符合企业自身的目标、方向和战略的要求才能发挥作用。企业的战略是为实现企业目标服务的，而组织创新又是实施战略的组织保证。因此，可以说组织创新的最终目标就是保证企业目标的实现。这就需要企业根据自己的目标与战略来进行组织变革，即组织创新。

（4）优化权力体系结构。组织创新的另一重要任务就是优化权力体系的结构。权力体系的结构形式取决于权力体系对组织的控制方式。从组织发展过程来看，权力体系对组织的控制主要有两种方式：一是直接控制的集权方式，这是一种最简单的控制方式。即组织成员只是被动接受当权者的直接命令，下级只有执行权而没有决策权。这种方式有利于维护组织的高度统一，并能最大限度地调动组织的各类资源，但不利于调动各部门及各成员的积极性；二是间接控制方式，又称为分权方式。在这种方式下，上级并不具体规定下级组织在其内部的管理行为，只通过奖惩和目标实现来控制下级行为。优化企业权力体系，应视企业的具体情况来定，适当的集权与分权是组织创新应把握的基本准则。片面追求高度集权与高度分权，是组织创新的大忌。

四、企业组织创新的主要模式

（一）顾客型组织

顾客型组织指的是根据客户需求的不同来规划组织结构。企业设立不同的组织部门就是服务不同的顾客。尤其对企业来说，资源与能力有限，必须根据自身的特点来服务特定的顾客群，施行集中战略的方法。企业顾客型组织形式具有一些特别的优势：①有利于企业各组织部门在明确规定的领域满足顾客多样化的需求，有利于吸引和保持更多的客户；②顾客能感受到特定的企业人员为他们提供良好的服务，体验到被服务的利益和价值，提高了满意度和忠诚度；③企业不同部门在服务不同顾客的过程中，能够深刻了解顾客的想法，有利于改进企业的服务；④降低了企业成本，增加了利润空间，从而解决了企业的战略适应性问题。

（二）网络型组织

网络型组织是企业间经济利益耦合的结果，企业在保持组织独立的前提下，继续拥有组织成本优势；同时，与其他企业之间稳定的交易关系，降低了交易成本，避免了单位企业规模小的劣势，从而有效解决了企业的规模适应性问题。因而，网络型组织是一种适合企业组织创新的有效形式。虚拟企业就是网络型组织的一种典型形式。知识经济的发展，市场的多变使产品的生命周期越来越短，产品的多样化和个性化要求也越来越高，要求企业在确保新产品质量的前提下缩短开发周期，这需要企业具备强大的技术实力，而这又是传统的企业难以实现的。因此，解决这一矛盾的有效途径就是将具有技术、资金、市场和管理等资源的企业联合起来，这种联合不是实体的真正结合，而是资源的结合，是针对现有资源的再一次配置，这种配置是全球的，所有具有实力的企业都有可能成为某一联合体的成员，这种联合体就被称为网络型组织。网络型组织以某一核心企业为主体利用一定的手段，相对独立的企业通过"契约"和"信任"关系，为了共同的目的而相互联结形成一个合作性的企业组织群体。

（三）供应链组织

供应链组织是指根据自身的特点在供应链上寻求有利的分工位置，使企业为整体供应链的价值创造服务，将自身创造价值的过程纳入行业供应链之中。供应链是将企业创造出一系列活动看作是为顾客提供价值的一个供应过程，特定的供应链就是在一个特定产业内的各种作业的组合。企业技术实力较弱，很难掌握行业供应链的核心技术环节，但在某些相对次要的环节上，企业可以逐渐形成自己的特殊能力。企业借助这种供应链组织形式，与供应链中的其他企业展开合作，可以赢得以下竞争优势：①强化企业与行为供应链连接企业间的合作关系；②使企业能够容易地从前景不良的行业供应链环节施行战略转移；③降低了企业成本，突出了企业的差异化优势，有利于增强企业的核心竞争力，从而解决企业的技术适应性问题。在新经济的背景下，经济全球化和知识经济改变了企业的经营环境，未来的企业组织将越来越精简化，以灵活性、敏捷性为主要特征的扁平化、网络化、柔性化的组织模式必将引导企业组织的新潮流，并成为不可逆转的发展趋势。

五、企业组织创新的领域

组织创新体现在企业经营过程中的各个层面。首先，组织创新可能产生于战略的创新，这实际上是一种价值的创新。传统的战略逻辑和价值创新逻辑在战略的基本层面上有所不同。许多企业认为自己所处行业的条件是既定的，并据此制定相应的战略；价值创新则寻求价值上的重大飞跃，许多企业的战略思维被竞争对手牵着鼻子走，而价值创新者不把竞争对手当作比较基准，而是从客户的需求寻找机会，开辟了新的市场空间。开创新的产业可能存在较大的市场风险，但是它却能够有效提升企业的收益，并且易于在相当长的一段时间内保持较强的领先地位，而不需要疲于应付各种各样低层次的惨烈竞争。这一战略思维也是欧洲工商管理学院的 W.钱·金和勒妮·莫博涅在"蓝海战略"中所阐述的观点。"蓝海"代表了还不存在的产业和市场空间，是超越了基于竞争的"红海战略"领域的一种组织战略的创新。当然，在竞争中打败对手永远很重要，但是在现实残酷的竞争之外，企业应思考在战略层面的创新。

组织创新同样表现在现有经营领域内具体的策略创新、产品创新、渠道创新、服务创新等方面。吉姆·柯林斯和杰里·波勒斯在对那些高瞻远瞩的公司进行研究的过程中发现，最为优秀的公司能够持续不断地提供优越的产品和服务，并能够一直创新且保持他们的行业领先地位，原因在于它们是杰出的组织。

组织创新还不可避免地反映在组织结构创新上，它本身也可以包含这样几种情况：第一，企业可以对其中的一个或多个关键要素加以变革。例如，可将几个部门的职责组合在一起，或者精简某些纵向层次、拓宽管理幅度，使组织扁平化或机构更少；可以制定更多的规章制度，提高组织的正规化程度；通过提高分权化程度，加快决策制定的过程等。第二，企业可以对实际的组织结构设计做出重大的变革。

第四节　企业技术的创新

一、企业技术创新的含义

广义上的技术创新也包括管理等各方面的创新。这里说的技术创新是狭义的技术创新，仅指直接提高物质资料利用率的技术措施。企业是技术创新的重要源泉之一，在技术创新方面发挥着重要的作用，这种作用还可能远远超出一般人的预料。企业的技术创新不仅在数量上占有相当的份额，而且其创新的水平和影响也并不亚于大企业，企业创造了许多被认为是当代最重要的工业创新成果。企业技术创新与大企业既有相似之处，也有独特之处，特别是企业在技术创新过程中面临着许多不利因素。

二、企业技术创新的主要类型

由于企业所处行业、技术水平、规模、发展环境以及企业体制等呈现无限的多样性，企业技术创新一定会体现出不同的类型，而且随着经济的发展和科技的进步，企业技术创新的主要类型也会越来越丰富多彩。

（一）产品创新

产品创新指的是企业在生产产品和经营销售的过程中，所从事的改良、提高、创新的活动。它们可以分为两类：一类是重要创新，另一类是渐进创新。一般说来，重要创新对企业的发展影响是很大的，渐进创新对企业的影响有小有大，但前者往往比较难以实现，投入也比较大；后者则比较容易做到。

（二）服务创新

服务创新是近几年服务行业，尤其是知识密集型服务业的崛起，它既包括新构思、新设想转变成新的或者改进的服务，又包括改变现有的组织推出新的服务，目前兴起的网络服务是服务创新的成功案例。由于服务创新投入较小，而且市场需求变化快，因而是最适合企业特点的技术创新类型之一。

（三）绿色技术创新

绿色技术创新开始于社会经济发展的过程中，受到人们对其的发展的重视，也得到人们的认同和推行。绿色技术创新不仅是让社会经济进行不断地发展又要保护环境不受污染。对绿色技术的研究经历了末端工艺、无废工艺、废物最少化、清洁技术、污染预防五个阶段。布朗和维尔德于1994年提出了绿色技术的概念。总的来说，绿色技术是指能减少环境污染、降低和节约原材料与能源使用的技术、工艺或者产品的总称。它可以分为绿色产品创新及绿色工艺创新。绿色产品创新指产品在使用过程中及使用之后不危害或少危害生态环境和人体健康以及可回收利用和再生的产品；而绿色工艺创新，指能减少废气污染物的生产和排放，降低工业活动对环境的污染以及降低成本、物耗的工艺技术。我国改革开放40多年来，社会生产力迅猛发展，但随之而来的环境污染问题也越来越严重。只有走可持续发展道路才能化解这个危机，作为可持续发展主体的企业在充分认识到减少环境污染、节约原材料和能源使用的重要性后，应及时把绿色技术创新提到日程上来，作为经济发展新的增长点。

三、企业技术创新的作用

科技的发展，竞争的加剧，使得技术创新已经成为企业在市场中生存和发展的必要手段。企业要永续经营，技术创新起着举足轻重的作用。在需求的拉动和竞争的推动下，我国企业技术创新的积极性有了很大程度的提高，与此同时，我国政府也采取了一系列措施鼓励和扶持企业技术创新。企业的技术创新有了一定的条件，但也不可避免地存在着许多劣势，这就需要企业自身不断努力，将技术创新持续进行下去。

（一）技术创新是企业生存之本

在巨大的环境压力下，创新成为企业的生存之本。作为国家技术创新体系的重要组成部分，企业技术创新能力的提高，对一个国家维持其在全球市场上的竞争力和保持经济的可持续发展至关重要。面对激烈的市场竞争，许多企业成功的关键是拥有独具特色的技术产品。这些产品具有专门化的特征，至少在初期不会引起大公司的注意，也使其他小企业难于模仿。科技使产品在市场上具有生命力、卖得高价并躲开了市场变化的冲击。然而，要想保持市场份额就要不断更新换代、保持较高的产品创新率。我国企业在创新领域中的活动始终是积极的，并创造出相当数量和高水平技术创新成果。但总的来说，大多数企业都缺乏品牌观念、产品技术含量不高、附加值低，并存在人员素质差、技术水平落后、环境意识淡薄、资源利用率低等问题。高新技术的应用推动了企业的技术创新，但技术成果的商品化需要技术、资金、管理、营销等多方面的投入。在一些新兴产业中，小型高科技企业开展创新活动的资金缺乏，最终会使创新活动功亏一篑。企业必须发挥自身的优势，努力克服在技术创新道路上遇到的困难。因为只有依靠不断的技术创新，才能赢得持续的竞争优势，技术创新是企业生存发展的根本。考虑到企业在国际竞争中缺乏大企业所具有的竞争力，这就需要我国政府加强对企业的技术支持，使我国企业在国际竞争中占据有利地位。近些年，很多国家都把企业技术创新活动作为维持本国竞争优势的重要举措，因此，只有国家重视创新，企业自身认识到创新的重要性，企业才能在全球化的竞争浪潮中化险为夷，立于不败之地。

（二）技术创新是企业发展的永恒主题

　　企业生存、成长和壮大（发展为大型企业）的主旨在于不断地生产出满足人们物质和文化生活需要的产品（或服务）。因而探讨企业技术创新的必然性很自然会联系企业的产品。可以这样说，企业的生产力水平与其产品的生命力息息相关；而产品的生命力又集中反映了企业技术创新的精神和行为。理论和实践都已证明，技术创新是企业生存和发展的灵魂，是永恒的主题。

　　（1）技术创新是企业生存、发展、壮大的内在动力。企业从诞生之日起就必须通过技术创新这一过程向市场推出新产品，当该新产品实现其市场价值后，市场又会推动企业的进一步发展。同理，企业的成长期和壮大期也是如此。在现实中，由于企业内在动力不足、不重视技术创新或未进行技术创新而濒临倒闭或已经倒闭的企业占有很大比重。

　　（2）技术创新是企业参与同业或同类市场竞争的实质和法宝。企业参与市场竞争，表面看是产品功能、式样、耐用度（产品寿命）、安全性、价格等的竞争，而实质上决定上述这些产品特征（完整产品）的是企业技术创新能力的大小。当企业面临的竞争对手是大企业时，相比之下会有许多不利因素。例如，资金短缺、技术力量薄弱、设备落后等。这种情况决定了企业不可能与大企业长期抗衡，一决胜负；而只能根据自身特点，把市场需求和提高自身技术创新能力有机结合起来，只要把握好这一方向，企业才可以立于不败之地。

　　（3）技术创新是延长企业寿命的"灵丹妙药"。大量的实例证明，每年诞生的企业很多,但倒闭破产的也不少。为什么会出现这种"英年早逝"现象?原因固然很多,但根本原因在于技术创新乏力,或忽视了企业的"二次创新""三次创新"。企业在其发展的各个阶段上,应密切关注本企业产品的生命周期,努力同时抓好四代产品,即生产一代、试制一代、研发一代、构思一代,而每一代产品从构思、研发、试制到生产直至销售的过程都是一次技术创新过程。

(4)技术创新是企业改善供给的源泉。企业存在和发展的最大价值在于能够向社会提供物美价廉的产品(或服务),以促进经济增长。随着科学技术的高度发展和社会生产力水平的提高,必然会引起社会消费需求结构、层次、内容的深刻变化,一方面要求企业必须不断适应这种变化,生产出适销对路的产品,另一方面也要求它们通过技术创新生产出更加丰富多彩的新产品。

四、企业技术创新的工作模式

企业研究与开发活动可以分为自身的研究开发和合作研究开发两种类型。其中自身的研究开发受到很多因素的限制,对企业的要求比较高,只局限于一些基础(包括人力资源和资金支持等)较好的企业,但提高自身的研究与开发能力应该是企业技术创新的主要努力方向;合作研究开发包括企业与大学、研究开发机构以及大企业等的合作,对于缺乏信息、人才、技术等的企业来说,合作研究开发活动更加合适和普遍。统计资料显示,依靠大学和研究机构的帮忙,以及利用各种公共资源方面,企业表现出更大的效率和热情。另外,积极参与政府的研究与开发活动也是一种越来越普遍的形式。比如近些年,欧盟企业政策的核心就是引导更多的企业参与欧盟的研究与开发计划的框架之中。今后随着高新技术产业的发展,企业将越来越多地参与高新技术的研究与开发活动。

随着全球高新技术的不断涌现,信息化、知识经济已成为世界经济发展的客观趋势,这对我国企业技术创新既是机遇,更是挑战。为此,企业应不断加强企业创新的力度,发展高新技术,提升产业技术水平。因此,研究企业技术创新的特点以及策略对于企业的长久发展是极为必要的。

五、企业技术创新管理体系的目标

企业的技术创新工作是一项涉及多部门、多环节的系统工程,为了企业技术创新活动的顺利进行,必须建立一套完善高效的管理体系,那么企业技术创新管理体系的目标是什么?技术创新管理体系由哪些因素构成?影响企业技术创新体系的外部环境包括哪些方面?明确这些问题是企业实施技术创新管理的前提。

　　企业技术创新管理体系的目标在于通过技术创新管理体系的构建和一定时间的运行，使得企业能够形成一种旨在提高企业技术创新实力及技术创新管理水平的企业技术创新核心能力，从而通过企业不断开展的技术创新活动，实现企业一定时期的技术创新发展规划。通过企业技术创新发展规划与企业发展战略的整合，最终实现企业整体发展的战略目标。同时，这一总体框架又是一个动态的系统过程，随着企业发展战略目标的调整，及时制定与之相适应的技术创新发展规划，从而使企业的技术创新管理体系实现动态调整和修订，确保由其形成的技术创新核心能力，以及采取的技术创新模式和途径始终与企业技术创新规划相协调。

　　企业技术创新管理体系包括技术创新资源管理、技术创新决策管理、技术创新过程管理、技术创新风险管理、技术创新制度管理、技术创新营销管理、技术创新文化管理等七个部分，每个组成部分共同作用形成企业技术创新管理体系的总体框架。同时，这七部分内容之间又是相互作用、相互制约的，具有很强的相关性，只有使各部分都处于相对最优的状态，才能保证管理体系总体功能的最大化，因而必须始终保持各组成部分之间的协调和互动。

　　另外，管理体系的运行需要一定的政策环境、经济环境、社会文化环境、管理体制环境、技术环境、市场环境的相互配合，必须使外界环境紧密配合才能使管理体系处于最优状态。

六、企业技术创新的主要影响因素

　　影响企业技术创新的因素有很多，以下几个因素最为主要。

（一）企业自身的经济水平和发展规模

　　一个企业的总体发展水平不仅会影响技术创新活动参与者的行为，而且对技术创新意识、技术创新文化的形成和发展具有明显的促进或制约作用，间接地影响着创新的效率和效果。再者，不同地区、不同类型的民营科技企业的经济发展水平不一样，资源禀赋不同，因此不同企业的技术创新活动应该立足于本企业的实际，着眼于已有的资源来制定适合本企业的技术创新战略，只有这样才能充分发挥各项优势，不断提高技术创新绩效。不同规模的企业在资金、技术和人才方面各具优势，不同规模的企业在获得政府资助方面也存在差别。

（二）企业的不同生命周期

　　处于不同生命周期的企业，在人员组成、产品门类、营销渠道、组织结构等方面会有所不同，技术创新模式也不相同，因此，把握不同时期企业技术创新的要点，采取不同的策略，是企业取得竞争优势和长久生存的关键。

（1）初创期的企业，由于自身技术、市场规模、人员、组织结构等方面的限制，战略创新要立足于生存，要有长久的发展的观念。初创期的企业资金较为紧张，现金流绷得较紧，因此，在制定战略创新规划时要合理、准确地安排，要懂得节约。初创期的企业要想实现一个成功的战略创新，企业家素质的提升是一个关键点，企业家应不断加强自我学习和自我培训，培养积极的心态，脚踏实地，正确面对和处理外界的干扰。

（2）成长期的企业第一要务是发展壮大，因为这样不仅能增加企业盈利，也能增强企业的抗风险能力，保障企业运营的良性循环。企业应主攻技术创新战略，制定营销开拓战略和成本领先战略。对成长期的中小企业而言，技术创新战略尤为关键，因为在此阶段，技术正在走向成熟，更新就会不断出现。

（3）成熟期的企业第一要务就是维持并稳定增加现有的市场份额、技术领先水平、人员结构、利润收入等。因此，企业必须将人才战略的创新纳入战略创新的大系统中，不仅要追求经济效益，还要照顾社会效益，树立企业形象。承担社会责任是企业实现自身可持续发展的必然要求。

（4）衰退期的企业面临着方向选择：消亡或重生。企业因为自身规模的特点，转型相对较快，原有产品或服务已经成熟和饱和，替代产品或服务也已出现，唯有寻找市场空当，导入新产品或新服务，才能打开新的市场，扭转危局。

（三）企业技术创新能力

技术创新能力在某个层次上代表了一个企业的经济产出和可持续发展能力，技术创新能力强弱决定了该企业创新绩效的高低。在我国当前的社会经济发展中，强调以技术创新带动管理创新，以管理创新促进技术创新。没有良好的技术创新能力，其他的创新也就无从谈起，从而使整个系统丧失协调性，影响企业创新绩效的提高。

（四）企业技术创新环境

企业技术创新环境包括创新主体自身发展的内部环境和支持其发展的外部环境。企业技术创新系统内各创新主体的创新行为总是处于一定的与其相关的创新环境之中，与外部环境存在着密切的联系，其创新绩效的提高不仅要依靠自身的技术创新能力和内部的管理制度，更需要一个良好的外部支持环境，包括制度环境、政策环境、区域环境等。

（1）制度环境。经济体制为企业技术创新活动提供了特定的运行空间和基本的组织与制度框架，决定着技术创新资源的配置方式与效率，决定着技术创新主体的动力。而科技体制是一个国家科学技术的基本组织与制度框架。只有处在一个良好的科技环境中，企业的技术创新能力才能有效地发挥出来。可见制度环境制约着企业技术创新活动的各个方面，直接影响了企业技术创新绩效。

（2）政策环境。政策展现出了国家对于企业技术创新活动的指导与某种程度上的干预。与制度环境相比，政策环境对企业技术创新活动的影响更直接、更具体，有时候也起到决定性的作用。比如政策是否会增强社会的创新能力、是否能促进社会和经济的灵活性等。

（3）区域环境。企业往往以集群形式存在，以实现共享公共设施和创新资源，从而既保持了企业个体在创新行为中的灵活性，又获得了集群所产生的创新规模效应。二者的有机结合，使企业在创新过程中具有独特的优势。企业所处的地理位置、地区的经济基础都影响着企业技术创新的实现。处于同一产业或相关产业的企业在分工和协作的基础上，通过在特定空间区位上的有机集中分布，形成了多元主体和多种创新要素参与的、功能指向创新的、开放的集群式创新系统。

七、企业的技术创新策略

企业技术创新有三大策略：技术领先创新策略、技术跟随创新策略、技术模仿创新策略。企业实际技术创新策略可能是三种策略的一种或几种的混合。这三种策略各有利弊，企业选择创新策略的时候要根据企业的资源、市场需求及时机三大创新要素来决定。资源、需求、时机是技术创新不可缺少的三要素，缺少任何一个要素企业技术创新都会"夭折"。企业规模小，没有雄厚的资金、技术、人才及市场资源，在产品研发技术上的投入绝对数量偏小，所以企业在技术创新的策略选择时：首先，偏重于选择投入小、周期短、见效快的项目作为技术创新的突破口；其次，要在技术创新的过程中充分发挥资源的杠杆作用和充分利用外部资源，弥补资源不足的缺陷，企业的创新应该是站在巨人肩膀的创新。

技术领先创新策略对企业的资源要求比较高，需要强有力的研发资源。有些学者认为技术领先创新策略要求企业必须具备的条件之一是具有很强的产品研发能力与市场营销能力。实际上，企业由于自身资源的实力的限制，很难同时拥有比较优势的研发资源与市场资源。企业的研发资源、制造资源、市场资源往往是处于不平衡的状态，具有比较优势的研发资源，往往在其他资源如制造资源、市场资源处于劣势。但资源的不平衡虽然会给采用技术领先创新策略的企业带来一定难度，但企业可以采用资源外取的方式解决资源上的"瓶颈"，微软公司就是借用 IBM 等大公司的市场资源的成功典范。技术领先创新策略的另一个问题是存在极大的不确定性，企业采用该策略，实际上就意味着企业将要采用孤注一掷的企业策略，一般要瞄准具有极大潜力却被忽视的新产业或新产品，一旦成功，企业就会获得市场的领导地位，一举成名；然而不成功就意味着企业的失败，技术领先创新策略与企业战略要高度一致，否则很难成功。技术领先创新策略不但需要资源上的保证，更需要企业在战略上的远见卓识及技术专利的保护。采用技术领先创新策略最大的问题是不确定性、资源的限制（在成功之前就耗尽了企业的资源）及采用技术跟随创新策略与技术模仿创新策略后续的竞争者。特别是大企业利用企业的资源的不平衡，通过自身市场资源与制造资源的优势，最终掠夺企业技术的创新成果。

技术跟随创新策略，一方面，可以摆脱企业研发资源不足的限制；另一方面，回避了不确定的风险。但采用技术领先创新策略的一般是大企业、大公司，作为一般企业并不具备跟随策略的市场资源的优势，采用跟随策略仍然是困难重重，采用正面进攻很难取得成功，要采用"企业家柔道"（彼得·德鲁克《创新与企业家精神》）的竞争策略，占领一个领先者不屑反击或只有三心二意地反击的滩头堡。该策略成功的要点是成功地利用这些实力强大企业的"五种坏习惯"（只有自己想要的东西才是东西，否则新发明必定会遭到拒绝；想获得高额利润；根据自己的意愿判断产品质量；产品的高定价；追求最大化而不是最优化），从侧面攻击其弱点，最后获得市场的领导地位。其风险是所占领的滩头堡得到领先者的注意，或领先者没有出现上述坏毛病，技术跟随策略就无法实现。

技术模仿创新策略，对企业资源的要求不高，成本低、风险小。进行技术模仿创新策略的最大问题是要回避或绕开知识产权的问题。围绕技术模仿创新策略，企业要制定实施全方位创造性模仿策略。企业通过创造性的模仿策略同样可以取得市场的领导地位，首先，要在当竞争对手已经创造了新产品但还差一点火候时就开始创新行动，建立产品的市场标准，进而全面接管市场；其次，当技术模仿者采取行动时，市场的需求已经产生；最后，创新的市场是一个具有快速成长潜力的市场，创造性模仿者并不需要从领先者手中抢走顾客，而是进入领先者还没有进入的市场区域。显然，模仿者要成为市场的领导者有两个条件非常关键：一是产品成为市场的标准；二是所处的市场是高速发展的市场。模仿者进入市场并不难，难的是如何建立市场标准，成为市场的领导者，否则就会被淘汰出局。

第七章 企业管理创新的现状、问题和原因

第一节 企业管理创新的现状

一、我国企业管理创新的趋势

趋势一：由追求利润最大化向追求企业可持续成长转变。把利润最大化作为管理的唯一主题，是企业"夭折"的重要根源之一。在产品、技术、知识等创新速度日益加快的今天，成长的可持续性已经成为现代企业面临的比管理效率更重要的课题。

趋势二：企业竞争由传统的要素竞争转向企业运营能力的竞争。提升企业的运营能力，就要使企业成为一个全新的"敏捷性"经营实体。在生产方面，它能依照客人的订单，任意批量打造产品和提高服务；在营销方面，它能以客户价值为中心，丰富客户价值，打造个性化产品和服务组合；在组织方面，它能整合企业内部和外部与生产经营过程相关的资源，创造和发挥资源杠杆的竞争优势；在管理方面，它能将管理思想转换到领导、激励、支持和协同上来。

趋势三：企业间的合作由一般合作模式转向供应链协作、网络组织、虚拟企业等新的合作形式。现代企业不能只提供各种产品和服务，还必须懂得如何把自身的核心能力与技术专长恰当地同其他各种有利的竞争资源结合起来，弥补自身的不足和局限。

趋势四：员工的知识和技能成为企业保持竞争优势的重要资源。知识被认为是和人力、资金等并列的资源，并将逐渐成为企业最重要的资源要素。企业需要通过更多地组织学习、知识管理和加强协作能力来应对知识经济的挑战，将现有组织、知识、人员、流程与知识管理和协作紧密结合起来。

趋势五：从传统的单一绩效考核转向全面的绩效管理。传统的绩效考核是通过对员工工作结果的评估来确定奖惩，但缺乏对过程的管控，没有绩效改善

的组织手段作为保证，在推行绩效考核时会遇到员工的反对。因而，把绩效管理与公司战略联系起来，变静态考核为动态管理，是近年来绩效管理的显著特点。

趋势六：信息技术已经或正在改变企业的运作方式。信息技术的发展和应用，使业务活动和业务信息得以分离，原本无法调和的集中与分散的矛盾也得以解决。企业通过整合，能够实现内部资源集中、统一和有效的配置。借助信息技术手段，企业能够跨越内部资源界限，实现对整个供应链资源的有效组织和管理。

趋势七：由片面追求企业自身利益转变为注重履行社会责任，实现经济、环境、社会协调发展。社会责任表现良好的企业不仅可以获得社会利益，还可以改善风险管理，提高企业声誉。在目前的商业环境下，已经不是"是否应该"实施社会责任政策的问题，而是"如何有效"实施，大多数商业发展计划都要进行道德评估和环境影响分析。

趋势八：企业管理创新进入新阶段。目前深化改革进行到了体制、机制与制度创新阶段，企业管理现代化也必然要进入到管理创新的新阶段，也就是说到了建立管理科学的新阶段。管理创新与制度创新并举，管理创新与技术创新协调，形成了生产关系逐渐适应生产力发展的趋势。

二、我国企业管理创新的优势

我国企业管理创新使我国市场经济秩序和法治建设有待于进一步完善的情况下，在激烈的市场竞争中，我国企业管理中虽然存在着这样那样的问题，但企业已经成为企业家成长的摇篮，越来越多的管理者在实践中不断探索寻找适合自己企业特点的管理之路，然后不断创新发展，企业的管理创新的优势逐渐凸显出来。所以只要管理者不断创新，提高管理水平，抓住机会，我国企业的发展前景就会更广阔。我国企业的管理创新后的优势与未改革创新的企业相比，主要体现在以下八个方面。

1. 企业在管理决策上的效率更高。企业的所有权与经营权一般不分开，经营者本人的领导权威和影响极大。并且，组织结构简单，内部管理层级较少，上下级容易沟通，指令容易贯彻，当市场不完善、规则不健全、信息不充分时，成员之间具有高度的信任感与合作力，易协调配合。在管理方面，许多企业的经营者身兼数职，既是政策的制定者和决策者，又是直接实施者，业主躬亲力行，所以决策效率高，信息反馈也较快捷。

2. 企业经营机制更灵活，能快速适应市场环境的变化。企业也是灵活性的代名词，它的发展潜力和已经爆发的现实力量是有目共睹的。现代市场竞争要求企业能够根据客观环境的反馈，以快速敏捷、柔性、高效、低成本的生产方式提供新的解决方案。市场环境的动态变化经常引起业务逻辑的重构，使管理流程具有快捷的调整能力。由于企业规模小、机制灵活，对市场变化反应快，可随时根据市场环境的变化迅速做出调整，果断决策，出奇制胜，形成一种市场导向型的柔性生产服务方式。在企业不好发挥作用的众多领域，包括传统的和新兴的领域，企业发挥着独特的优势，能为市场提供急需的产品，特别是适应市场变化快、流行性、季节性和地区性的商品，如时装设计、咨询业、家具生产、钟表组装、手工艺品等。

3. 企业更能满足消费者多样化的需求。随着社会的发展，人们的需求和消费结构也会发生相应的变化。服务型制造业的兴起与发展从根本上改变了传统的制造业竞争格局，由以产品为利润来源转为以服务为利润来源。企业也不再只是提供产品，而是提供产品、服务、支持和知识的集合体。由于企业具有投资小，生产、管理成本低，容易转产，经营灵活，追求多品种小批量生产等优点，弥补了企业的不足，所以能够在动态多样的市场需求中，合理地优化资源配置，满足人们对多品种、高性能、发展和享受方面的需求。如在服务业中，企业在进行面对面服务时就比其他企业更有优势。由此可见，企业在满足消费者多样化的产品和服务需求方面有着不可比拟的优势。

4. 企业技术创新的适应率更高。我国大量的中小制造企业目前多是代工，缺乏自主知识产权及对整个产业增值链的控制和主导能力，中小制造企业研发能力不足，管理方式粗放。制造业服务化是国际产业竞争加剧的必然结果，也是适应市场需求变化、应对生产方式转变的客观要求。从产业价值链上看，能够决定产品异质化程度的环节通常是获利丰厚的环节，这些环节往往在价值链的两端：一端是价值链的上游环节，如研发设计；另一端是价值链的下游环节，如售后服务。在服务型制造时代，一个企业不可能在整个价值链上都具有优势，因此应该将资源集中于最具竞争力的环节，强化核心竞争力。企业虽然控制不了整个供应链，但一些企业往往在某一点上有自己的技术专长，在技术和服务创新上与其他企业相比，在产品的个性化、市场的适应效率等方面相对较高，它能根据项目的需要，及时适应市场需求实现创新设想，集中投入人、财、物，致力于某一点的开发，在提升个性化服务、专业技术创新等方面具有一定的优势。

5. 企业产权激励更加明显。产权激励指以产权作为激励手段，促使经营者把所有者利益看作自己的利益，在规避经营风险的同时，努力使企业的资产增值。家族式企业产权结构的特点是产权高度集中在少数家族成员手中，对外界而言有着清晰的产权界定，具有产权单一、利益直接、经营灵活等特点，有着灵活的激励机制和约束机制。由于产权高度集中于少数几个人，使所有者有明确的动机和有利的条件确保企业在为自身的最大利益而运作。

6. 企业更能经得起外部风险的考验。企业由于船小调头快，在遇到外部风险时，可以快速逃离风险区，具备一定的风险抵御能力。需求环境稳定不变有利于固定性较强的企业，环境急剧变化则有利于灵活性较强的企业，同时一部分企业如果能参与到企业的供应链中，采取联盟或合作的方式，进行涉及联合开发、技术分享、生产实施的联合使用，也可能包括相互营销各自产品或者合作生产配件及进行产品的组装。它们依靠相互之间的合作来提高自己的能力，开发新的价值、新的战略资源，从而有效地参与市场竞争，抵御外部风险。并且，供应链中的企业在抗击金融风暴、抵御外部风险方面比其他企业有明显的优势。

7. 企业管理中委托成本更低。我国大多数的企业是家族企业，以业主的亲友为主体、以亲情为纽带形成了一种独特的企业治理结构。家族企业的家长制决策文化、任人唯亲文化、随意性文化是自家族企业成立起就形成的，它尽管存在许多问题，但在我国的传统文化背景下，对于企业，特别是初创期的企业，在规模不大的情况下，可以说是最有效的管理方式之一。企业的高级管理人员一般由家族内部人员担任，其忠诚可靠，委托代理成本极低。

8. 企业更容易进行管理创新。我国企业的创业者或经营者，大多是靠自身在市场及技术等方面的个人能力，经过多年的摸索和苦干，逐步成长壮大起来的。现代企业管理理念缺乏，他们迫切需要管理创新，特别是在当前的经济转型期，他们在努力寻求管理创新的方法和路径，通过管理创新建立企业自身的特有优势，通过积极推动改变经济增长方式，增加附加值，并努力成为供应链上的节点，有效提高产品的竞争能力。现实中许多企业通过行业模式创新、收入模式创新或企业模式创新，以适应内外部环境的变化，提高企业绩效和市场竞争力。如果国家有关部门能有效地给予推动，企业进行管理创新的积极性就会更高。同时由于管理基础薄弱，一旦引入一些有效的科学管理方式，其效果就会更明显。

三、我国企业管理创新现状总结

近些年，我国企业在管理创新方面取得了一定的成就，然而与发达国家相比仍有很大的差距，管理创新能力和水平存在较大的上升空间。在我国企业繁荣发展、管理创新水平不断提高的同时，地区间、行业间企业的管理创新有很大的差距，部分以电信科技、软件开发新能源为代表的高科技企业和精密工业设计、建筑设计等知识密集型新型服务业已经在以信息化为基础管理创新领域积累了经验，而传统工业产业在管理创新方面起步较晚，创新理念薄弱。管理创新和技术创新是我国企业发展的两个车轮，不可偏废。技术创新一方面来自市场需求的拉动，另一方面来自技术发展的推动。管理创新与技术创新相辅相成，技术的进步势必推动管理的创新，管理的创新必须适应技术的进步。因此，企业需要技术创新与管理创新协同发展以推动企业目标的有效实现。

第二节　企业管理创新不足导致的问题

一、财务管理方面存在的问题

（一）资金短缺，融资能力差

对于企业融资难的问题，有很多学者做了大量的分析，其研究结论与解决方案林林总总不下万套，但是这些讨论基本上仅立足于企业融资难现象，就事论事，而没有从银行授信角度做辩证分析。银行是一个信用中介，运用自己的信用，从社会上筹集闲置资金贷给企业，企业通过生产周转创造新的财富，这些财富在企业、银行、储户之间进行分配。因此，企业从银行借贷是顺理成章的权利，银行给予企业借贷是一种社会责任。企业家的职业道德是赚钱，创造新财富。只要新投入资金的边际产出大于银行贷款利息，借贷要求就是合理的。

如果把储户、企业、银行三者的角色定位一下，就能够洞悉企业融资难的真相。在这里，储户属于风险偏好较低的人，他们比较不愿意创业，基于对银行的信用，获取接近于无风险收益的利息；企业是由相对风险偏好较高的人创办的，其风险除内部管理风险外，更大的风险来自外部的市场风险；银行是介于二者之间的风险偏好中性者。银行一方面要保证风险偏好低的储户的资产安全，另一方面自己也要赚取一定的利润，承担相应的风险。在这里，银行的风险完全来自企业的风险，如果企业运转正常，及时还贷，则风险消除。银行的处境是相对被动的，它对储户表现为负债，理论上必须有百分之百的支付义务；对企业表现为资产，事实上却不可能达到百分之百的收回。银行业的坏账准备金就是300多年来银行业实践的结果，授信出现坏账是必然的事情，所以必须明白银行贷款利息构成中有一部分属于风险溢价，信用等级高的企业风险溢价低，信用等级低的企业风险溢价就高。银行业的最优惠贷款利率 p 只给那些信用等级最高的客户，比如评级为 AAA 的客户，信用等级为 AA 的客户的贷款利率就是 p+1%，也就是两者的风险溢价差距为 1%。问题在于，银行无法确认哪一家企业是无风险的，只能基于目前借款人的状况与市场环境判断风险是可控的，而市场是会变化的，借款人的状况也是随时变化的。因此，银行经营的是风险，而不是货币资金，这样就能理解银行在一定情况下出现借贷这种现象的本质内涵。

授信是双方的事情，如果银行因认为在目前情况下借款人的风险不可控而不借出资金，那也是银行的权利和必要的风险控制机制。若想避免风险，银行最好不要借出任何款项，但银行不借出款项，自己就无法维持经营，社会经济也会受到极大影响。当市场状况好的时候，企业比较容易借到资金若市场变化，银行的风险控制机制也会发生变化，对借款人的风险指标要求也就相应提高了。一些原来能够借到钱的企业借不到钱了，或能借的额度减少了，于是就出现了融资难的情况。

（二）融资渠道较为单一

首先，有效的融资渠道太少。企业的主要融资渠道还是内部融资和外部融资，可以分为：股权融资、债券融资、内部融资、借贷融资、贸易融资、政策融资、项目融资、上市融资等，然而，企业目前主要是通过信用贷款和内部融资来解决资金困扰。其次，现有融资渠道非常狭窄。企业的融资方式主要是银行贷款、民间借贷和内源融资，依赖于商业银行的授信、民间资本的借贷和企业内部的资本积累来完成。这几种融资渠道都有明显的问题，我国银行贷款中企业几乎拿不到多少资金，无法满足其融资需求。最后，整个大的经济环境的不理想，使得企业要面对原材料价格的上涨以及人力成本的增加，最终使得企业利润缩减，导致内部留存收益变少，削弱了企业内部融资的能力。

企业的融资渠道的单一性，会给企业的融资带来不便。尤其是现在的这个社会经济环境下，不能够及时地融到资金或者不能够融入自己对于企业的经营，发展都会造成不利的影响。所以我们要进行企业融资管理的创新，开拓新的融资渠道，为今后企业的融资管理做好基础。

（三）融资供需矛盾突出

一直以来，企业融资难问题始终成为阻碍其发展的重要因素，供需双方产生的矛盾越来越多，主要表现是融资供需缺口的不断增大和市场失效的日益严重。近年来，国家放宽了对企业贷款的政策限制，但是企业获得的银行贷款还是非常少。企业年贷款需求量的增加远超过银行扩大对企业的贷款量，再加上银行对企业贷款业务模式不成熟，经济紧缩环境下贷款资源稀缺等原因，最终使得企业融资需求无法得到有效满足。由于企业的长期贷款无法通过商业银行来实现，使其只能短贷长投，造成贷款的需求不能跟贷款的数量和期限形成很好的匹配，导致企业不能实现更好更快地发展。

银行贷款要求满足低风险和低坏账率，从而导致需要融资的企业无法达到放贷标准，结果大部分企业不能及时从银行获得资金。与此同时，企业出现收益下降且银行贷款利率上升，而最终导致出现特别严重的市场失效现象。针对这种情况，我们要做好相应的融资供需关系的创新，能够及时处理由融资供需矛盾突出所引起的问题，为之后的企业融资带来便利，这样才能让企业实现更好更快的发展。

（四）直接融资渠道不畅通

1. 资本市场融资门槛高

资本市场主要包括股票市场和债券市场。首先，我国中小板和创业板的推出，为我国企业上市融资提供了机会，但是入市条件较为严格。中小板上市要求企业经营持续满三年、最近三个会计年度净利润为正且累计超过3000万元、最近三个会计年度经营活动产生的现金流量净额累计超过人民币5000万元等，这一系列条件使得众多企业被拒之门外。相较于中小板，创业板市场门槛相对较低，但是多面向具有高成长性的科技型企业，因此也并不能满足大部分普通企业的融资需求。其次，近年来，我国债券市场迎来飞速发展期，企业可以通过发行债券和票据募集资金，但是债券市场对企业的信用级别具有一定的要求，而大部分企业的财务信息披露能力较差、内控机制不健全，故企业从债券市场上融资也具有一定的难度。

2. 互联网金融发展迅速，但融资成本和风险双高

在企业的经营过程中，没有资金，就无从经营；缺少资金，企业管理者就会底气不足。正如一位企业家所说，企业缺少资金，就像是暴风雨中的一条小船，不大的一个浪头就可能使船沉没。目前资金短缺是企业的一大困难，这是由于融资渠道相对有限决定的。在直接融资上，现行的上市额度管理机制决定了企业很难争取到股票上市的机会；在发行企业债券上，因发行额度小也难以获得；企业本身资金有限、信用等级低等原因往往也难以满足银行等金融机构的贷款条件；其他融资渠道同样不畅通。因此，企业在金融市场中得到的资金与其在国民经济中所占的比重是极不相称的，相当程度上仅依赖于其内部资金，导致企业资金严重不足。因此，企业资金短缺就成为制约其发展的"瓶颈"。究其原因主要为以下几个方面。

（1）抗风险能力较弱，信用等级较低

企业有限的资本规模表明了他们的抗风险能力比较差，因此直接影响了其信用等级。对企业而言，资本规模小，内部管理基础单薄，产品较少，市场风险很大，而市场风险又很容易转变为财务风险和银行的贷款风险。企业因资金周转不灵导致支付的风险极大，经营稍有不慎便会造成亏损，更严重的会引起

企业破产。所以，债权人往往对企业制定更严格的信贷条款。

（2）财务资料缺乏，管理技术与方法落后

企业由于规模、人才制约及经验不足等，致使管理机构简单，许多企业不设财务机构，没有专职的财务管理人员，财务管理的职能由会计或其他部门兼管，有的甚至缺乏必要的账本记录，更谈不上健全的财务管理制度及资本经营方面的知识。研究表明，不充分的记录工作是导致企业破产的常见因素。除财务账本记录问题外，企业管理者财务意识淡薄，只关注企业的生产活动，使得先进、科学的财务决策方法难以得到规范的操作，影响了企业财务管理的有效性。

当然，先进科学的财务管理技术往往有着严格的使用条件，对企业来说，有一定的困难和风险，一旦决策失误，抗风险能力薄弱的企业经不起打击。

由于企业规模小，采用先进的财务管理方法成本过高，超过了使用其带来的收益，这是财务管理技术与方法落后的主要原因。

（3）运营资金管理水平低，财务结构不合理

企业财务管理水平低，资金运营效益不高，具体表现在：第一，存货控制薄弱，造成资金呆滞。很多企业月末存货占用资金往往超过营业额的两倍以上，造成资金呆滞、周转失灵。第二，应收账款控制不严，造成资金回收困难。造成这种问题，一是没有严格的赊销政策；二是回收期过长，又缺乏有力的催收措施；三是应收款项不能兑现或造成呆账。上述问题的存在，导致三角债蔓延，应收账款周转缓慢，最终造成资金损失。第三，对现金管理不严造成资金闲置或不足。有些企业，认为现金（包括银行存款）越多越好，造成现金闲置，未参加生产周转；而有些企业恰恰相反，资金使用没有计划，大量购置不动产，无法支付经营急需的资金，陷入财务困境。第四，重钱不重物，资产损失浪费严重。不少企业的管理者，很重视对现金的管理，收支严格，保管妥善，出了差错及时查找。而对原材料、半成品和固定资产等的管理却不严格，保管不善，出了问题也无人查找，资产损失浪费严重。第五，不愿向收购商、订货商、金融机构、亲朋好友、经营骨干让渡股份，通过分散股份集资来分担风险，宁愿承担较多的责任保持控制权，封闭、保守的经营理念，使企业失去了发展扩张机会。第六，财务结构不合理，不能使直接筹资与借贷资金合理搭配，增加了资金使用成本。比如商业零售企业主要缺乏流动资金，可以通过短期筹资，而工业企业则需要长期筹资，以保证企业长期经营所需的稳定的资金来源。企业在这方面的选择余地比较小，从而造成整个企业的资金管理能力下降。

（4）财务风险意识淡薄

财务风险意识淡薄，企业始终在高风险区运行。主要表现在三个方面：一是过度负债。企业要发展，就不可避免地要负债经营，充分利用财务杠杆的作用。

但是，一些企业不顾成本，不惜代价，不考虑自身的偿还能力，千方百计从银行获取贷款。有些企业甚至不明白"借债还钱"这一最浅显不过的道理，认为从银行获得贷款就是获得利润，只考虑如何将贷款弄到手，而并没有认真考虑如何能让有限的资金发挥效益，更没有考虑如何偿还。在借入资金不能有效发挥作用的情况下，一些企业进入了靠贷款维持生存的恶性循环。其结果是债台高筑，财务风险极大。二是短债长投。在国家实行较强的宏观调控力度的条件下，企业要获得固定资产贷款比较困难。一些企业就采取变通的办法，擅自改变贷款用途，将短期借债用于投资回收期过长的长期项目投资，导致企业流动负债大大高于流动资产，使企业面临极大的潜在支付危机。三是企业之间相互担保，相同资产重复抵押，或为了融资而不断投资新项目，甚至"拆东墙补西墙"，形成复杂的债务链。这不仅加大了银行对企业财务状况判断的难度，也给财务监管带来很大的困难，造成整体负债率不断抬高，企业经营成本和财务费用不断加大，支付能力日渐脆弱，资金链条过紧并随时可能出现断裂。

企业财务管理中出现的资金短缺、融资能力差、抗风险能力较弱、信用等级较低、财务资料缺乏、管理技术与方法落后、运营资金管理水平低、财务结构不合理、盲目进行多元化投资、财务风险意识淡薄这些问题，会产生相应企业的财务管理问题，没有资金作为基础就没有办法展开企业财务管理的相关工作。同样，财务管理工作在没办法进行的情况下，企业的管理工作也会受阻。所以，我们需要针对上述问题进行企业财务管理的创新，改善现在的财务管理的环境，改变财务管理的方式，只有这样，这些企业才能符合现在经济社会的管理模式，才能使企业从传统的管理中走出来得到创新，让企业得到更好的发展。

二、营销管理方面存在的问题

目前，中国现有的经济成分尤其是企业市场经济，几乎占据了民用产品生产、销售的整个领域，使市场经济得以基本形成。从改革开放以来，企业对促进我国的经济发展起到了巨大的作用，是我国现在市场经济的主要力量，是国家经济的基础，有着不可替代的地位。随着企业市场经济的迅速发展，我国的就业率、技术创新能力、市场竞争力都随之提高。近些年，我国企业进入国际化发展，企业也从中得到更好的发展环境。

但是没有企业的发展我国经济就不会取得现在的大发展。企业的市场经济发展在我国的经济发展中占据着举足轻重的地位，是我国现代化建设不可或缺的力量，然而国内目前一部分企业由于综合实力、观念水平、营销能力、企业管理水平等方面能力不足，而导致营销业绩上不去，除了企业本身的一些问题，企业的市场营销管理问题也成为重中之重，做好企业的市场营销管理是至关重要的。企业的市场营销管理问题如下：营销的观念落后、产品设计简单、没有做好市场调研、缺少营销方面的人才等。市场营销管理出现的问题会使企业不能适应当下的市场经济，不能有更加稳定长远的发展。

因此，企业对这些营销中出现的问题开始针对性地提出建议，有计划、有策略地解决问题，做好企业的营销管理创新，从而提高我国企业市场营销的管理能力，使得国家经济获得更长久的发展。

企业的市场营销环境和战略性问题都明显不同。因此我们的使命就是，实现西方营销理论和方法与中国企业市场经济的适应性对接。这既需要吃透西方的理论和方法，又需要深入了解本土文化背景，实现西方营销理论和方法的中国本土化创新。所以企业需要对市场经济与市场营销进行管理创新。

三、人力资源管理方面存在的问题

（一）招聘渠道的限制

企业在创业阶段，由于资源的限制、组织尚不具备权威性和缺乏准确的职务描述等原因，在初期的人才招聘上往往更倾向于用非正规方式进行招聘，如通过企业家的私人网络（包括社会网络和商业网络）或依靠推荐招聘人才，很少委托中介机构或开展校园招聘。随着组织规模的扩大，管理的逐渐规范化，组织的人才招聘逐步向社会公开。企业人才招聘的基本情况是：在创业阶段，核心员工大多来源于企业家的家族成员和亲朋好友；在成长阶段，企业的技术骨干、销售骨干和生产管理骨干逐步通过社会招聘获得，而一般的员工招聘主要通过社会公开渠道进行。

（二）员工开发与提升的准备不足

在员工开发方面，企业中与企业创始人私人关系越近的员工越容易得到晋升，随着组织规模的扩大，能力标准在晋升方面的重要性逐渐加强。即企业的员工提拔基本按照"关系—忠诚—能力"这样的顺序来进行。企业在创业阶段往往没有正规的培训系统，员工培训的方式主要是在职培训。在成长阶段，企业开始引入正规的培训系统，开始采用外部培训，但仍然以内部在职培训为主，培训的主要目的仍然是解决员工当前的工作问题或即将要做的工作的胜任问题，而不是根据企业的长期发展要求来对员工培训，故缺乏长期的人员培训战略。企业在招聘员工时之所以通常都要求对方有工作经验，是因为这样可以减少培训成本。

（三）企业对"人才"管理不到位

我国企业在支撑我国经济的持续增长、缓解就业压力、保障社会稳定、促进国民经济繁荣、扩大需求和拉动民间投资、改善现有经济结构、开拓国际市场和出口业务等方面都发挥着重要作用。然而，我国企业在人力资源管理能力方面，大部分还处在较低的层次，特别是管理手段和方法还比较落后，面临各种各样的问题，遇到了前所未有的挑战。究其原因主要体现在以下几个方面。

1. 内部管理体制滞后

（1）集权思想严重

我国大多数企业最初都是依靠个人出资或若干志同道合的人组合而成的，由此决定了企业采取的往往是"以个人为中心""以亲情为主导"的管理模式，企业家的个人风格对企业管理影响很大，其个人魅力与感召力是企业凝聚力的主要来源。但他们也很少真正去信任外人或将权力下放，反而是事必躬亲。这种集权管理使得企业经营者疲于日常事务，不能集中精力、放开眼界进行观察，影响了企业的远景规划和战略制定。企业内部的中、基层管理者和技术骨干，得不到发挥才干的空间和机会，造成人才闲置甚至流失，使得企业缺乏必要的人才储备，严重影响企业进一步的壮大。

（2）缺乏长远稳健的经营战略

首先，表现在经营目标短期化上。有的企业采用"游击战术"，没有核心主导业务，虽然企业"船小好掉头"，但如果不能把握方向，则容易"翻船"。特别是在当今以优质服务取胜的年代，如果没有优质的服务，就难以在市场上站稳脚跟。其次，表现在盲目扩张上。有的企业总希望尽快扩大规模，以传统的心态来做企业，其后果可想而知。

2. 人才观念淡薄，管理思想落后

受到中国传统企业管理思想和管理模式的长期束缚，许多企业人力资源管理观念严重滞后，往往把企业管理的活动界定在制度层面上，甚至是操作层面上，缺乏内涵、深度和人文性。对很多企业来说，员工只是生产利润的机器，体现的只是企业所有者的单方利益，企业的管理思想往往是自觉或不自觉地从所谓的"经济人"假设出发，认为人工作的目的纯粹是从金钱出发，人力资源管理还停留在人事管理阶段或仅限于事务性的人力资源管理阶段。

（1）对"人才"观念的狭隘理解

很多企业管理者认为"人才"指的就是技术型人才，往往只重视那些能够快速提升企业经济效益具有专业技术能力的员工，而忽视了综合型人才和复合型管理人才对企业发展的重要作用。实际上，人才是多层次的、多元化的，他们既可以是高层的管理者，也可以是生产经营第一线的员工；既可以是高级的技术开发专家，也可以是技能娴熟的工人。

（2）"以人为本"的现代企业管理理念尚未被完全接受

目前，我国大多数企业的人力资源管理仍停留在传统的人事管理阶段，很大一部分企业还没有设置专门的人力资源管理机构，其管理职能多由总经理办公室或行政部门兼任。而即使是已设置人力资源部的企业，其职能还是停留在管理档案、工资和劳保等传统的人事管理范围之内，即仍是按照"静态"的、以"事"为中心的传统人事管理模式进行操作，而并没有实现"动态"的，以"人"为中心的现代意义上的人力资源管理。

（四）员工的长期激励不足

企业的员工考核标准较为单一，多数以员工个人业绩为主。考核方式与企业规模没有关系。大多数企业把短期的物质激励和认可放在首位，对员工的长期激励不足，如企业很难做到给予员工适度的发展空间，给予员工适当的自主权或一定的股份、期权等。

人力资源管理在企业管理中的地位和作用越来越受到企业管理者的重视，毕竟实现企业发展目标需要通过人力资源的管理使员工们团结一心，共同为企业努力奋斗。而人力资源管理的内容就是招聘员工、开发和提升员工、激励员工等事项，现在企业出现招聘渠道的限制、员工开发与提升的准备不足、员工的长期激励不足这些问题，会导致企业人力资源管理工作受到很大的影响，甚至会影响到一个企业的存在。我们需要人力资源管理创新来改善企业员工现在的工作环境、福利待遇，让员工愿意为企业的发展全身心付出的努力。尤其是对企业而言，上述问题导致的人员流失会使得企业的发展与存在都受到威胁，因此人力资源管理创新显得尤为重要。

四、制度创新方面存在的问题

企业制度包括产权制度、组织制度、分配制度等诸多内容。从产权制度上看，国有企业通过租赁、拍卖、股份合作制等产权制度改革，基本上做到了产权明晰、所有权与经营权相对统一，克服了国有企业由于产权虚拟、层层委托而造成的种种弊端；而非国有企业从创立之初就是两权高度统一。明晰的产权制度使企业能够化制度优势为经济优势。

从企业经营者任职方式来看，80%以上的国有企业经营者由政府任命，而非国有企业的经营者分别由其自主创立与职工选举，这说明非国有企业在经营者任命制度上向市场迈进了一步，较少地受政府干预。这不仅为企业家队伍的形成培育了土壤，而且容易硬化资产约束。但组织任命的存在也说明在产权比较明确的情况下，尤其是地方政府仍在干预企业内部事务，政府职能转变的必要性与艰巨性。

从经营者收入的主要形式来看，月薪和奖金是企业经营者收入的主要来源。但相对于大型企业年薪制的实行，企业更偏重于股权收入。给予股权是激励机制最有效，也是最终的手段，产权拥有者不仅会努力追求资产的增值，而且会尽力回避风险。把产权作为一种激励机制，使经营者的收入与企业未来收益紧密挂钩，有利于经营者的创新行为。

五、战略管理方面存在的问题

（一）缺乏战略意识

企业的创办者一部分是为解决就业问题而创办企业，另一部分新进入的企业的所有者则多为工科出身，他们身上存在的一个普遍问题就是缺乏对战略规划和战略管理的认识，他们认为战略管理是大企业、大公司的事，小企业资源短缺，缺乏对环境变化的应对措施，得过且过，缺乏一个长远的发展目标，也就无所谓战略管理。

（二）缺乏战略能力

一些企业虽然已经意识到长期不注重制定战略或战略实施不力将会导致企业迷失方向或陷入困境，甚至失败。然而，他们却没有打算开展战略管理。原因较为复杂，既有认识方面的，也有体制、技术等方面的。概括起来主要有以下几个方面。

1. 无暇顾及战略规划

由于人力、财力、物力有限，企业主对企业每天的经营管理亲力亲为，经常需要亲自处理日常经营的大小事务，因此很难挤出时间去策划公司的长远发展目标，更不用说进行战略思考和规划。

2. 缺乏技能

还有一个普遍的问题就是：企业主通常缺乏进行战略规划所必备的知识和技能，缺乏对公司发展的全面的认识与分析，同时因为成本问题又不愿出资去请专业的咨询顾问来企业解决问题。因此，企业欠缺一种制定战略发展的技能。

3. 战略定位不当

考察部分企业成立运行的现状，有的出于对地方资源的及时利用，有的源于短期的市场需求，它们所制定的一些规划，还没有从客观的角度着眼，也未从发展的趋势考察，因此有一定的局限性、短期性和盲目性，甚至还带有很深的计划经济的烙印。以此定位的发展战略，根本无法适应激烈的市场竞争。

（三）企业对发展战略缺乏研究与规划

在确立了企业发展目标之后，如何实现这一目标，就是企业发展战略需要解决的问题。企业发展战略是科学地预测和规划企业发展的前略性、综合性的工作，它要解决企业每一步发展要达成什么目标的问题，是企业经营管理的一项核心内容。许多企业在经历了第一次创业，完成了资本原始积累之后，常常是昙花一现，在超常规的发展与扩张之后，出现急速的衰退，其中一个重要原因是对企业的发展战略缺乏研究与规划，在获得初步成功之后，不知道下一步该做什么，怎么做，而是抓到什么做什么，尽管在具体的决策过程中看似理性，但从长远发展的观点来看却是非理性的。这种做法不仅偏离了企业发展目标，分散了有限资源，而且对企业核心竞争能力的培养也是一种损害，必将给企业未来的发展带来沉重负担。

（四）战略管理过程不完整

战略管理包括了解组织的战略定位、未来的战略选择和把战略付诸行动等内容。而绝大多数的企业不能明确企业发展的期望与目标，缺乏对于环境的分析与自身资源与能力的正确认识，因而在此基础之上，很难选定适宜的实施战略，对于战略的实施过程也缺乏必要的组织和监控，一切不完整均造成企业缺乏战略管理过程的现状。

（五）战略管理的实现主要依靠企业主

绝大多数的企业体现出家族企业的特点，企业的经营管理由企业主说了算，企业的发展依靠的是企业主的知识和经验。在考虑企业的未来发展时，企业主们更多依靠的是非理性的感觉和直觉，缺乏必要的计划职能部门对于企业未来的良性发展提供可行性分析。企业主的战略意图更直接地反应成企业的战略行为。对于绝大多数的企业主们来说，他们对于战略的认识更多停留在对战略意图的设想上，而并没有更详细的战略性规划，不到必要的时候，企业主们是不会考虑更长远问题的。

（六）战略计划执行力差

优秀的战略配上糟糕的执行不会产生好的结果。一个平常的战略配上优秀的执行常常会带来好的结果。好的执行力是战略"落地"的根本。相当一部分企业也制定了战略，但却忽略了后续的工作开展，执行过程缺乏实时、持续的监督和跟踪，无法将结果和绩效考核挂钩。同时，由于受到短期利益的驱动、小富即安等思想的困扰，使战略得不到坚持。当然，还有一些企业战略执行力差，受制于人才、技能的缺乏，属典型的"心有余而力不足"。

战略管理对于企业来说是未来企业发展的重要因素，想要在现在的经济社会中得到发展拥有市场竞争力，就需要企业做好战略管理。因为，企业由于资金、产业、人才问题等（相对于大企业或国有企业来说）更容易出现问题，出现企业破产或者其他麻烦，那么想要更好更长久地发展企业就要做好管理创新。

第三节　企业管理创新中存在问题的成因分析

一、经营者创新理念淡漠

我国企业管理创新管理思想观念淡漠，导致企业在战略布局、产品更新、生产经营等多方面滞后，无法激活企业管理层及员工的创新思维，主动改变企业现有的封闭式生产经营状况。从管理模式来看，我国大部分企业依然延续人治的管理模式，没有将制度管理发挥出最大的效果，降低了制度化管理带来的标准化管理效果。从管理方式来看，主要依靠阶梯性管理体系，不能有效发挥企业员工的活力，为企业的发展提供有效的建议，忽视了普通员工在企业建设中的作用。从企业经营管理的自动化水平来看，很多企业主要依靠人工进行操作，大大增加了管理成本和人工成本，降低了产品标准化程度。同时信息化管理利用较差，不能利用信息化管理的优势，来激活各个部门之间的协调配合。

二、企业整体创新乏力

企业具有组织化程度低、所有权和经营权高度统一、抗风险能力弱、灵活性高等方面的特征，这使企业的管理创新具有一些独特的属性，但总体来说，受创新能力和抗风险能力影响，企业的创新乏力。

受所有权和经营权高度统一的影响，企业的创新活动主要取决于企业主的行动。从整个企业的创新活动看，由企业主个人发起的创新行动难以支持企业的持续性成长。随着企业主创新行动的进一步开展，个人的创新行为会逐步组织化，个人创新会朝着组织创新演化。然而，企业由于规模较小、抗风险能力较弱，阻碍了其在管理创新方面的持续改进。

从中国企业的实际情况看，绝大多数企业为家族企业，家族成员主导和参与企业的整个经营管理过程，企业的人治化特征显著，企业未能构建起较为规范和科学的管理制度。与此同时，由于家族企业内部具有企业和家庭双重属性，企业在经营管理过程中的创新行动往往受到部分家族成员的抵制导致其无法付诸实施。

其中，导致企业管理创新不足的根本原因是企业对于管理创新的认识不足。企业由于规模较小、灵活性较高，通过产品或者技术的创新可以取得直接的经济效益，而管理创新对于企业长期发展的隐形收益或者间接收益难以在短期内体现出来，这就导致企业普遍认为"管理无益"，现实中的管理创新更是无从谈起。

总体来看，在技术创新能力较弱、产品创新滞后以及管理创新乏力等多种内在原因的影响下，企业会延续原有的增长路径，以较为传统的经营方式运作，并在激烈的市场竞争中"举步维艰"。

三、企业缺乏长远、明确、有社会责任感的经营目标

企业在创业之初，常常也会提出这样或那样的企业发展目标，但由于缺乏市场的检验与洗礼，企业的目标往往是浪漫的，甚至是不切实际的，创业之后，迫于生存的压力，常常将企业的发展目标逐步淡忘，或者与既定的目标出现较大的差距。

在完成了第一次创业和初步的原始积累之后，又不能及时地调整和设计企业未来的发展目标，这使得企业在未来的发展方向上出现了很大的盲目性，也使得企业的经营管理失去方向，使组织的行为出现混乱。有些企业随大流提出要在多少年内进入世界多少强，但并没有解决为什么要成为世界多少强企业的问题；有些企业提出将追求利润作为企业的唯一目标，但并没有解决是否有利润的行业都是企业未来的发展方向，在利润实现后又该怎么办的问题；有些企业提出要成为百年企业，但这只是解决了组织的效率与活力的问题，并没有解决为什么要成为一个永续存在的企业的问题。

第四节　企业经营环境对创新的影响

我国经济发展正在走向成熟的发展阶段，想要发展就要进步，改变原来落后的发展方式、改变经营策略、优化经济结构等都是我们需要攻克的难题。企业是社会经济发展中最具有活力的组成部分，量大面广，既是我国经济发展的主体，又是建设国家经济的基础力量。想要推动企业的发展，就要进行质量改革、

效率改革、动力改革。创新是引领发展的第一助力，从一定意义上来说激发发展的核心是创新。而一个企业的经营环境则对一个企业的创新有着巨大的辅助性，好的经营环境能够快速接受创新改革，并根据改革来发展自身企业经济；反之不好的经营环境难以接受创新改革，故步自封，拒绝发展，难以实现创新带动发展的经济计划。

一、创新与环境的不确定性带来的相互影响

创新是经济进步的一个基本条件，也是企业、国家在竞争中的关键性因素。但是在以前，创新更多的是和产品及工艺联系起来的，而现在商业模式创新将创新的影响扩展开来。近些年来，随着新兴技术的迅速发展，引起竞争格局和产业结构的大调整，现有企业和新兴企业均面临前所未有的不确定性。企业完全可以通过新技术创造的机会迅速成长为市场的新军，甚至对实力雄厚的老牌企业起到颠覆作用。创新对于环境的影响可以归纳为以下几个方面。

（一）创新带来的社会经济变迁

关于技术创新的巨人作用，经济学的奠基人都有过相应的研究。亚当·斯密在《国富论》中讨论了技术对于机器的改进和劳动力分工的作用；马克思认为"资本主义不经常改革生产方式就无法生存"；马歇尔把知识描述为经济进步的发动机。熊彼特在其早期理论中对创新和发明做了区分，他认为虽然大多数创新可以追溯到某个发明，但创新并不一定来自发明，发明亦不一定必然引起创新，发明对经济变迁过程而言只是一个外生性因素，而创新是一个内生性因素。在《商业周期》中，熊彼特提出了"创造性破坏"的概念，把创新视为资本主义增长的主要动力和企业家利润的源泉，而且是产业周期的根源。

创新给中小企业的生存环境和人类的生活环境均带来了巨大的影响。对企业而言，技术往往对其各种活动具有主导支配作用，技术发展的程度常常决定了企业的性质与生产水平。一个公司如果无视技术变迁所带来的影响，其从环境中获取资源的能力势必受影响，其生存和发展就会受到威胁。回顾现代商业发展史，可以发现：每一次技术上的重大发明创造，都会引起相关行业企业的大量死亡和重生现象。同时，知识的不断积累和指数级增长使得技术发展速度不断加快。另外，以高速发展为特征的信息技术等高新技术在自身不断发展变迁的基础上也带动了传统产业技术的发展。这些都意味着现代社会技术变迁将变得越来越频繁，而经济的全球化又意味着技术变迁的影响范围将更加广泛。

（二）环境不确定性对企业创新的挑战

企业经营环境带来了各种各样的不确定性，困扰着企业的创新管理。技术

上的不确定，如能否使产品实现某种功能？或者市场上的不确定，如谁将购买这种产品？产品如何使用才更有效？或者组织和资源的不确定，如怎样应对组织的反对？应采取什么策略赢得高层的支持和必需的资源？如何让组织保持一种合理的预期，采取合适的评价标准？这些问题使企业内传统的核心部门与从事不连续创新的部门之间充满了矛盾和冲突。

塔什曼的研究发现，面临新技术的诸多不确定性时，成功的企业往往具有更大的惰性。从而出现"成功之后是失败，创新之后出现惰性"或者"今天的成功可能恰恰增加明天失败的机会"的模式。原因就在于成功会带来专制，对于成功的组织而言，它已经建立了一切都相互一致的结构、制度、文化以及领导模式。在相对稳定的环境中，企业的这种文化是它取得成功的主要因素，为它提供了一种不必改善或强化其正式的控制系统，该系统就可以有效控制和协调员工的行为方式。然而，一旦面临突变，这种曾经培育了成功的文化会迅速成为变革的主要障碍。进一步分析，由于"有限识别"，组织通过持续性改进所建立起来的核心能力会使组织过于沉迷于过去的辉煌。当创新巨变时，核心能力就会成为阻碍企业进一步创新的消极因素，核心能力转变为核心刚性。成功的组织带有活跃的保守主义倾向，积极主动地试图维护自己的核心能力，使自身的革新变得艰难。实践中，很多领导企业的失败，成为其成功的过去的牺牲品。这是由"面临突变式变革的管理行为和组织流程决定的，而不是因为看得见的市场之手或公共政策"。而"那些提前采取主动的企业通过带头在本行业实行创新，必能由今天的强大迈向明天的强大""要想保持长期的成功，管理者还需要掌握另外一种策略，确知如何以及何时进行革命性的创新，并且知道如何以及何时进行革命性的组织变革"。

二、企业人才管理环境对创新的影响

人才是管理创新的关键，如企业家是一个企业的领导者、管理者、承担者，想要创新企业家是重要主体，企业家作为企业高层和基层的连接人是不容忽视的存在，他可以决定企业的发展方向，能够决定企业是否进行创新改革等。企业家往往是富有胆量和想象力的行动者，有时他们还可以冒着个人风险为创新改革招募人才。

在这些企业管理创新中，人才起到了至关重要的作用。可以说没有人才就没办法进行创新，而好的人才管理环境对人才的培养、企业的创新都是非常重要的。当这些企业在日常的人才管理工作中，鼓励所有管理人员勇于创新，并有相应的奖励机制调动员工创新的积极性，每个人都会有机会，那么终归会有人才提出更好、更新的创新改革办法，从而使企业未来有更好的经济发展。

（一）企业人才管理环境问题对创新的影响

1. 人力资源管理力量问题对创新的影响

大多数企业没有健全的人力资源管理部门，例如很多企业由经理办公室代管人事管理职能：人力资源管理人员少，一般不会超过两个。这种力量配备仅能够勉强完成常规的人事管理职能，基本不可能发挥现代的人力资源管理职能。人力资源管理力量的缺失影响到了整个创新的基础，如果企业人力资源管理人员少到只能勉强维系简单的人力资源管理工作，就没有能力去安排人才进行企业管理的创新工作，这会导致创新工作无法开始。

2. 人力资源管理人员素质问题对创新的影响

在企业中，从事人力资源管理的人员一般不具备本专业必备的管理知识，经验上也比较欠缺，这就导致其对事务性工作比如档案管理、入职离职手续等尚可处理，而管理层面工作难以顺利开展。管理素质影响到企业很多方面工作的展开，无论是想要哪方面的发展都需要做好人力资源管理，安排专业性的人才去完成相应的工作，而由于人力资源管理的人员专业、经验、素质等方面的缺乏无法安排管理好专业人才的工作内容，这会使得创新工作难以进行。

3. 企业管理者的主观因素对创新的影响

由于市场竞争的激烈，企业管理者更多地关注业务层面的问题，投入到内部管理工作的精力很小；部分企业管理者在主观上也存在认识的误区，认为"攘外而不必安内"。企业错误的观点会导致创新工作不受重视，会影响创新工作的开展或进行，这一点是对创新工作开展的一大阻力。

（二）缺乏科学适用的人力资源管理方法对创新的影响

缺乏科学适用的人才资源管理方法比较典型的问题表现在以下两个层面。

1. 管理模式层面

基于企业的管理现状，其人力资源管理应该基于何种工作模式开展？具体说，企业应采用怎样的人力资源管理模式，才能保证其人力资源管理职能得到较为充分的发挥？

2. 操作层面

企业人力资源管理工作在操作层面的问题主要有以下四个方面：

（1）岗位体系管理与岗位定义有不确定性的矛盾。人力资源管理体系建立的基础是岗位管理体系，其他人力资源管理工作，诸如招聘、薪酬管理、绩效管理都需要建立在岗位管理健全的基础上。而企业因为人员比较少，岗位的区分就不是很明确，传统的企业对岗位设计的方法和理论的运用在企业里不一定合适。这样就产生了企业建立岗位管理体系与无法明确界定岗位之间的矛盾。

（2）低支付能力与薪酬管理的激励效果的矛盾。大部分企业都会面对资金缺少的危机，在现有的薪酬支付能力的情况下，怎样才能够提升激励的效果是企业人力资源管理中需要考虑的问题。

（3）绩效管理科学性、完备性与可操作性的矛盾。很多企业对其做好了咨询，并且对方案也进行了完善，因为下不了决心就把方案放到了案头。原因有可能是绩效管理方案不适合公司现在的状态，或者绩效管理体系的实施确实需要耗费大量的人力、物力。企业的这种矛盾更加突出，如何解决这个问题是企业实行绩效管理的关键。

（4）人才吸引力低与人才获取的矛盾。人才吸引力低是现在企业存在的人才管理的典型问题，也是现在企业人才管理的环境反映，人才管理缺乏、没有激励制度调动创新积极性、不重视创新、无法吸引人才等问题使企业无法进行创新工作的开展，这也耽误了这些企业的发展。

三、企业文化环境对创新的影响

部分企业往往把企业文化简单地理解为口号、标志等，认为企业文化除了对外宣传的作用外，不会产生更多价值。同时，企业文化千篇一律，不能很好地体现自身特点，梳理与提升不到位，自然也难以发挥作用。

企业文化不是喊出来的，是"做"出来的。顾名思义，所谓"做"，就是企业自觉按照自己所倡导的理念、准则、主张，认认真真去执行，做到表里如一、言行一致，并长期坚持下去。这样的企业文化就不是"虚"的了，而是实实在在的一种风气和氛围。过度宣传是对消费者的愚弄，与诚信原则背道而驰，同时也破坏了正常的市场秩序。名牌企业更需要强化社会责任意识，守住道德底线，欺骗消费者的行径终究会被曝光，企业也会因此失去生存的土壤。

企业文化影响着企业的总体面貌，同样也影响企业的发展。企业文化是一个企业发展的核心理念，如果一个企业的文化中包含了创新的内容，那么这个企业会更快、更积极地接受创新改革，甚至去完成创新改革工作。相反，如果这个企业的文化中并没有包含创新的部分，那这个企业就很难去做创新工作，甚至不会去关注创新这个事情。由此可见，企业的文化环境对创新有着决定性的作用。

第八章　企业管理创新的建议

第一节　企业经营理念创新方面的建议

企业所面临的市场环境瞬息万变，想要适应这样竞争激烈的市场环境就需要保持着创新的思想。而企业经营管理的创新正是适应这样市场环境的一种方法。如果企业一直是以同一种经营管理方法经营下去，会给企业带来惰性，不能适应不断发展的社会，不利于企业的持久发展。企业经营的危机大多是企业的经营管理创新不足而导致的。这就表现出经营管理创新的重要性，经营管理的创新需要建立在经营理念的基础上，需要新的创新的思维来指导。大多数的经营理念分成两种：一种是企业物质的经营管理，另一种是员工思维的经营管理。而企业侧重于企业物质的经营管理，而经营理念的创新是将企业对物质的经营管理的重视转移到员工思维的经营管理资源上，这是经营管理理念上的一次转变和创新。同时，还需要树立业务层和层级化的经营理念，把经营管理的重点放到人的管理上，着重提高生产经营与资本经营的协调性。企业的经营管理理念创新需要综合考虑企业的发展阶段，在企业成长发展期间要重视早期的观念创新发挥传统的经营管理作用，在企业发展的后期要重视经营管理新理念。总之，企业既要以当下的经营管理理念创新来指导，也要为长远的发展做好经营理念的规划。

一、企业经济管理理念创新的建议

企业的经济管理理念创新的先导包括思想观念的转变、思想理念的创新。要正确理解企业经济管理理念创新的概念，切实贯彻理念创新。回顾我国企业的现状，有部分企业到现在还沿用一些比较陈旧的经济管理理念，这些陈旧的理念不仅会使企业管理者思想观念落后，思想更新意识、竞争意识、危机意识薄弱，而且也阻碍着我国企业经济管理的发展。所以，企业要大力倡导理念创新，把理念创新视为经济管理创新的根本，日后的其他管理创新机制都要以理念创新为指导。企业经济管理理念创新不仅改正了陈旧的、过时的思维模式，还通过独特的视角、思维方式、管理机制为企业经济管理创新提供了指导，在企业里树立创新管理与科学管理的理念，真正做到创新管理，让企业的生产经营在理念创新的道路上越来越好。

企业只有把握住目前新的管理理念，才会更好地带领员工施行创新活动。企业高层领导对此也要引起重视，可以在企业内部营造一种积极向上的创新环境，让企业所有员工在创新氛围的感染下，积极地学习和创新，掌握必须要了解的创新知识和创新能力。在当前市场经济环境发展的新形势下，企业在市场中的竞争压力也越来越大，因此，企业应该建立一种危机意识和制定战略管理机制，从市场环境出发，结合企业当前存在的实际问题，做到统筹全局。

二、企业财务管理理念创新建议

（一）加强企业自身建设

1.实施科学管理，争取长期发展

提高企业科学管理能力不仅可以提高企业的运营效率，还能很好地解决企业的近视行为，一支精良的管理团队是企业持续经营的基础，更是企业融资水平的体现。

（1）制定企业发展战略，提高企业竞争力

企业发展战略是企业发展的纲领性文件，积极有效的发展战略不但可以增强企业在市场经济中发展和竞争能力，更重要的是还能增强企业在金融市场上获得资金的能力。根据市场的发展趋势制定恰当的企业发展策略，提高科技创新能力，不断根据市场变化情况和预见进行产品结构调整，提高产品的科技含量，凭借高质量产品和科技优势吸引更多的合作伙伴。积极有效的企业发展战略还可以使潜在的投资者和债权人了解企业的资金投向和长期效果，从而提高投资者对企业的信心，愿意向其提供更多的融资便利。同时，企业要通过加强与投资者的联系、积极参与社会公益活动、保持与政府良好的协作关系等来提高企业社会影响、信誉和知名度，立足自身改善融资环境。

（2）增强盈利能力，改善资金结构

盈利能力强、资金结构合理的企业，一方面其留存收益大大增加、自有资金丰富，从而可增强企业内部融资能力；另一方面对潜在的投资者、债权人有着较大的吸引力，同时还能提高企业的信誉、扩大企业的影响，进而提高企业外部融资能力。

2. 培育企业信用意识

信用是影响企业融资能力的基本因素，积极推进企业信用建设是解决融资难、融资贵的关键所在。市场经济是法治经济也是信用经济。企业要充分认识到信用既是一种社会资源，又是一种经济资源。企业必须做到：依法经营、诚实守信，提高信用意识，树立"守信光荣，失信可耻"的道德观和"守信获益，失信受损"的经营观。必须将自身信用建设作为企业长期发展的基石，纳入企业的无形资产管理，充分认识到信用在构建自身外部融资环境中的重要作用，形成信用零容忍的自我约束机制。

3. 采取开放式运营，规范财务管理

企业应该对自身的"中小身份"有更清楚的认识，明白其和大企业相比只是规模上的差别和由此导致的经营方式、管理方式等方面的差别，而非财务制度不健全和健全、信息披露不透明和透明的差异。不能因为自身规模小就采取封闭式的经营方式，而忽视自身的财务制度建设和信息的正常披露，要知道信息不对称是增加融资成本的主要因素。

（二）积极利用互联网金融等新的融资渠道

随着"互联网＋"时代的到来，传统银行等金融机构一直未能有效地解决好融资难的问题，而互联网金融平台的大规模增长，互联网供应链金融作为金融行业的新型业态，通过将与企业活动密切相关的商流、信息流、物流、资金流等进行全程控制，最大化地降低投资者的理财风险和企业融资成本，是发达国家解决中小型企业融资难的重要模式，这将也会成为我国企业解决融资难的重要方式。

三、企业营销理念创新的建议

（一）树立全新的现代营销理念

在目前市场经济不断发展的情况下，企业市场营销管理一定要主动进行改革，要走在改革的前沿，要使用优秀的现代营销理念，要放弃传统的营销管理中墨守成规的模式，结合市场与企业发展的实际情况，开展多种市场营销创新活动，不仅能够促进企业经济效益的提升，更能由此确保企业的竞争优势。总体来说，目前较为先进的营销理念中包括全球化营销规划、本身拥有的特性营销理念等。不管是本身具有的特点营销，还是客户营销，都应以满足客户消费需求为宗旨，使企业在良好的营销理念中赢得口碑，创建品牌。

（二）开展有效的市场调研活动

在制定市场营销策略时，首先要进行的是有计划、有组织的有效市场调研。对相关市场相关数据进行准确、详细地分析，充分了解与掌握客户需求，使企业产品投入市场后就能够使广大群众受到好评，这正是市场调研的价值所在，而且还可以在此基础上为组织生产与营销活动提供可靠依据。

（三）对产品进行精确的目标定位

对一个企业的生存与发展前景来说，对产品进行精确的定位是非常重要的。准确地判断企业产品的竞争优势，确认目标客户，不仅可以让产品取得市场地位的稳定性，还能由此创建企业品牌。此外，在进行有效的资源整合过程中，进行新产品研发，并为客户提供别具一格的服务，彰显产品优势，也将赢得广泛的市场好评，树立创新意识，将企业发展融入创新发展中，由此获得稳定的市场竞争优势。

（四）创建科学的营销管理体系

企业想要得到创新发展必须要建立一套详细、完整而又科学的管理体系，建立这一套体系不仅是必要的，而且还有重大的意义。正像目前企业中推广施行的绩效考核制度，它不仅可以针对新客户开发，以及客户满意度进行全方位的评估，更可以将企业的整体营销目标进行有效规划与落实，并在健全的激励机制下，鼓励企业员工成长。

（五）要利用好网络销售资源优势

在目前的信息网络发展时代，网络销售成为市场营销体制中不可或缺的部分。相对于传统营销模式来说，网络销售不仅推广速度快、覆盖面积大，而且还具有针对性强等特点。因此，利用网络营销优势，既可以进行大量的信息收集，还可以对产品进行良好的宣传，并聚合多种营销活动，使企业的市场营销开创新局面。

第二节　企业人力资源管理创新的建议

一般企业在刚刚成立或规模不大的时候不需要设立专门的人力资源管理部门，但是人力资源管理的工作不会因为没有专门的部门就不开展了，无论一个企业多小，人力资源管理的职能都在企业管理中发挥了举足轻重的作用，甚至可以说对企业的管理就是对企业中人的管理。探讨人力资源管理的目的就是要充分开发每个员工的潜能，打造人才团队，发挥人力资源规模效应。企业要打造优质的人力团队，可从选才、育才、用才和留才四个方面开展。

一、选才——适才比精英重要

企业管理专家邱义城认为，所谓适才，就是成员不论智慧、才能或专业能力，都能胜任所担任的工作，更重要的是组织能满足他追求工作的动机，他能在现有的企业文化下快乐工作，能在团队运作下与人合作，至于是否最聪明或是最能干反倒放在其次。精明的企业高层管理者应当认识到，员工配合公司的能力和员工本身的专业能力一样重要，因为只有适才，才会为企业建立竞争优势。那么，企业如何确定什么样的人才是适合自己的人才？

（一）选人要与企业的战略目标相匹配

人力资源是企业战略规划实施及战略目标实现的保障，各个企业在不同的阶段都会制定不同的与实际相适应的总体战略规划。企业在选择人才时，必须考虑到资源配置要与战略目标的实现相适应。企业没有战略目标，就谈不上人力资源规划，更谈不上人力资源规划的实施，企业在选人时就会盲从。

（二）选人要与行业环境和企业地位相适宜

行业环境和企业地位的不同，也会影响到企业选择人才的具体操作。对此，企业首先要分析所在行业的环境，以及企业在整个产业结构中所处的地位。其次，要分析企业在行业中所处的地位，行业和企业的地位不同，所对应的人才层次也不同。只有为企业量身定做人才选拔策略，才不会导致人才滥用或者流失。

（三）选人要与地域的经济水平和人文环境相结合

企业还要考虑到地域的经济水平和人文环境因素，不能好高骛远，要讲求实际，尤其是在选拔高校毕业生时，企业应尽量帮助其认识本企业的地域环境、行业环境、人文环境和当地的实际经济水平，实现自身的透明度，这样，选与被选的双方才能互相了解，才能有益于企业选择合适的人才，真正做到物有所值甚至物超所值。

（四）选人要考虑人才市场的供应现状

人才市场的供应与需求总的来说是不为企业所操控的，然而企业在选人时却逃脱不掉供求现状的影响，所谓计划没有变化快，企业需要根据具体情况具体分析，及时调整人才招聘计划。市场人才兴旺时，适当增加招聘人才数量，加强人才储备；市场人才紧缺时，可适当减少招聘数量和降低标准。

（五）选人要兼顾短期与长期人才需要

企业要根据公司战略目标制定短期和长期的人才战略，根据人才战略选择和储备相应人才，以满足短期人员需求和长期人才储备。只有合理储备、优化配置，才能使企业长期处于正常的运转与发展状态。

（六）选人要考虑人力资源成本

人力资源成本是为取得和开发人力资源而产生的费用支出，包括人力资源取得成本、使用成本、开发成本和离职成本。选人要根据岗位所需素质条件，选择适合人员，切忌处处用高人。用高人不但会使直接工资成本升高，还容易引起人才流失，造成机会成本升高。

错误雇用是人才流失的真正原因，选人环节不到位，容易造成人才的流失。企业规模的升级，要求人才也跟着升级换代，而企业人才培训的速度跟不上企业的快速发展。外部引进的人才要适应新工作环境，企业领导对这些外来人员寄予厚望，无形中增加了外来人员的压力，使之很难较快地适应企业的工作环境和市场环境，因此，外部招聘人员的存留概率也不高。所以选好人不但会促进企业目标的实现，还会大大降低人力资源成本。

由此可见，招聘对企业来说是非常重要的一项工作内容。对于正处于创业期和发展期的企业而言，企业人数不多，一般只有创业合伙人和为数不多的几个员工，当企业处于发展阶段急需人才的时候，人力资源部门的主要工作内容就是招聘。一般不建议企业参加大型招聘会，原因有：

1.大型招聘会成本相对较高。企业对人员需求量不大，但对人员素质和综合能力的要求却不低。与网络招聘相比，每场大型招聘会的投入在2000～4000元不等，而一年的网络招聘费用还不到一场大型招聘会花去的费用，因此，通过网络招聘甄选人员是企业的首选。

2.大型招聘会的效果不一定好。随着高校的扩招，应届毕业生的数量增长相当快，大型招聘会中有60%～70%的应聘者都是应届毕业生，对企业而言，一般希望招聘的都是有工作经验的人员，对于刚刚从学校出来的学生，即使有招聘需求，数量也是相当有限。现在的网络应用已经到了普及的程度，一般人都不愿花时间和精力去人海茫茫的"招聘会"，网上投递简历是一个方便快捷的方法。从招聘信息的受众——应聘者来看，高级人才相对于普通人才，上网的机会相对更大，而且更习惯于上网，这样他们就更容易成为企业招聘的目标群。此外，可以建立广泛的社会关系网络，通过各种社会网络和人际关系寻找全国各地的企业人精英。企业的招聘流程也不会太复杂，一切以简单为好，企业本来人数就不多，无须经过纷繁复杂的笔试、一轮面试、二轮面试、实际操作等复杂的环节，一般面试一次，最多再复试一次就可以了。但试用期的培训和考核是非常重要的，不管招聘的人是多是少，完成的入职培训和企业文化培训是必不可少的。

二、育才——人才的训练及发展

（一）对员工能力现状进行分析

员工培训要有针对性，要有效地进行人员的能力现状分析，对不同的员工群体进行分类培训，也就是说，要衡量员工行为或工作绩效是否存在差异。企业可以从生产、成本、能力测验、个人态度调查等指标了解组织员工的现有水平与企业目标之间的差异，并根据差异安排培训内容、方式。

（二）确定培训内容与方式

（1）培训内容专业化。不同的企业所培训的人员状况是不同的，不同岗位所需要的知识、技能也是不同的，所以企业要根据自身的需求，以专业化为主，制定特定培训内容。企业总是希望所有的人才都是通才，实际上企业并非需要很多的通才，拔尖的专业人员为其岗位创造的有效价值也许是企业所无法估量的。

（2）培训方式自主化。每个企业的实际状况都有所不同，培训没有通用的模式，要根据不同的人员，不同的状况，选择多样的培训方式，以自主培训为主，这样不仅有利于特定培训目标的实现，还有利于在其过程中查找差距甚至发现弊端。

（三）培训效果的评价

培训效果的评价在整个培训中起至关重要的作用，实质上就是对有关培训信息进行处理和应用的过程。通过评估，对培训是否达到预期目标、培训计划是否具有成效等进行检查与评价，然后把评估结果反馈给相关部门，作为下一步培训计划与培训需求的依据。

三、用才——充分发挥每个员工的潜力

发挥员工的聪明才智是人力资源管理的重要组成部分，它是通过用人机制发挥作用的。用人机制的核心是因材施用，用最合适的人做最合适的事。另外，通过学习、培训、经验累积等人力资源开发手段所形成的潜在的人力资源也只有通过用人机制才能转化为现实的人力资源，为企业的生产经营服务，否则就会造成这种潜在资源的浪费。因此企业应该不拘一格用人才，不求全责备，用

才所长，不唯资历，不唯文凭，建立科学的选人用人机制，为各种人才脱颖而出创造宽松、公平的环境。同时，也只有通过科学的用人机制，实现能力与岗位的最佳配置，才不至于使人力资源开发浮于形式，为开发而开发。具体来说，有以下几个方面的内容。

（一）因事设岗，人岗匹配

企业想要招聘一个合适的人，不一定是要一个业务能力强，个人素养好的人。可以想象一下，在一个观念比较古旧，员工的素养都比较低的工作环境中，来选聘一个观念与能力都比较好的人才，那么企业会出现一个什么样的结果呢？因此，选聘人才的过程中，除了考察人才本身的素质外，还应认真分析人才拟任职岗位及团队的结构特点，如团队成员的学历、性别、年龄、观念等。想要人才与其拟任职位相融合，应该减少聘用人才的"鹤立鸡群"而给其带来的不必要的"孤独感"，否则会影响人才能力的有效发挥，甚至会使人才流失，造成人力资源浪费和成本升高。

（二）工作目标要有挑战性

要使工作的要求和目标尽量明确合理并富有一定的挑战性，这样才能真正激发职工内在的工作热情。工作目标和要求太低，员工很容易完成，久而久之会造成员工的懈怠，不思进取：工作目标和要求太高，员工通过自己的努力仍无法完成，会使员工失去自信，放弃努力。要设立员工"踮着脚"能完成的目标，这样不但会使企业目标能够得以实现，还会使员工能力得到不断提升。

（三）岗位应动态调整

应根据职工与工作的配合程度对岗位进行不断调整，使能力提高的职工去从事更高层次的、更多责任的工作，保持职工与工作的动态平衡。企业不同的岗位需要的知识和技能不同，同一岗位不同的级别要求也不同，每个员工所掌握的知识和技能也在不断地发展变化，所以企业应对岗位和工作进行分层细化，变单一的层级制为多级制，使员工随着自身能力的发展，其相应的岗位、薪酬也获得不断地提升变化，这样才能调动员工积极性，不断挖掘其潜力。

四、留才——留住适合人才，让他们忠心为企业服务

制度留人、感情留人、文化留人、事业留人的机制，有竞争力的物质待遇和家文化氛围，使广大员工对企业有归属感。正如员工所说："人都是讲求实际的，比来比去，还是这个家好，就会安心在这一家。'安心'了，就不会再往外走了。"

（一）公平激励，制度留人

一个能够留住人才的机制必定是以制度为基础而成就人才的机制。发现人才，培养人才，留住人才，成就人才。用事业、感情、适当的待遇，更需要用一个公开、公平的制度。

1.制度第一，总经理第二

民营企业里的"老板独大""老板说了算""人情化管理""合法权益得不到保障"等让许多人"望而却步"，很多人认为在民企里没有公平、公开的机制让自己发挥才能。这也成为许多民营企业吸引不了人才，吸引了人才却又留不住人才的"魔咒"。

建立了"制度第一，总经理第二"的体系，并在建设过程中不断完善，其科学性、合理性、公平性不断提高。企业员工都依据制度办事，流程办事，制度面前人人平等的理念已深入人心且得到了有力执行。

在制度建设过程中，总有管理者批评说，公司的制度建设效果不太好，是因为那些不太听话的员工以身试法破坏制度。而杰克认为，对制度最大的威胁是管理者自己，不是制度的执行者，而是制度的制定者。因此，企业为了在管理员工中重新树立"制度面前没有特权，制度约束没有例外"的意识，教育引导管理员工带头学习制度、严格执行制度、自觉维护制度，真正树立起制度的权威，让员工主动维护制度尊严成为常态。只有公平、公正的工作环境才能让员工真正认可并信任企业，才能留住人才。

2.公平激励

公平、公开、公正的口号要落实到细致可靠的评价体系，即一套关键业绩指标（KPI），一套基础项目指标（CPI），用事实说话，对被考评者的任何评价，都有明确的评价标准和客观的事实依据，让员工的工作能够得到准确、细致、公平的考评。这样既能给予优秀员工激励，也能让那些绩效差的员工及时调整自我，重新追上队伍的脚步对于管理人员的评估也更加重要，企业花大力气建立了经理人评估体系，从管理能力、专业能力和职业素养三个主要方面对管理干部进行定期评估，考察管理干部的综合能力、职业素养和发展潜力，制定管理干部培养规划，从体系保障管理干部的素质开始培养。

这就是企业的公平激励：谁能做到工作踏踏实实，兢兢业业，不断学习，不断进步，谁的待遇也就越高。薪酬设计的三原则充分体现对内部具有公平性、对员工具有激励性、对外部具有竞争性，最终成果是提高了员工的积极性，也留住了企业真正想留住的人。

（二）凝心聚力，文化留人

企业对于一个员工来说，不仅是养家糊口的依靠，而且是实现价值的舞台，更是心灵依傍的港湾。这一切又都要建立在良好沟通的基础之上，有效的沟通才能让企业和员工的关系更加密切。

在一个企业中，有许多可用的人，但由于制度和文化的限制，很多人才得不到挖掘与培养，这是很多企业都面对的一个尴尬局面，如果不打破，就很难有更大发展。企业应该充分尊重员工，给予员工最大限度的信任。员工都有一定的权利，能够在自己的职责范围内做出相应的调整和变动，这极大地增加了员工的自主权与工作灵活性。比如一个质检员发现有产品不合格，那么他就可以马上压下这批产品重新抽检，再向上级汇报，而不是一层层地汇报，浪费大量的时间，这样的规定无疑极大地提升了员工的责任心，也减少了行政汇报浪费的时间。

（三）提升价值事业留人

人才的需求是多元的，一味用金钱来吸引和挽留人才，是不能完全满足人才需求的，而且人才一旦受到外界更高的金钱诱惑，就会"跳槽"。企业在人才激励上应该更关注人才内在价值的实现，即靠事业留人。企业应该在工作上为人才提供更大的学习发展空间以及足够的尊重。每年对有突出贡献的人才进行外派学习、出国旅游、配专车、配房、配股，并设立创新奖、开发奖、专利奖、十大感动人物、十大质量标兵等荣誉，帮助人才内在价值的实现。

第三节　企业文化创新的建议

企业文化是企业的灵魂。企业不论大小，如果要获得长远发展，都应培育各具特色的企业文化。我国不少企业面向市场求生存、谋发展，将企业文化、企业组织、企业战略作为企业经营的三个支撑点，创出成功经验。但我国企业在发展过程中由于各种条件的限制，往往对企业文化不太重视或无暇顾及。我国目前的企业大多是在改革开放中发展起来的，规模小，企业文化的特点充分表现出"个人主义"的特征，老板是整个企业命运的主宰者。老板个人的命运代表着整个企业的命运，老板的成败直接决定企业的兴衰。另外，由于很多企业创建时间不长，还停留在企业所有者原始资本积累阶段，企业仍然以求生存为主，企业文化充分体现出"生计经济"的特点，因而难以充分体现现代企业文化的特点，大多仍含有"小农经济"文化的特点。具体表现为：企业文化没有体现出人本思想，大多表现为个人权威、英雄主义；企业文化难以实现员工对企业的归属感；企业文化注重眼前利益，过分追求"短、平、快"。这些文化现象不利于企业的健康发展，也使得一些企业昙花一现。"你方唱罢我登场，各领风骚三五年"成为我国企业界的一大特征。

21世纪是竞争的世纪，企业想要在激烈的市场竞争中生存和发展，必须重视自身的企业文化建设，要培育适应时代、适应竞争、适应发展的具有鲜明特色的企业文化。我国的企业在加强企业文化建设时，必须首先在企业自身文化模式的选择上独具一格、符合时代特色。可供选择的几种企业文化模式有："乡土型"企业文化、"家庭型"企业文化、"科技型"企业文化和"参与型"企业文化等。尤其是"家庭型"企业文化的突出表现在于营造家庭氛围，具有非同一般的魅力。把员工当作家庭的主人，员工也会把企业当作自己的家。但如果企业的经营宗旨是唯利是图，把市场当"赌场"，把员工当"赌具"，那么企业就不可能长期发展，也就谈不上建立"家庭型"企业文化了。因而要培育我国企业的文化，首先应造就企业家队伍，提升他们的企业文化素养。著名经济学家熊彼特将市场经济看作是企业家经济，并认为企业家是现代经济发展的主体，如果这一命题成立，我们当然也可以说，企业家是现代企业文化的主体，在企业文化中起着创造者、培育者、倡导者、组织者、指导者、示范者和激励者的角色。企业家是企业文化建设的龙头，历史赋予当今企业家的任务，不仅是做创造物质财富的"发动机"，更要做企业文化的开拓者，要善于运用文化手段去塑造企业形象。

面对企业的生存安全、市场竞争、组织成长、责任伦理、价值追求、企业可持续发展等诸多问题，人们深深地陷入了对科学与发展、民主与管理、价值与传统的困惑和迷思之中。企业的市场、技术、生产、信息和人力资源等环境正发生着天翻地覆的变化，资源与环境、发展与竞争、市场与技术、经营与法制、效益与责任、管理与人性等矛盾问题越来越难以调和，甚至逐渐成为制约企业成长和经济发展的瓶颈。主要表现有：组织生涯目标与员工职业生涯规划的现实冲突；过度管理与管理盲点并存；管理原则、管理理论、管理行为往往与管理目的和结果相背离；信用、信任、信誉的危机就像病毒一样侵袭着企业的肌体；产业发展周期、产品市场周期、技术变革周期成为决定企业成长周期的宿命。西方企业管理理论、管理模式和行为规范面对今天中国企业的管理实践显得捉襟见肘，要么洋洋大观而不得要领，要么生吞活剥而水土不服，要么潜心学习而邯郸学步。

我国企业管理必须从中华民族文化传承中汲取灵感、反哺修炼、追求超越，建构适合企业的组织管理模式和理论体系，为企业的战略管理、创新管理、危机管理、人本管理、和谐管理等建立起基础的理论平台。中国有着博大精深的管理文化，如"以人为本"的儒家管理思想、"无为而治、道法自然"的道家管理思想、以"法"治为核心的法家管理思想。诸子百家中，儒家重人治，道家重领导，法家重控制。尤其是儒家文化的"仁、义、礼、智、信"等价值观念，至今仍然可以用来调解人们的行为和利害冲突。"诚信为本"的企业信念也可以被视为中国传统企业道德的核心，特别是《管子》融各家管理思想于一体，是一部中国古代的管理理论著作，在《管子·心术上》中非常明确地指出国家管理与人体的结构存在着惊人相似的运作方式，因而管理应以天地为心，以法治国，以德服人。心术论整合了道、儒、墨、法诸家管理思想的精华，为有中国特色的管理做出了重大贡献。它提出管理者以天地为楷模，树立无私无欲才能客观公正地实现管理目标的根本原则；推出刚性管理和柔性管理相辅相成的原理；吸收老子的"无为"思想，将其适用范围限定在"人君"的层次上，即"人君"应坚持"无为"，而群臣还是应该各司其职、应该有为，完善了"无为"思想。

但是文化也是要进化的，文化只有在交流、重组、融合中才能够创新。但是，没有自己的文化母体，谈何交流，拿什么来与西方文化重组。"中国式管理"这个词这几年比较热，我们主张多谈"中国管理哲学"，少谈"中国式管理"。中国管理的现代化，应当是有自己特色的中国化。企业管理是一种科学，也是一种艺术，更是一种文化，它应该是民族文化在企业行为中的表现。忽视民族文化，片面模仿西方管理的必然结果就是"邯郸学步"，不仅学不好西方的管理科学，最后连自家的珍宝也会丢失，给企业造成难以挽回的损失。

文化管理创新过程中的主要做法是"突出一条主线""把握两大特性""抓好三个转化""坚持四个着力"。

一、突出一条主线

企业将加强社会主义理想信念教育和践行社会主义核心价值观作为"企业文化"体系建设的一条主线。中国特色的社会主义事业是中国各族人民的共同理想，也是企业从事全产业链建设的思想基础；社会主义核心价值观是社会主义核心价值体系的内核，是指导"企业文化"建设的总体纲领。在"企业文化"体系建设中，积极宣传社会主义理想信念和社会主义核心价值观，将之融入企业的政治、经济和社会责任中，融入制度流程及组织架构的设计理念中，融入企业员工的日常行为中，使之变成"为国尽忠，为民造福，为农谋利"的企业具体实践。

二、把握两大特性

业绩文化和人本文化是"企业文化"的两大特性。在"企业文化"体系中，业绩文化作为企业的主导文化，是企业人价值创造的主要体现。它强调市场化，关注客户需求和产品竞争；强调职业化，关注职业素养和能力提升。人本文化作为企业的特色文化，是企业人凝聚力和创造力的源泉。它以人性关怀为根本，具象为公平、公正、简单、阳光、透明的"阳光文化"，通过强调人与人之间、人与自然之间的相互尊重，将人性中有尊严的、正面的、社会性的东西不断发扬。

三、抓好三个转化

企业把培育和践行社会主义核心价值观作为思想政治工作的主线和企业管理的新方法，着力抓好"三个转化"，即把社会主义核心价值观和企业政治责任、社会责任和经济责任转化成企业的文化理念，用文化引领战略；把文化理念转化成经理人和员工的行为与习惯，用文化塑造队伍；把经理人和员工行为转化成企业竞争力和产品力，用文化提升管理。确保员工以高境界的思想和专业化的精神，为消费者奉献更安全、营养、健康的好产品，充分发挥企业在维护粮食安全、保障食品安全、引领现代农业、实施"走出去"战略的四个支撑作用。

四、坚持四个着力

一是坚持在文化的实践性上着力。将"企业文化"建设工作与企业经营管理工作密切结合，使企业文化服务于经营管理，推动业务发展和绩效提升；把践行企业文化理念作为企业文化建设工作的重点，确保员工在理解和认同"企业文化"的基础上，自觉将企业文化理念转变为工作行为；同时，保持企业文化体系的开放性和科学性，在实践中不断汲取优秀文化元素和成功经验，持续丰富、创新和发展企业文化。

二是坚持在文化的统一性上着力。企业文化与员工按照"理念一致、行为趋同、形象统一、特色鲜明"十六字方针开展工作。

三是坚持在文化的全员性上着力。员工和经理人队伍是参与企业文化建设的主体，而后者发挥着更为重要的作用。经理人既要具备高度的文化自觉，身体力行，做好企一业文化的布道者、示范者、推动者，又要引导员工广泛参与、积极实践，形成全员参与的文化共荣局面。

四是坚持在文化的系统性上着力。在文化建设中，主管部门要求协调好企业工作与基层一线工作的关系，分清职责，合理分工；协调好当前工作与长远工作的关系，合理规划，逐步推进；协调好重点工作与全面工作的关系，做到重点突出，全面覆盖。

第四节　企业经营战略创新的建议

一、经营意识创新

经营是一门运筹的学问，苦心经营者方知它的博大精深。经营又是一门艺术，成功经营者能体验到它的极高的价值。世界上的企业形形色色，当然经营方式也就千差万别。但是，综观世界成功企业的经营之道，都是因为它们能适应经营环境的变化，开拓经营视野，突破旧习，适时转变经营意识，顺应市场竞争的结果。一个企业没有经营，就难以生存；一个经营者，没有创新的经营意识，就不能进行正确的决策，就难以进行经营创新。成功的企业经营者应树立以下几个重要的经营创新意识。

（一）经营导向意识

在市场经济条件下，企业的核心问题是经营，经营的核心问题是决策，决策的核心问题是创新。成功的企业经营者必须树立适应市场竞争的经营意识，首要的是牢固树立围绕市场竞争的经营导向意识，改变以生产为中心的传统观念市场经济要求企业应该由传统的生产导向型转变为经营导向型，这就必须明确企业的工作重点应该在经营、信息、科技开发、销售等方面。在计划经济体制下，不存在市场竞争问题，企业当然也不存在经营问题，只需按国家下达的计划指标组织生产；企业也不需要搞新产品开发与市场开拓，产品可以几年、几十年一贯制；生产出来的产品也不必促销，按国家计划完成调拨，是一种计划性的"销售"，这就必然形成生产是第一线，一切都要围绕生产而开展工作。在市场经济条件下，市场才是企业真正的前方，车间则是后方，前方需要什么，后方就应按质按量及时供应什么，企业的第一线不再是生产，而是围绕市场而开展的经营、信息、科技开发和销售；企业的工作重点不再是生产部门，而是经营、信息、科技开发和销售部门，其中经营又是一线中的一线，缺乏经营能力的企业高层管理者是不够格的。所以，企业高层管理者首先应是经营专家，并能带出一支精明的经营队伍。

（二）市场行为意识

市场行为与政府行为截然不同。树立市场行为意识，就是围绕市场搞经营，向开拓市场要效益，破除"有困难，找市长"的计划经济传统观念。在计划经济体制下，许多企业习惯于找政府要资源，解难题，养成了"等、靠、要"的消极态度。在市场经济条件下，企业不能够再指望着政府行为来解决问题，找"市长"所能解决问题已是很有限的，而找市场则是无限的。只要按价值规律办事就没有办不到的事情，但也绝没有轻轻松松好办的事情。市场、商场，竞争激烈，但商机是无限的。过去计划经济体制下找"市长"，跑政府部门，只要列入计划就总能"到位"；现在，在市场经条件下，找市场则必须抓住机遇，必须"抢位"。有些企业领导者过惯了计划经济体制下的日子，市场观念、竞争意识淡薄，只有换脑筋才能真正树立起市场行为理念。观念决定行动，思路决定出路。脑筋不换，困境难改，脑筋一换，天地一新。心有市场天地宽。

（三）商机无限意识

商机，一般来说就是经营机会。寻找商机，就是经营者在变化的市场中去发现、捕捉有利的机会。时下，常常听到人们谈论商机，许多人感叹"现在什么都不好干，干什么也不赚钱"，其根据是现在市场上商品丰富，供过于求，是买方市场。的确，短缺经济结束后，已由卖方市场转化为买方市场，致使许多人认为商机难寻，殊不知商机就在变化之中。无数事实证明，变化与商机密不可分。变化孕育商机，变化创造商机，变化就是商机。变化是客观的，是永恒的，商机也就是无限的。

凡是变化，必然造成旧的消费萎缩，消费热点转移，消费更新换代，必然产生新的消费热点，并高速增长，形成巨大需求，从而孕育出巨大商机。因此，发现了变化，就是发现了商机；把握住变化就是抓住了商机。而抓住了商机，就等于掌握了打开市场大门的金钥匙。在现实生活中，变化无处不在。如观念变化，能推动新消费浪潮；时尚变化，能引起消费新潮流；政策变化，会产生新的产业增长点；经济结构变化，能使优势产业更迅速地发展；科学技术变化，会引起新的产业革命。总之，从观念到物质，从政治到经济，从国内到国外，从宏观到微观，从生产到流通，变化无处不在，无处不有，而且这些变化生生不息，变化无穷，商机无限。从变化中寻找商机，"商机难寻"就会变成"商机可求""机不可失，时不再来"。只要善于"察"变化于"青蘋之末"，"识"变化于市场风云，就一定能及时抓准、抓住商机，在变幻莫测的商海中游刃有余，扬帆奋进。

（四）经营未来意识

许多企业领导人在考察项目时，总是先问什么时候收到回报，当然，注意回报是应该的，但是过分强调回报或急于得到回报是有负面影响的。一些企业高层管理人员的短期行为严重存在着缺乏经营未来的意识，对企业是十分不利的。

人类的伟大，不在于他们在做什么，而在于他们想做什么，许多人不成功是因为他们把大部分时间都花在了眼前正要做的事情上，而没有时间去做那些关系未来的重要的事情。所以，企业的领导人要学会经营未来，要用相当多的精力和时间考虑和筹划未来。"良机总是偏爱有准备的人"，经营未来的一个很重要的方面就是要有自己企业的经营战略。

二、提升经营者战略管理能力

（一）战略分析能力

企业一直处在一个动态的发展环境里，为使企业的战略制定能够真正立足于现在，着眼于未来，进行战略分析是很重要的。当今，对于企业比较合适的分析方式是SWOT分析，它能够很好地帮助企业了解自身所处环境的分析工具。要足够分析企业的外部环境和内部条件，从中发现自身的优劣势，找到企业目前所面临的机会与威胁。通过内部分析，企业可以了解什么样的优势能够帮助企业实现优异的成绩，什么样的劣势会致使企业在竞争中失败。通过外部环境和内部条件分析，企业不仅可以了解本身的优劣势，还可以了解其他竞争者的优劣势，企业可以利用竞争者的劣势，扩大自己的优势，使自己不断发展壮大。

（二）战略选择能力

要清楚地知道企业在竞争中所处的环境以及自身的优点与缺点，选择符合企业自身的发展战略，创建属于自己独有的特色，才能使企业在竞争中处于有利地位。对于企业资金不足、人才短缺、研发投入有限的情况，企业可以运用一体化与差异化战略。一体化战略是指，企业以合作的方式，使同一行业或相关生产类型的企业，在平等互利、风险共担的基础上，形成统一的组织。差异化战略是指，企业采取差异化战略，就是要让自己的产品或服务与众不同，在行业中建立独特的经营方式，从而在竞争中取得优势地位。企业可充分利用自身独有的优势，更好地满足顾客的特殊需求，以高标准的服务创造企业价值的同时，增加顾客对于商品的感受价值，培养顾客对于产品和企业的忠诚度，形成企业卓越的盈利能力。

（三）战略施行能力

战略实行属于系统工程，想要做好这项能力就是要从战略发动、计划、匹配到战略调整等多方面的工作，而且要确保战略施行的重点。因此建议施行企业战略时要做好这几方面的工作：重视战略施行前的发动工作，提高员工对战略的认同度；战略施行前制订具体和可操作的实施计划；注重战略施行过程中的调整和变革管理。

（四）战略评估与控制能力

在我国，企业大多数是以家族形式为主的，在亲情的气氛中，企业的策略是没有办法彻底实施的。想要确保企业战略的进行必须有一个规范的评估与监控体系。第一，要建立监控的标准，包括定性的和定量的评价标准。第二，对显示工作中战略的施行情况与监控标准进行分析比较。第三，要找出其中的误差以及原因，选择相对应的办法予以改正。企业的发展已经进入到一个战略制胜的时代，企业怎样进行战略上的管理，以适应所处的动态的环境并充分利用所拥有的资源，是企业长远发展道路上首要解决的问题。

（五）提高企业主的战略管理能力

企业一般在单一的或有限的几个市场上运作，或者拥有单一的或有限的产品类别，大多规模较小，没有专门的计划职能部门，战略的拟定往往是由企业的高层管理者（绝大多数企业同时也是企业的所有者）做出。企业的战略管理依靠企业主们进行，因而企业战略管理的实现大多依靠企业主的战略管理能力。对于企业主们来说，依靠感觉、直觉、情感等非理性因素，更需要企业主们通过敏锐的眼光，独到的见解，对于企业未来的发展设定恰当的目标。因此，需要企业主具有战略眼光，锻炼战略思维；需要企业主从繁杂的日常管理事务中超脱出来，集中精力思考企业的长远发展；需要企业主加强学习，转变观念。当然，为了克服由企业主权力过分集中和个性刚性造成的战略决策失误问题，可以采取授权的方法，以及进行相应的组织创新，如运用工作团队、进行跨职能协调和实施人事整合等。

（六）制定柔性的战略性计划

战略性计划的拟定是企业进行战略管理的必要环节，属于长期性计划的范畴，是在对未来预期基础上做出的。但在战略性计划实施的过程中常常会出现与预期不相符的情况出现，因而企业必须做出与环境相适应的调整。企业由于规模小，抗风险能力弱，就需要在拟定战略性计划时更多地使计划具有弹性，在成本与时间的耗费上投入更少。由于企业的规模较小，很难做到拥有专业的计划职能部门，因此可以寻求第三方的咨询机构协助完成。专业的计划职能部门能够对未来可能存在的风险进行更好的预测，用一种更理性的方式对企业的长远发展进行规划。在企业的战略管理过程中，把企业主的非理性的战略意识与理性的战略性计划相结合，无疑可以提高企业长期发展的可能性。

第九章 现代企业管理创新与 管控实践策略

随着现代企业进一步的国际化和市场化，管理创新显得越来越重要。创新是现代企业持续发展的动力和源泉，企业管理创新对企业的全面发展有着极其重要的意义。本章重点探讨现代企业管理创新体系、管理创新、竞争力的提升以及我国企业的管理创新的实践。

第一节 现代企业的管理创新动因与要求

一、管理创新的动因

由于人的偏好、技术、产品、市场等变动的永恒性质，与这些因素相关的管理方式方法的效率只能在相对意义上理解。换言之，一旦引入时间概念，就不存在一成不变的最佳的、最有效率的管理。这就要求企业不断地追求更加卓越的管理，这只能通过管理创新才能实现。

管理创新的动因是指企业进行管理创新的动力来源。按照管理创新的来源，可将管理创新的动因划分为两类：其一是管理创新的外在动因；其二是管理创新的内在动因。

（一）外在动因

管理创新的外在动因是指创新主体（企业家）创新行为所面临外部环境的变动。

（1）经济体制环境的变动。经济体制环境是指一系列用来建立生产、交换与分配基础的基本的政治、社会和法律基础规则体系，如产权、合约权利等。回顾传统计划经济体制下，企业是政府的附属物，企业的生产经营活动都是由上级主管部门决定的，产品统购包销、财政统收统支、工资统一标准。所谓的管理只是如何更好执行上级的指令，企业缺乏管理创新的激情。现代企业制度的建立，使企业成为自主经营、自负盈亏的市场经济主体。企业进行管理创新的成本、收益都由企业自己承担，这就从产权角度促使企业积极从事管理创新，获取更大的收益。

（2）技术的改变。技术的改变对企业的生产经营活动存在普遍的影响。技术变化可能影响企业资源的获取，生产设备和产品的技术水平；技术进步使企业产出在相当大的范围内发生了规模报酬递增，从而使建立更复杂的企业组织形式变得有利可图。技术创新还降低了生产经营管理的成本，特别是计算机、图文传真、移动通信等信息技术的飞速发展，使适应信息化要求的管理创新成为必然。

（3）社会文化因素的影响。社会文化是一种环境因素，但由于社会文化以其无形的状态深入企业员工及企业的方方面面，故创新主体的主导意识、价值观必然受到熏陶。在这样的条件下，创新目标、创新行为必然受到社会文化的影响。比如：文化与价值观念的转变，从而可能改变消费者的消费偏好或劳动者对工作及其报酬的态度；知识积累，教育体制的发展，导致了社会和技术信息的广泛传播。这些都减少了进行管理创新的组织、实施成本，促使企业积极创新。

（4）市场竞争的压力。市场可以促使企业进行管理创新。市场通过竞争，会给企业很大压力，迫使企业不断创新。这种竞争，不断鞭策企业改进管理方式方法，为管理创新提供动力。由于人的理性是有限的，客观环境是不确定的，管理创新不一定会成功，一旦失败会使企业发展受到影响。许多企业因创新风险而因循守旧，不敢创新。但创新也有巨大的吸引力，管理创新的成功，会使企业获得巨大收益。正是这种对收益的期望，诱使许多人进行创新。

（5）社会生产力发展的要求。表面上看管理创新是为了发展生产力，有效整合资源，似乎只对社会生产力有促进作用，但实际上社会生产力水平状况对管理创新也有促进作用。

（二）内在动因

管理创新的内在动因是创新主体（企业家）创新行为发生和持续的内在动力和原因。管理创新的内在动因并不是单一的，而是多元的。

（1）创新心理需要。创新心理需求应该是人的需求最高层次之一。创新心理需求是因创新主体对成就、自我价值、社会的责任、企业的责任等的一种追求而产生。而这些本身也是创新行为的动因。

（2）自我价值实现。创新主体在创新行为之前或过程中，对自我价值实现的追求往往成为其动因之一，因为一旦成功可以表明创新主体自身价值的高低，也可以从中获得成就感，得到一种自我满足。

（3）创新主体对收入报酬追求的需要往往也是创新行为的动因之一。

（4）责任感。责任感是创新主体的创新动因之一。责任感有两种，一是对社会的责任感，一是对企业的责任感。这两种责任感会使创新主体在思想意识中产生一种使命意识，促使创新主体坚持不懈地努力。

二、现代企业管理创新的基本要求

（1）要具有创新意识。实施企业管理的创新，需要有一个创新主体，而且这一主体应具有创新意识。对一个创新主体而言，创新意识首先反映在其远见卓识上。这种远见卓识就是能够敏锐地判断企业与管理发展的大趋势，能够在现实的问题中找到关键性问题并能看到其背后的深层原因，能够结合本企业的特点提出、引进有价值的创意，作为创新的萌芽。

（2）要具有创新能力。创新能力直接关系到创意能否实施并最终获得创新成果。因此，创新主体的创新能力就成为企业管理创新的必备条件之一。由于创新主体可以是个人也可以是一个群体，故创新能力在个人方面与某个人的天赋有很大关系，在群体方面则与群体中员工智能结构、员工的关系程度以及组织结构等密切相关。

（3）要有良好的基础条件。现代企业中的基础管理主要指一般的最基本的管理工作，如基础数据、技术档案、统计记录、工作规则、工序流程安排、会计核算、岗位责任标准等。一个企业基础管理工作好，表明这个企业管理水平较高。管理创新通常是在基本管理较好的基础上实现的。

（4）要有良好的创新氛围。创新主体能够有创新意识，能有效发挥其创新能力，与拥有一个良好的创新氛围有关。在好的氛围下，人的思想活跃，不好的氛围可能导致人的思想僵化、思路堵塞。

（5）要考虑本企业特点。管理创新并不是一种抽象的东西，而是十分具体的事件。现代企业之所以要进行管理上的创新，是为了更有效地整合本企业的资源以完成本企业的目标和责任。因此，这样的创新就不可能脱离本企业的特点。事实上，创新的成功正是由于这一创新本身抓住了特点。

（6）要明确创新目标。创新主体要进行创新，就必须有目标，这一目标就是管理创新目标。管理创新目标具体地说，是一次创新活动意欲达到的状态。具体的管理创新目标与具体的管理创新领域相一致。例如，创办连锁店式的商业服务形式与便利顾客、便利企业、争取效益的目标有关。而目标管理方法，则与寻找一个更好的控制与激励员工方法的目标相关。由于创新活动需要明确的创新目标，而创新活动本身固有的不确定性使确认创新目标是一件很困难的事，因此，现代企业对管理创新目标的确认多半带有弹性，以解决这一目标本身难以确认的问题。

第二节　现代企业竞争力的提升管控策略

一、企业竞争力的含义与特点

（一）企业竞争力的含义

企业竞争力是一个复杂的综合概念，根据国内外学者的不同解释，可以归结如下：

第一，企业竞争力的"绩效"说。认为企业竞争力是指企业生产高质量、低成本的产品，竞争者更有效能和效率地满足消费者的需要。

第二，企业竞争力的"层次"说。认为企业竞争力是一个层次系统，可分三个层次：表层是企业竞争力大小的体现，表现为一系列竞争力衡量指标；中层是企业竞争优势的重要来源，决定竞争力衡量指标的分值；深层是企业竞争力深层次土壤和真正的源泉，决定企业竞争力的持久性。

第三，企业竞争力的"持续发展"说。认为企业竞争力是指企业在与其他企业的公开竞争中，使用人力和资金资源以使企业保持持续发展的能力。

第四，企业竞争力的"能力因素"说。认为企业的竞争力是由一系列能力构成的，包括：快速反应能力、产出加快能力和资源效果能力；或人才竞争能力、市场竞争能力、技术竞争能力。

第五，企业竞争力的"企业家能力"说。企业竞争力是企业和企业家设计、生产和销售产品和劳务的能力，其产品和劳务的价格和非价格的质量等比竞争对手具有更大的市场吸引力，是企业和企业家在适应、协调和驾驭外部环境的过程中成功地从事经营活动的能力。这种能力既产生于企业内部效率，又取决于国内、国际和部门的环境。具体说企业竞争力受以下四个层次的影响：一是企业内部效率，即企业以最佳方式配置资源的能力；二是国内环境或经济体制的状况，对企业竞争力具有决定性的影响；三是国际贸易和国际市场的状况影响企业竞争力的发挥；四是部门环境或行业环境竞争力的高低。

综观上述观点，虽然研究者们对企业竞争力的理解是多层次和多角度的，但有一个共同的看法就是认为企业竞争力是一种能力或能力体系，既包括静态能力，也包括动态能力，是一系列能力的综合体现。企业竞争力的大小受到一系列内外因素的影响，如果一个企业不能够对国内、国际和部门环境作出灵活反应，那也就没有所谓竞争力；如果一国的经济体制和经济环境不能为企业提供或创造有利的环境，企业竞争力也无从谈起。因此，从本质上说，企业竞争力的高低取决于一国经济体制的设计、改革和经济政策的选择。

（二）企业竞争力的主要特征

根据企业竞争力的含义，其有如下特征：

（1）企业竞争力是一个能力系统，是企业运作过程中一系列能力的综合体现。

（2）企业竞争力是静态能力和动态能力的统一，既包括现实的实际能力，也包括不断持续改善和发展的能力。

（3）企业竞争力是一种比较能力，是在与其他企业的市场竞争中比较而获得的。

（4）企业竞争力是质与量的统一，是可以通过竞争力指标体系的统计数据来加以衡量比较的。

（5）企业竞争力是企业内部因素和外部因素综合作用的结果。

二、企业竞争力提升的战略选择

管理创新是企业提升竞争力的战略选择。从企业竞争力的分析上看，管理创新是企业竞争能力系统结构中的一项能力资源，而且也是企业竞争力提升的关键因素。管理创新与企业竞争力具有非常密切的关系，可以从两个方面进行分析。

（一）管理创新与企业经营、创新

（1）管理与企业经营活动的关系。管理是企业竞争能力体系中的一种能力资源，它在企业竞争力的产生、提升中具有不可忽视的重要作用。由于这种作用是间接的、深层次的，所以人们往往会忽视它的作用，而更重视的是技术、品牌、市场、资本等这些具有直接作用的资源能力。实质上管理是企业经营活动中基础性工作，并且渗透到企业经营的其他活动中。

（2）管理创新与企业创新的关系。企业创新就是企业经营活动的创新，这是企业经营成功并不断发展、壮大的方法。企业创新的领域包括管理创新等。

企业在进行各种创新活动时，如果没有管理创新与之相适应，产品、技术、营销等创新活动就很难实施。因为，旧有的管理在制度、组织、机制、文化等方面不能与创新活动相适应，成为创新活动中的绊脚石，使创新活动难以顺利进行。企业的创新活动要以管理创新为基础，管理创新要为其他创新活动创造良好的制度环境和机制环境，同时通过其他创新活动的成功实施来体现管理创新的功效。

（二）管理创新对提升企业竞争力的效应

管理创新与企业的竞争力有着密切的关系，能够提升企业的竞争力。具体体现在以下几个方面：

（1）企业的收益提高效应。管理创新的目标是提高企业有限资源的配置效率。这一效率虽然可以在众多指标上得到反映，例如资金周转速度加快、资源消耗减少、劳动生产效率提高等，但最终还是在经济效益指标上有所体现，即提高了企业的经济效益。一是提高目前的效益，二是提高未来的效益即企业的长远发展。管理中诸多方面的创新，对企业的目前效益和未来效益的提高都会起到极大的促进作用，增强企业的实力。

（2）企业的成本降低效应。企业管理创新能够推动企业的技术和制度的创新。新技术、新工艺、新流程的采用，加快了产品的生产速度，大大提高了劳动生产效率，降低了单位产品的成本。新制度、新管理方法和方式的应用，改变了员工的工作态度和工作方法，降低了产品的废品率，节约了管理的费用以及交易费用。这些从整体上降低了企业的成本，增强了企业的价格竞争力。

（3）企业的市场开拓效应。管理创新若在市场营销方面进行，将帮助企业有力地拓展市场、展开竞争。企业在进行市场竞争和市场拓展时，会遇到众多的竞争对手，哪一个企业能够率先创新营销管理方案，并有效地实施，这个企业便能战胜竞争对手。企业在营销实践中，创新了许多新型的营销方式，如直面营销、顾客营销、连锁营销、关系营销、网络营销、电子商务营销等，这些方法都使企业扩大了市场占有率，增加了企业的资本收益，扩大了企业的资本规模，增强了企业的盈利竞争力和资本竞争力。

（4）企业的管理水平提高效应。企业的有序化、规范化是企业稳定与发展的重要力量，也是衡量一个企业管理水平高低的重要标准。实施管理创新就是不断地为企业提供更有效的管理方式、方法和手段，使企业的管理活动有序、规范和高效。当今时代是一个速度时代，不是大吃小，而是快吃慢。信息技术的应用，使管理操作程序规范化，同时加快了信息的收集、处理、传输，节省了时间，加快了速度，提高了企业的管理竞争力。

（5）企业的企业家创新效应。现代企业管理创新的直接成果之一就是形成了一支支新的职业企业家阶层，这一阶层的产生一方面使企业的管理处于专家的手中从而提高了企业资源的配置效率，另一方面使企业的所有权和经营管理权发生分离，推动了企业的健康发展。不仅如此，企业家为了企业能够持续成长必然关注企业的创新，使自己成为管理创新的主体，还会带动企业员工创新，营造创新氛围，增强企业的创新竞争力。

（6）企业的文化渗透效应。企业文化管理是现代企业管理的重要方式，通过管理创新不断地形成先进的企业文化，促进企业员工形成新的价值观和行为方式。通过渗透和影响企业的战略制定、经营管理模式的设计、组织结构和运行制度的完善、人力资源开发与管理的优化等，发挥出企业文化的凝聚力、激励力、约束力、感染力、形象力和辐射力，提高企业竞争中的文化竞争力。

三、提升企业竞争力的作用机制

"机制"一词，原指机器、机械、机构的构造和工作原理，后来逐渐地应用于医学等方面，用来表示生命有机体的各个组织和器官如何有机地联系在一起，并通过表示它们各自的相互作用产生特定功能，从而维护生命有机体的正常活动。20世纪50年代，"机制"一词被引用到经济学中，用来研究市场活动与企业的经营管理活动。

企业竞争力的来源是企业的竞争优势，如果一个企业管理得非常有效率，就会获得竞争优势，有可能成功并成为高度竞争领域的领头羊。管理与管理创新的目的就是在成本、质量、速度和创新方面分析、发现、构建、保持和提升企业的竞争优势，其作用是通过管理功能的发挥及创新来实现的，作用机制主要是由战略管理、组织结构管理、人力资源管理、管理控制活动和企业文化来构成的。下面以战略管理和组织结构为例进行阐述。

（一）战略管理

企业要取得市场竞争主动权，赢得竞争优势，就必须根据国家的产业政策、宏观经济发展规划、世界经济技术发展趋势和市场竞争状况、企业内部资源等，制定富有远见、切实可行的发展战略目标，实施战略管理，以便对市场的不确定性作出快速灵敏的反应。

战略是为达到企业组织的目标而采取的行动方式和资源配置。战略管理就是将企业组织的技能和资源与外部环境和机遇匹配，进行决策和实施，达到获取竞争优势的管理。战略管理集中于企业经营活动的方方面面，针对多变的环境，着眼于未来，具有全局性、长远性、创新性和风险性等特点。

对企业的竞争优势实施战略管理，过程包括六个组成部分：

（1）确定宗旨、远景、目标。就是确定企业组织基本的经营目的和价值取向，描述企业前进的方向和企业的最终目标，并将企业的宗旨、远景和目标传递到与企业有关的每一个人，实现认同，增强企业的凝聚力。

（2）外部机遇与威胁的分析。这是对企业的外部环境进行分析，包括宏观经济分析、行业和市场分析、竞争者分析、政府和监管分析、社会分析、人力资源分析、技术分析等。通过对外部环境的分析，发现企业的市场机会和潜在的威胁，确定企业在市场竞争中的战略定位，将威胁转变成机遇。

（3）内部优势和劣势的分析。这是对企业内部主要职能部门及资源的优势和劣势进行评价。内部分析使战略决策者对企业的技术储备、资源储备和职能储备部门的运营水平有全面了解。企业内部资源分析，包括研究与开发、财务、人力资源、生产运作、市场营销等。有效的内部分析可以使企业弄清自己的优势和劣势，弄清企业如何通过资源进行竞争。只有在一定条件下，资源才能成为竞争优势的源泉。如果资源成为为客户创造价值的工具，那么，资源就带来了竞争优势；如果资源稀缺且难以模仿，则是竞争优势的源泉；如果资源被有效地组织在一起，就能增强企业的竞争优势。如果资源是有价值的、稀缺的、不可模仿的和有组织的，它们就可以被看作企业的核心能力。企业拥有了核心能力，也就拥有了竞争力。

（4）SWOT分析与战略形成。SWOT分析是指对企业的优势（Strengths）、劣势（Weaknesses）、机遇（Opportunities）和威胁（Threats）的比较。SWOT分析是帮助管理者概括主要的事实，并在企业外部和内部分析的基础上进行预测。在此基础上，管理者认识到企业面临的主要和次要问题，进行最适合的战略选择。可供选择的战略有成本领先战略、差别化战略、目标集聚战略。成本领先的优势在于有利于建立起行业壁垒，有利于企业采取灵活的定价策略，将竞争对手排挤出市场；差别化战略就是利用企业具有的独特性，建立起差别竞争优势，以对抗竞争对手，并利用这种优势所带来的较高的边际利润补偿因追求差别化而增加的成本，保持企业有利的竞争地位；目标集聚战略是主攻某个特殊的细分市场或某一种特殊产品，其优势就是能够以更高的效率、更好的效果为某一狭窄的战略对象服务，从而在某一方面或某一点上超过那些有较宽业务范围的竞争对手。企业应以核心能力为基础进行最适合的战略选择。

（5）战略实施。企业选择、制定了合适的战略后，最重要的是管理者必须保证战略的实施是有效果，并且是有效率的。这就要求企业各层次的管理者都能够参与战略的制定、识别和实施，还必须得到合理的组织结构、技术、人力资源、信息系统、激励机制、领导风格、企业文化等全方位的支持。

（6）战略控制。战略控制系统是为评估企业战略过程而制定的系统，战略控制的目的是保证战略目标能够顺利实现。当企业行为偏离战略计划时，则采取纠正行动。战略控制系统必须鼓励与计划一致的有效行动，同时还要能够适应变化的情况进而采取灵活的行动。控制系统包括绩效指示器、信息系统和具体的监督机制。

通过对战略管理的分析和描述，可以得到：战略管理的核心是在变幻不定的环境中确定企业的发展领域和方向，是在市场调研、分析、预测的基础上，确定企业发展战略，搞好市场定位、新产品开发，做到经营决策快、产品开发快、投放市场快、资金周转快。企业要适应不断变化的环境，制定出适应市场变化的战略目标，就需要富有变革和创新精神的企业家不断运用新产品、新技术、新材料、新设备，开拓新市场，不断革新企业的组织与管理。在世界竞争力评价指标体系中，评价企业战略管理能力的指标有企业家精神与创新精神、企业高级主管从事国际经营的经验等。

（二）企业组织结构

1.企业组织结构

企业竞争力的大小，主要表现在能否对宏观调控和市场信号作出灵敏反应，以便企业能迅速地调整竞争战略，这与企业设计、采取何种类型的组织结构具有密切的关系。

组织结构是表现组织各部分排列顺序、空间位置、聚集状态、联系方式以及各要素之间相互关系的一种模式，是执行管理和经营任务的体制。它的内涵是人们在职、责、权方面的结构体系，主要包括：

第一，职能结构，即完成企业目标所需要的各项业务工作及其比例和关系。

第二，层次结构，即管理层次的构成，是组织的纵向结构。

第三，部门结构，即各管理部门的构成，是组织的横向结构。

第四，职权结构，即各层次、各部门在权力和责任方面的分工及相互关系。

组织结构犹如人体的骨架，在整个管理系统中起框架和保护的作用，有了它，系统中的人流、物流、信息流才能正常流通，使组织目标的实现成为可能。

2.企业中不同组织结构类型的优劣势

组织结构由于集权和分权程度的不同，可划分为相对集权的"机械"组织结构和相对分权的"有机"组织结构。现代企业的组织制度表现为公司制和集团制，其组织结构则表现为事业部门型组织结构和控股公司组织结构。这两种类型的组织结构都实行产权、经营权分离和内部分权机制，但又各有其优势和劣势。

（1）集权的职能制组织结构，简称 U 型结构，其特点是权力集中于企业最高管理层，实行等级化集中控制。企业的生产经营活动，按照职能不同，分成若干垂直的管理部门，每个部门实行职能分工，并直接由最高主管协调控制。

U 型结构的优势在于：分工严密，职责明确，实行专业分工，有较高的工作效率。但又有其缺点，如过度集权，适应性差，不易于企业内部培养管理人才等。U 型机构只适用于小规模、产品单一、市场销售较稳定的企业。

（2）事业部制组织结构，简称 M 型结构，其特点是按计划统一分配资源，市场的特点是按价格机制分配资源。公司的业务按产品、服务、客户或地区划分为事业部门，公司总部授予事业部门很大的经营自主权。事业部门下设自己的职能部门，如生产、销售、开发、财务等，独立核算、自负盈亏。每一个事业部都是一个利润中心，公司的管理方式是"集中决策，分散经营"。

M 型结构的优势在于：既有较高的稳定性，又有较高的适应性；既能充分发挥各事业部对经营管理的积极性、主动性，又有利于公司总部摆脱具体事务；有利于培养出全面的管理人才；由于每一个事业部是一个利润中心，便于建立考核部门绩效的标准。但事业部制也有其缺点，如滥用资产、机体臃肿、资源流动困难等。

（3）控股公司型组织结构，简称 H 型结构，是通过母公司对子公司进行控股并管理的一种内部分权组织形式。H 型结构的特点是：以资产关系为纽带联结母公司与子公司的关系；子公司在法律上是具有法人地位的独立企业。

H 型结构的优势在于：由于母公司同子公司在法律上各为独立法人，母公司无须承担子公司的债务责任，相对降低了经营风险；子公司无法依赖母公司，使子公司有较强的责任感和经营积极性。其缺点是母公司对子公司不能直接严密控制；母、子公司都需纳税。H 型组织结构适用于跨行业多种经营的大型集团公司。

（4）反应型组织。上述 U 型、M 型和 H 型组织结构是正规结构，是组织内部对工作的正式安排。同时，在现代瞬息万变的企业环境中，反应能力快速、灵活和适应变化需求的能力，对企业保持竞争优势和提升竞争力也是至关重要的，因此，企业应建立起反应型组织。

反应型组织主要是对组织规模、环境、技术及战略的变化作出反应，使组织能够迅速得到调整，适应变化。如网络组织、学习型组织、团队组织、战略联盟、柔性制造组织、高参与组织等都属于反应型组织，是非正规组织结构。这类组织结构具有快速反应能力、创新性、潜在的柔性和极强的适应性，为企业创造竞争优势。网络组织具有快速反应能力，并降低成本和风险；团队组织能增强员工的凝聚力，是企业生产力、质量、成本节约、速度、变革和创新的力量；战略联盟组织能更好地开发新技术、进入新市场和降低制造成本；学习型组织使自身比竞争对手学习得更快，更具竞争优势；高参与组织是通过员工和管理者共同工作实现企业目标来激发高度的参与和承诺，完成复杂的创造性工作，在创新和速度上超越竞争对手。

以上各种组织结构都有自己的特点和优势，企业应能够根据自身的状况以及环境的变化不断地选择、改变、创新最具竞争力的组织结构。反映企业组织结构方面竞争力大小的指标主要有公司董事会作用、公司规模等指标。

第三节　我国企业的宏观管控战略

我国企业的管理创新，需要挖掘、研究蕴藏在民族文化遗产中的管理思想和管理经验，批判地继承，吸收其精华，并在现代管理理论研究和实践中加以融合和创新。

一、博采众长

博采众长，大胆借鉴外国现代管理理论和经验。第二次世界大战以后，西方主要发达国家进行了两次企业管理革命。第一次管理革命主要是以日本企业为代表的工业化高级阶段的管理创新，着重点在质量，建立了经济增长的质量模式；第二次管理革命主要是以美国企业为代表的探索知识经济条件下企业管理的新途径，着重点在速度，开展了"企业再造"运动。随着信息技术的迅速发展，西方企业在组织规模、产品结构、技术装备、信息处理、人员素质等方面都发生了全面深刻的变化，在亚当·斯密劳动分工原则下建立的一系列生产、经营的管理方式和管理方法不断向科学化、现代化、信息化发展。如美国企业的发展呈现以下五个新趋势：一是从效率、目标导向转向远景导向；二是从专门职能转向跨职能的整合；三是从重视股东利益转变为重视所有的利益相关者；四是从追求规模和范围经济到追求速度经济；五是从追求效率和稳定到追求创新和变革。

随着企业发展趋势的变化，企业管理的新趋势也随之产生：管理中心人本化、管理组织扁平化、管理权力分散化、管理手段信息化；各种管理新方法也应运而生，如重新设计企业流程、及时生产、灵活生产、横向管理、柔性制造、组织修炼、团队建设等。

二、适应市场

适应市场，增强企业的应变能力。当前，我国企业面对的市场环境发生了很大变化，我国的市场已由卖方市场转变成为买方市场；与国际市场的联系日趋紧密，经济发展的对外依存度明显增加；市场化程度大大提高，市场细分化逐步加强，市场从不规范到逐步规范，市场竞争日趋公平和更加激烈，信息化和经济全球化也从根本上改变了企业的内外关系。市场环境的这些变化将会带来一系列现代经营管理上的问题，如市场预测、消费者行为的分析、对竞争对手的应战策略等。企业必须就经营目标、内外部环境以及同环境的积极适应等问题进行谋划和决策，制定企业发展的方针和目标，以实现企业环境、企业能力、企业经营目标的动态平衡和统一。企业管理必须在抓好生产管理的同时向两头延伸：向后延伸到产品营销和售后服务，把产品设计开发能力、市场营销能力"两头小""而生产环节"中间大"的橄榄型管理体制，转变为"两头大、中间小"的"哑铃型"管理体制。从市场出发，按市场需求实施生产、销售、服务、信息反馈、科研开发的全过程管理；要把市场机制引入企业内部，运用市场规律优化资源配置、盘活存量资产、加快技术进步、提高运作效率，切实把企业工作的基点落实到以市场为中心的思路上来。企业管理的重心也必须紧紧围绕市场和竞争环境的变化，制定企业的应战策略，提升企业的应变素质。适应市场，增强企业的应变能力，需要注意如下方面：

（1）要具有国际化经营意识。21世纪是全球经济一体化的新时代。生产的国际化、市场的国际化、消费的国际化，使许多企业的发展都离不开国外市场的开拓和先进技术的引进和利用。可以说，企业经营管理的国际化，跨国公司的发展，对每个企业和世界经济的发展，都起到巨大的作用。

（2）应当树立危机意识。要认识到，生存危机能激发企业的成长机能。

（3）要不断地把握市场竞争变化的规律。消费者对产品性能和质量要求的差异化，技术进步的快速化，市场竞争的激烈化，都会为企业成长提供新的机遇和空间。机遇对众多的企业来说是公开的，具有普遍性，但具体到每个企业能否有效地把握它和利用它，却有特殊性。实践证明，企业为了掌握未来市场变化的规律，要对市场作出迅速灵敏的反应，特别是对市场可能出现的机遇要进行分析研究。例如，通过对市场竞争者和消费者情况的了解和认识，以分析可能出现的机遇；对可能出现的机遇能够应对的优势和劣势进行预测。企业要正确利用机遇，必须进行寻机管理，提出可能采取的对策和方法；对机遇采取或不采取对策所产生的预期结果要进行分析，以便为利用机遇作出最后决策。只有那些能预见到市场变化规律而超前采取寻机管理的企业，才能引导消费者的消费趋向，取得好的经济效益。

（4）实施灵活多样的弹性化管理。由于经济结构的变化，消费者需求多样化，过去的企业是围绕着物品和资金流动组织起来的，而现在则变为围绕着信息流动来组织，这样，管理格外需要富有弹性和适应性。弹性管理是在扎实的基础工作、完善的管理制度和精细管理操作前提下的延伸和发展。它是在现有管理根基上因情景变化的创新。对我国的企业来说，应当在搞好现有管理工作的同时，密切关注管理工作正在发生的这种弹性变革。

三、以人为本

以人为本，注重人才开发，增强企业整体创新能力。人本管理是 20 世纪 60 年代提出的，到了 20 世纪 80 年代已受到国内外企业的普遍重视。

企业的管理创新是以人为本，依靠人完成的创新活动，是以企业家为主导的职能性创新，以企业员工为主体的全员性创新。企业管理创新的成效直接取决于创新主体的创新精神和创新能力。

以人为本，注重人才开发，首先需要企业家有创新的激情，发挥主导作用。因而加强企业家素质、知识、才能、风险意识和创新精神的培养刻不容缓。高素质企业家短缺已经成为制约企业竞争力的最大因素。我国国有企业领导人大部分是由政府部门选派的，很多人创新动力和创新能力不足，当务之急是从制度上使企业经营者职业化，并真正向企业家过渡。同时必须建立完善的考核制度，形成与现代企业制度相适应的激励和约束机制，即建立科学的企业家制度。

当前，人本管理普遍推行，企业员工已成为企业管理活动的主动参与者，没有企业员工的理解、支持与参与，企业管理创新是无法取得成功的。企业家要尊重员工、关心员工、依靠员工、激励员工，发挥员工的主观能动性，激发职工的创造热情。要加强全员职业培训，提高专业技能和文化素质，提倡、鼓励、促进形成企业成员的学习、创新欲望，形成一种集体的创造力和创新能力，积极投身到管理创新中。

以人为本，注重人才开发，增强企业整体创新能力，需要注意如下方面：

（1）在人力资源开发过程中，要从传统的人事管理进一步转向人才开发管理。企业人力资源是一个企业全体职工所具备的现实和潜在的生产能力。传统的人事管理视人力为成本，往往以事为中心，注重现有人员的管理；而人力资源开发把人视为一种稀缺的资源，是以人为中心，强调人和事的统一发展，特别注重开发人的潜在才能。人才开发管理除具有人力资源开发的特征外，更加注重人的智慧、技艺和能力的提高与人的全面发展，尤其是人的智力资源开发。未来企业的资本不仅仅是金钱，而是要求人的智能和发挥人才智能资本的作用。如果说传统产品属"集成资源"，而未来的产品则属"集成知识"，智能资本将导致"世界财富的一次大转移"，即企业的成功将从自然资源的拥有者转移到那些拥有思想和智慧的人的手中。也就是说，未来企业的发展，不只是靠设备好、技术强，同时要靠具有高智慧的人。

（2）加强职工培训和继续教育，注重智能资本投资，开发职工的创造力。

企业需要具有创造力的能人治理。美国通过开发人的创造力得出结论，受过创造力开发训练的毕业生，发明创造和取得专利的能力要比未经训练的人多三倍。

智能资本是指企业花费在教育、培训等人才综合素质再提高方面的开支所形成的资本，它比一般的人力资本投入会带来更长期的收益。因为智能资本和金融资本、物质资本不同，无法将它与所有者分离，它是人们原本拥有的技术、知识、能力和价值观的继承，它具有人才资本的积累性。

现代企业的发展不仅需要一定素质的劳动者，而且需要超出常人的、高素质的综合智能。用丰富的人才资本优势转化、替代物质资本、自然资源和技术的优势，势在必行。

（3）培育企业精神，把建设企业文化和塑造企业形象的活动引向深入。企业精神对我国的企业并不陌生，而企业文化和形象建设是 20 世纪 80 年代以来企业管理理论丛林中分化出的一种新理论，被人们称为管理科学发展的"第四次革命"或新阶段。

文化与形象建设的深化，主要应在以下方面努力：

第一，致力于企业价值观的塑造。因为企业文化的核心是企业精神，企业精神的核心是企业的价值观，企业形象识别系统的核心是企业的理念识别系统。企业的价值观是企业广大职工对客观事物、对自己从事生产经营活动意义的看法和总评价，是劳动者的价值观念在生产和生活中的沉积，它对构成企业文化、企业形象的诸要素，即企业的经营宗旨、经营战略和职工的行为规范等起了导向和决定作用。

第二，注重突出本企业的气质个性。在未来国内外市场竞争日渐激烈的情况下，企业自己的经营没有特色，产品没有特性，管理没有气质，不能使广大消费者感知到与其他企业的差别，将很难立于国内外市场。

当前，我国企业在这些方面存在的问题，主要是对企业精神、企业文化、企业形象建设内容的归纳和升华雷同化，没有自我个性，所以成效不大。为应对未来的竞争，必须改变这种状况。

总之，就我国企业改革而言，必须注重管理创新，坚持"管理创新、制度创新、技术并举"的方针，在深化体制改革中推动管理创新，在坚持技术进步中注重管理创新，只有这样，才能提高企业整体管理水平，从而更快、更好地促进企业生产率、经济效益的提高及企业集约化规模的扩大，实现微观经济的发展，促进宏观经济增长方式的转变，推动整个国民经济快速、持续、健康地发展。

第四节　企业技术创新跨越战略

企业要进行技术创新，必须选择合适的技术创新战略。技术创新战略是企业在市场竞争中利用技术创新获取竞争力的方式。制定技术创新战略，就是为了探索适合中国国情的技术创新之路。就中国目前的情况来看，无论是高技术领域，还是传统产业领域，与世界发达国家都存在很大差距，这种总体差距的存在，迫使我们不能循规蹈矩、亦步亦趋，而是应当抓住有利时机，充分利用自己的优势，实现技术跨越，在最短时间内，缩小与世界发达国家的差距，甚至赶上世界的先进水平。这就决定了中国企业技术创新的战略，应围绕技术跨越这个中心来制定。中国的技术创新战略可以概括为：立足国情，有所为，有所不为，集中优势实施技术跨越。

所谓技术跨越就是跨越技术发展的某些阶段，直接开发、应用新技术、新产品，进而提高产品竞争力的过程。技术跨越是相对于中国企业目前的技术水平而言的，所以，它有两层含义：①在某些领域，依靠我们自己的各种优势，通过实施巧妙的创新战略，使我们的技术水平真正达到国际领先或国际先进水平，也就是说直接从较低的技术水平跨越到世界领先水平，本书把这种跨越称为"绝对跨越"；②相对我们目前较低的技术水平，通过我们的努力，跳过发展的几个阶段，直接上升到较高水平，这种水平也可能只是接近世界的平均水平，但是依靠我们的人力资源、自然资源的优势，照样可以提供在国际上具有强大竞争力的产品，也就是从较低的技术水平跨越到相对自己较高的技术水平，本书把这种跨越称为"相对跨越"。对于我们国家来说，"相对跨越"更不能忽视，因为传统的制造业、流通业、服务业，以及许多其他劳动密集型行业，是我们整个国民经济的重要组成部分，这些企业实现技术跨越，必然伴随着企业的跨越式发展，这对我们整个国家经济影响将是巨大的。

立足国情，就是要根据中国企业的发展状况，制定符合现实的、具有操作性的对策；有所为，有所不为，就是我们应该在具有优势的领域"为"，在具有劣势的领域"不为"。

第五节　企业管理学习型组织管控创新策略

学习型组织管理理论很容易给人造成一种错觉，让人觉得这是一种学习理论，其实它是一种管理理论。学习型组织管理理论不是一般的管理知识，也不是一般的管理技巧，而是当今最前沿的管理理论。学习型组织管理理论是一个宏观的管理理论，这主要是因为"组织"的范围非常广泛。学习型组织管理理论适用的范围大到一个国家，小到一个家庭。

学习型组织是美国麻省理工学院教授彼得·圣吉在其所作《第五项修炼：学习型组织的艺术与实务》中首倡的。现在学习型组织已经作为一种全新概念与重大趋势在西方管理界引起强烈反响并被付诸实践，也深刻地影响着当今政府和各类教育组织。从理论上讲，一些杰出的思想家近百年的探索结果，为学习型组织理论的形成奠定了基础。学习型组织的理论基础是"系统动力学"。系统动力学的创始人是福瑞斯特的教授，圣吉是福瑞斯特的学生，在他的指导下，圣吉花了十年时间研究出学习型组织的理论与实务。福瑞斯特使用系统动力学的方法，融合了自然科学中深奥的混沌理论及复杂性科学，深入思考社会、企业及其他组织形态复杂变化的本质。圣吉正是在他老师福瑞斯特 1965 年发表的论文《企业的新设计》基础上，汇集了其他人的新思想，才完整地提出了学习型组织的一套概念与分析框架。

所谓学习型组织是指通过培养弥漫于整个组织的学习气氛，充分发挥员工的创造性思维能力而建立起来的一种有机的、高度柔性的、扁平的、符合人性的、能持续发展的组织。这种组织具有持续学习的能力，具有高于个人绩效总和的综合绩效。

一、创建学习型企业的意义

学习型组织理论认为，在新的经济背景下，企业要持续发展，必须增强企业的整体能力，提高整体素质，企业的发展不能只靠像福特、斯隆、沃森那样伟大的领导者一夫当关、运筹帷幄、指挥全局，未来真正出色的企业将是能够设法使各阶层人员全心投入并有能力不断学习的组织。

成功的学习型企业应具备六个要素：一是拥有终身学习的理念和机制，重在形成终身学习的步骤；二是多元反馈和开放的学习系统，重在开创多种学习途径，运用各种方法引进知识；三是形成学习共享与互动的组织氛围，重在企业文化；四是具有实现共同目标的不断增长的动力，重在共同目标不断创新；五是工作学习化使成员活化生命意义，重在激发人的潜能，提升人生价值；六是学习工作化使企业不断创新发展，重在提升应变能力。

创建学习型组织意义在于：①它解决了传统企业组织的缺陷。传统企业组织的主要问题是分工、竞争、冲突、独立，降低了组织的整体力量，更为重要的是传统组织注意力仅仅关注于眼前细枝末节的问题，而忽视了长远的、根本的、结构性的问题，这使得组织的生命力在急剧变化的世界面前显得十分脆弱。学习型组织理论分析了传统组织的这些缺陷，并开出了医治的"良方"——"五项修炼"；②学习型组织为组织创新提供了一种操作性比较强的技术手段。学习型组织提供的每一项修炼都由许多具体方法组成，这些方法简便易学，此外，圣吉和他的助手还借助系统思考软件创建起实验室，帮助企业管理者在其中尝试各种可能的构想、策略和意境的变化及种种可能的搭配；③学习型组织理论解决了企业生命活力问题。它实际上还涉及企业中人的活力问题，在学习型组织中，人们能够充分发挥生命的潜能，创造出超乎寻常的成果，从而由真正的学习体悟出工作的意义，追求心灵的成长与自我实现，并与世界产生一体感；④学习型组织提升了企业的核心竞争力。过去讲的企业竞争力是指人才的竞争，学习型组织理论讲的企业竞争力是指企业的学习力。在知识经济时代，获取知识和应用知识的能力将成为竞争能力高低的关键。一个组织只有通过不断学习，拓展与外界信息交流的深度和广度，才能立于不败之地。人们可以运用学习型组织的基本理念，去开发各自所置身的组织创造未来的潜能，反省当前存在于整个社会的种种学习障碍，使整个社会早日向学习型社会迈进。或许，这才是学习型组织所产生的更深远影响。

尽管学习型组织的前景十分迷人，但如果把它视为一贴万灵药则是危险的。事实上，学习型组织的缔造不应是最终目的，重要的是通过迈向学习型组织的种种努力，引导一种不断创新、不断进步的新观念，从而使组织日新月异、不断创造。

二、学习型组织的真谛

学习型组织的真谛可以概括为以下三个方面：

（一）学习力

学习型组织是全体成员全身心投入并有能力负担学习的组织。过去讲的企业竞争，说到底是人才竞争，其实这不完全对，按学习型理论，企业竞争说到底是学习力的竞争。

（二）体验生命的意义

学习型组织是让成员体会到工作中生命意义的组织。人的需求是多层次的，第一是温饱，第二是安全感，第三是归属感，更高的需求是实现自身价值。企业只有解决了他们的温饱、安全及归属的需求，员工才能有更高的追求。作为管理者，要尊重员工，公平对待员工，否则，员工就不会认真工作。企业要成功，只让员工贡献手是不够的，还要让他们贡献脑。

对于企业来说，必须注重双元原则。所谓双元，第一是企业的发展，第二就是要注重员工的发展。一个只注重企业发展而不注重员工发展的企业是不会成功的；作为员工来讲，既要注重个人的发展，又要想到企业的发展。因此，组织的各层领导，要让员工体验到工作中生命的意义。

（三）创造力

学习型组织是通过学习创造自我、扩大未来能量的组织。一个组织整天学习而不创造就不是一个学习型组织，而是一个形而上学的组织。学习型组织的学习强调把学习转化为创造力。改革开放以来，中国引进了许多先进的管理理论和科学技术理论，可为什么还有许多企业走不出困境呢？原因之一就是我们虽然学习了许多知识，但未付诸实践，这些知识也就变成了无用的。

学习型组织的核心理念就是创新，而且是持续的创新。在知识经济时代，知识的积累通过学习，创新的起点在于学习，环境的适应依赖学习，应变的能力来自学习。这就需要一种重视学习、善于学习的文化氛围，因而企业不再是一个终身雇佣的组织，而是一个"终身学习的组织"。现代企业只有作为一个不断学习的组织，才能够"善于创造、寻求及转换知识，同时能根据新的知识与领悟而调整行为"，正所谓终身学习，永续经营。因此，企业如果想要成功，就要努力建设成为学习型组织，努力使创新成为企业发展的主旋律。

三、学习型组织的特点

学习型组织具有以下七大特点：

（一）组织成员拥有一个共同的愿景

组织的共同愿景来源于员工个人的愿景而又高于个人的愿景。它是组织中所有员工愿景的景象，是他们的共同理想。它能使不同个性的人凝聚在一起，朝着组织共同的目标前进。

（二）组织由多个创造性个体组成

企业的工作有两类：一类是反映性的，另一类是创造性的。反映就是上级来检查下级反映一下，出了事故反映一下，反映有什么作用？最多能维持现状，绝大多数人、绝大部分精力都用于反映，而没有用于创造。企业的发展是创造性的工作。没有创造企业就会被淘汰。

（三）善于不断学习

这是学习型组织的本质特征。所谓"善于不断学习"，主要包括以下两点含义：

1. 强调终身学习

即组织中的成员均应养成终身学习的习惯，这样才能形成组织良好的学习气氛，促使其成员在工作中不断学习。

2. 强调全员学习

即企业组织的决策层、管理层、操作层都要全身心投入学习的体制，才能保证上下级的不断沟通，下层才能直接体会到上层的决策思想和智慧光辉，上层也能亲自了解到下层的动态，吸取第一线营养。只有这样，企业内部才能形成互相理解、互相学习、整体互动思考、协调合作的群体，才能产生巨大的、持久的创造力。

（四）无边界行为

无边界行为是通用电气公司第八任总裁韦尔奇提出的。韦尔奇反对通用旧有的"不是土生土长的"观念，提倡员工之间、部门之间、地域之间进行广泛的相互学习，吸取新思想，他说"你从越多的人中获取智慧，那么你得到的智慧就越多，水准被提升得越高"。这种"无边界"的推广，使得通用公司将注意力集中在发现更好的方法和思想上，促使公司发展不断升级。"无边界"成为通向学习型文化和自我实现的关键一步。为了真正达到"无边界"的理想状态，韦尔奇坚决执行减少管理层次的决定，加强公司硬件建设；大力提倡全球化思维；创立"听证会"制度。"听证会"制度不仅使普通员工参与公司的管理，而且成为领导者和员工相互沟通、学习的场所，大大提高了工作效率。

无边界行为是企业组织结构的创新。无边界原理认为，企业组织就像生物有机体一样，存在各种隔膜使之具有外形或界定。虽然生物体的这些隔膜有足够的结构强度，但是并不妨碍食物、血液、氧气、化学物质畅通无阻地穿过。得益于这种现象的启发，企业各部门、上下级之间虽然存在边界"隔膜"，但信息、资源、构想及能量也应该能够快捷便利地穿过企业的"隔膜"，像没有边界一样。虽然企业各部门的职能和界定仍旧存在，仍旧有权高任重的领导，有特殊职能技术的员工，有承上启下的中层管理者，但组织作为一个整体的功能，可能已远远超过各个组成部分的功能。可以看出，无边界原理其实是以有边界为基础的，并非对所有边界的否定，其目标在于讨论让各种边界更易于渗透扩散，更利于各项工作在组织中顺利开展和完成。

（五）自主管理

按照学习型组织理论，现在的企业管理方式有两类：第一类是权力型的，第二类是学习型的。权力型的基本管理模式是等级式的，一级级管下来，问题要一级级上报。这种方法的一个致命弱点就是任何问题都是权力大的人在做主，虽然大多是正确的，但不可否认也有下级正确的时候，有许多工作在基层的员工中有好的想法和经验，要充分发挥员工的管理积极性，实行"自主管理"。自主管理是使组织成员边工作边学习，使工作和学习紧密结合的方法。通过自主管理，可由组织成员自己发现工作中的问题，自己选择伙伴组成团队，自己选定改革进取的目标，自己进行现状调查，自己分析原因，自己制定对策，自己组织实施，自己检查效果，自己评定总结。团队成员在"自主管理"的过程中，能形成共同愿景，能以开放求实的心态互相切磋，不断学习新知识，不断进行创新，从而增加组织快速应变、创造未来的能量。日本企业几乎都实行自主管理，不定期地召开会议，气氛很活跃，领导们都坐在后面以示支持。一个聪明的领导不仅要让员工的手动起来，还要让他们的脑动起来，给他们以自主管理的机会，肯定他们的工作成果，让他们体会到人生价值，这样他们就乐于奉献，领导就成功了，企业也就成功了。

（六）员工家庭与事业平衡

学习型组织努力使员工丰富的家庭生活与充实的工作生活相得益彰。学习型组织对员工承诺支持每位员工充分的自我发展，而员工也以承诺对组织的发展尽心作为回报。这样，个人与组织的界限将变得模糊，工作与家庭之间的界限也将逐渐消失，两者之间的冲突也将大大减少，从而提高员工家庭生活的质量（满意的家庭关系、良好的子女教育和健全的天伦之乐），达到家庭与事业之间的平衡。

（七）领导者的新角色

在学习型组织中，领导者是设计师、仆人和教师。领导者的设计工作是一个对组织要素进行整合的过程，他不只是设计组织的结构和组织政策、策略，更重要的是设计组织发展的基本理念；领导者的仆人角色表现在他对实现愿景的使命感，他自觉地接受愿景的召唤；领导者作为教师的首要任务是界定真实情况，协助人们对真实情况进行正确、深刻的把握，提高他们对组织系统的了解能力，促进每个人的学习。学习型组织有着它不同凡响的作用和意义。它的真谛在于：学习一方面是为了保证企业的生存，使企业组织具备不断改进的能力，提高企业组织的竞争力；另一方面，学习更是为了实现个人与工作的真正融合，使人们在工作中活出生命的意义。

第六节　企业知识管理创新实践策略

一、知识管理的内涵

（一）知识型企业的概念

知识型企业是以知识为资源配置要素，为知识创新提供网络化组织框架，主要从事知识产品生产、知识服务的企业类型。其主要包括以下三个方面：知识已成为企业的第一资源要素，而不是传统企业的资本或其他。

仅有知识的较高投入比例还不够，关键是企业能够建立为知识的传递、共享提供前提的网络化组织形态。

企业的运行过程是围绕知识的生产和创新组织起来的，其产品是知识产品而不是一般的物化产品。

（二）知识管理的内涵

要弄清什么是知识管理，就要先了解什么是知识。

知识是信息、洞察力和经验，包括最佳实践、教训、直觉和理性的总称；而一个企业的知识资本是方法、工具、培训、数据、主意、思考和经验的集合，对企业从事经营管理活动具有价值。知识可以分为两类：显性的知识和隐性的知识，显性的知识是我们能看懂并且能够记录的，而隐性的知识存在于人们的思想、经验和实践中。来自德尔菲咨询机构的调查报告显示，一个企业内部的信息和知识，仅有 12% 的比例在需要时很容易被人们获取；46% 的大多数信息则以纸张和电子文件的形式存在，虽然它们在理论上很容易被分享，但是由于各方面信息的数据格式不兼容，或由于纸张文件和电子文件转换困难，使真正的信息交流难以做到；而剩余的 42% 的信息则存在于员工的大脑中。

因此，知识管理就是为实现显性知识和隐性知识共享寻找新的途径，以取得高速发展的过程。知识管理作为一种系统化的流程，用以获得、创造、综合、学习、分享和使用信息，提高洞察力及经验，从而实现企业目标。

知识管理是一个过程，个人通过这一过程学习新知识和获得新经验，并将这些新知识和新经验反映出来，进行共享，以用来促进培养、增强个人的知识和机构组织的价值。数据在其中是没有特定含义且未被加工的原料。另外，信息是有特定含义的数据，与个人、团体或机构组织有关。如果这些信息被应用了，它们就成为知识。彼得·德鲁克认为，知识管理的最终目标是指企业通过利用智力资本来获取竞争优势的过程，企业通过开发、组织、整合和共享知识来获取竞争优势。

知识管理的一个突出特点是以人为本的思想，这种思想从它重视隐性知识就可以体现出来。对于以知识为基础的组织来说，隐性知识是知识创新的关键。人们发现问题和解决问题的能力，掌握的技术技能和技术秘密，工作中的经验和判断力，决策时所具有的洞察力和前瞻性都是隐性知识的直接体现。由于大量的隐性知识没有通过文字表达出来，因此，在以往的管理中没有引起人们的重视。随着人们越来越多地认识到隐性知识与知识创新的内在相关性，隐性知识的价值逐渐被引起重视。知识管理的核心就是要创造一种能够使隐性知识与显性知识产生互动的机制和平台，使隐性知识能够表述出来并转化成为组织所共享的知识，组织拥有的知识库和信息交流平台也能帮助每一个人内化集体的隐性知识，并不断发展和成长。从这个意义上讲，工作并不是简单的输出，而是一个不断学习、不断进行知识输入和输出的过程，这就是学习型企业的实质。认识隐性知识的价值会使人们从一个全新的视角评价员工的价值，并将组织的信息管理与员工的工作需要密切结合起来。

知识管理扩大了人们对知识范畴的认识，这是知识管理的一大贡献。在经合组织（OECD）提出的知识框架中，既包括显性知识（如可以通过书本或教育与培训获得的原理知识和事实知识），又包括隐性知识（如在实践中获得的技能知识、与人际网络有关的关系知识等）。以往信息管理的重点是已经发布的数据和知识成果，如果我们从知识创新过程进行分析，这一部分是最终的结果。但在这个结果形成之前，整个知识创新过程是由大量显性知识、隐性知识、社会关系知识甚至灰色知识共同构成的，它们之间大量交叉融合、相互诱发、相互转化。从这个意义上讲，以往的信息管理比较强调对结果的记录，而知识管理则强调将人、信息资源和信息平台整合在一个交流和共同的环境中，提升人的决策和行动能力是知识管理的最终目标。

在企业管理的具体实践中，存在着很多问题与知识管理直接或间接相关。如一些企业（特别是知识密集型企业，如软件企业、咨询公司、研究所等）不清楚本企业已经拥有哪些知识，也不知道企业已有的知识存储在哪里，结果当一个新项目到来时，企业的员工要花很多时间重复开发企业已经存在的知识，最后导致不必要的浪费；有些企业不清楚自己与竞争对手相比缺失哪些知识，盲目投资，导致失败；有些企业不清楚人才流动或流失会带走哪些隐性知识，也没有必要的措施确保企业能够将损失降到最低限度。这些老问题需要我们从一个新的视角来加以解决。在我们今天所处的时代中，信息是过剩的，但知识特别是隐性知识却是稀缺的。当我们的工作和决策被大量良莠不齐、毫不相关的信息所包围时，我们需要真知灼见和火眼金睛帮助我们发现那些真正有价值、可直接用来决策的信息。这时，人们所拥有的战略眼光、经验、直觉、洞察力就成为过滤器和度量衡。因此，对知识的管理是在信息管理之后又一次对人力资本价值的回归，是对智力资本价值的重新审视，是在数据管理、信息管理之后登上的又一个新台阶。

从某种意义上说，企业管理就是知识管理。企业管理首先是对人的管理，企业管理要创造一种环境让员工人尽其才，包括对知识管理友好的企业文化的创造与相应激励机制的建立，促进个人显性知识向组织知识的转化、个人隐性知识的共享和显性化，并将这些知识有效地转化到产品和服务中去，一个有市场生命力的产品往往包括多项创新；企业管理的一个重要方面是对物的管理，在管理过程中须了解物品的相关信息和知识；企业管理另一个重要方面是对项目管理，包括项目的进展和人力资源、物质资源的配置，这可归结为项目知识、信息的管理，并结合人事部门对员工专长的认识为不同工作配备具有不同知识专长的人员。

二、知识管理的特征和类型

（一）知识管理的特征

企业知识管理具有以下特征：重视对企业员工的精神激励，赋予员工更大的权力和责任，充分发挥员工的自觉性、能动性和首创性；重视企业知识的流动、共享和创新，运用集体的智慧，提高企业的应变能力和创新能力，增强企业的竞争能力；重视企业知识和人才，促使企业成长为学习型组织；重视企业文化的建设；重视领导方式的转型。总体来说，知识管理的基本特征表现在以下几个方面：

1.企业知识管理不等于信息管理

信息管理是知识管理的基础，知识管理是信息管理的延伸与发展。知识管理要求把信息与信息、信息与活动、信息与人连接起来，实现知识（包括显性的和隐性的知识）共享，运用集体的智慧和创新能力，以赢得竞争优势。不少公司常常错误地认为，制定一个有效的信息管理战略也就体现了知识管理方面的内容。事实上，信息管理只是知识管理的有机组成部分。知识管理强调对人力资本管理和利用知识改变企业的经营方式以提高竞争力，但是信息管理并不强调这一点。

2.企业知识管理把知识共享作为核心目标

知识管理的核心目标之一是鼓励相互协作，培育知识共享的环境。知识只有通过互相交流才能得到发展，也只有通过使用才能从知识中派生出新知识。知识交流的越广效果越好，只有使知识被更多的人共享，才能使知识的拥有者获得更大的收益。在知识交流管理中，如果员工为了保证自己在企业中的地位而隐瞒知识，或企业为保密而设置各种安全措施给知识共享造成了障碍，那么将对企业的发展极为不利。知识不进行充分的交流，就无法使其为大多数人所共享，也就无法为企业的发展做出贡献。知识交流管理的目的是要在企业内部实现知识共享，但要真正做到这一点十分困难，这对企业的知识管理是一次巨大的挑战，其难度丝毫不亚于实现在竞争对手之间共享知识的难度。为做好这一点，企业在处理知识产权归属时，应该从有利于知识的生成和传播的角度考虑，使员工均能共享科研开发的成果（除有合同规定以外），以鼓励员工积极进行知识生产和交流。将分散在各个员工头脑中的零星知识资源整合成强有力的知识力量，是知识管理的目的，通过对知识的积累和应用管理使企业能够更好地运用企业的人才资源，进而提高对市场的应变能力和创新能力。

（二）知识管理的类型

一个组织的知识管理水平可以从以下几个方面加以衡量：组织的决策模式、外部知识的获取模式、员工的学习模式、员工间的沟通模式、沟通内容和沟通手段、组织信息对内部员工的开放程度、有关制度的完善程度等。根据变量，可以将知识管理划分为以下几种类型：

1. 控制型

其特征是领导不相信员工的知识或诚意，他可能也重视外部信息，但主要靠自己收集并且多数情况下是凭经验去理解，他不断向员工发出指示和指令而很少听取员工的意见，组织的关系网络也主要由他控制。

2. 专家型

其特征是领导较重视内外专家的知识和意见，支持有经验者对新手的传帮带，有培训制度但不正规，有沟通但普通员工影响不了决策。

3. 交流型

其特征是有正规的培训制度和公共资料库，员工之间有多种形式的交流并能影响组织的决策。

4. 开发型

其特征是有较完善的知识开发和共享制度，员工愿意把自己的知识和关系网络奉献出来。

5. 网络型

其特征是知识管理系统化、日常化，网络技术作为组织管理的重要手段使知识的收集、传播和利用变得十分快捷有效。知识管理成为组织活动的主要内容。

一个组织在知识管理上处于什么类型会受到人员素质、组织规模、盈利状况及行业性质等因素的制约。在知识经济比较发达的美国，网络型知识管理被视为组织管理的最佳模式，有20%的高科技公司和大多数政府部门利用网络型知识管理来提高效率。

三、实施知识管理的具体策略和步骤

（一）知识管理的策略

知识管理有很多方法，大致分为两类：非技术性策略与技术性手段。

1. 非技术性策略

知识管理的理念基础与文化因素非常重要，如何为知识管理提供必要的理念基础，从而形成一个有利于提高企业创新能力的企业文化呢？

（1）争取得到企业高层领导的重视和参与。国内外的知识管理实践都充分表明了没有企业高层领导的重视与参与，知识管理就不能被真正地开展与推行。知识管理需要大量的资金投入，企业领导人不能真正重视，注定了知识管理只是一个口号，不能得到有效的实施，更不用说为企业带来效益，提高企业的核心竞争力。

（2）建立知识管理体制。建立知识管理体制，包括建立知识管理组织体系和建立知识管理制度。前者又包括指定知识管理负责人、建立知识小组和建立知识中心三项内容。制度则是一种保障，它可以确保知识在企业知识网络上得以持续传播。比如明确个人在知识管理的职责，制定鼓励知识创造和共享的激励措施等。

（3）建立有利于知识流通的企业组织机构。可以通过业务流程重组（BPR）来建立有利于知识流通的企业组织机构。BPR可以缩减中间管理层，从而加强决策层与作业层的直接沟通；可以增宽管理幅度，确保管理者与其下属间信息的有效传递；还可以使组织扁平化，形成全新的网络组织结构，确保组织内知识的自由流通与广泛传播。

企业网络组织结构包括两个方面的含义：第一个方面是通过减少管理层级，使得信息在企业高层管理人员和普通员工之间更加快捷地流动；第二个方面是通过打破部门间的界限（但这并不意味着部门分工的消失），使得信息和知识在水平方向上更快地传播。这样做的结果，就使企业成为一个扁平的、由多个部门界限不明显的员工组成的网状联合体，信息流动更快，部门间摩擦更少。

网络结构在构成上是由各工作单位组成的联盟，而非严格的等级排列。这些单位与核心机构平等，相互依赖，相互帮助。企业成员在网络组织中的角色不是固定的，而是动态变化的。网络中的工作单元可能是稳定的，但单元之间的关系则是为了完成一定的项目而设计的，项目结束，关系调整。企业成员在网络结构中的权力地位不是取决于其职位，而是来自于他们拥有的不同知识。在层级结构中，你拥有的职位决定了你的权力，而在分权的网络化的组织中，你的权力来源于你了解的知识和你认识的人。

（4）培育知识导向型的企业文化。所谓知识导向型的企业文化是指将知识视为企业最重要的资源，能够支持有效地获取、创造、交流和利用知识的企业文化。知识导向型的企业文化的关键因素是对新知识持一种欢迎态度，并且在一个持续学习的环境中，创造一种相互信任和知识共享的气氛。

2. 技术性手段

知识管理的技术很多，最终是要为开放式交流提供一个无缝的技术支撑平台。建立相应的技术支撑平台包括建立企业知识库和企业知识门户网站。

企业知识库是用来存储公司内的最佳实践知识、建立专家名录等资料的。知识库的形成依赖于先进的知识库技术。知识库技术的核心是知识地图技术，知识地图可以用一种很形象的方式，让员工来浏览公司知识目录中的知识资源。另外，数据挖掘、分析和提炼技术都可以给企业知识库建设提供有利帮助。

企业知识门户网站可以利用浏览器等为知识的交流与共享提供一个平台。网络技术、群件技术的结合，非常有利于这一目标的实现。网络技术包括 BBS 技术、网络通信技术、局域网共享技术等。群件是帮助群组协同工作的软件。一般包括电子邮件、文档管理与工作流程等几个部分。

（二）知识管理的实施步骤

知识管理的实施规划其实就是实施知识管理时应遵循的步骤。由于知识管理对企业的生产效率、企业的快速反应能力、企业的创新能力乃至最重要的企业核心竞争力的巨大作用，所以应该以一种"开阔"的视野来看待知识管理的实施。

可以分为以下几个步骤：

1. 确定知识管理的总体目标（Why）

这一步实质上是回答"Why"这个问题，即企业要不要推行知识管理，如果需要推行的话，要明确为什么。企业实施知识管理不能是随波逐流、人云亦云，必须依据企业的总体战略目标来制定知识管理的总体目标，只有这样知识管理才能不偏离企业的既定战略目标。

2. 确定知识管理的重点领域（Where）

这一步实质上是回答"Where"这个问题。由于知识管理耗资巨大，如果全面铺开，稍有障碍，难免会打击投资者的信心，从而给知识管理进一步的实施带来困难。所以实施知识管理适合采用"以点带面"的方针，先从企业的重要业务领域着手，一步一个脚印。这里需要说明的是，企业的重要业务领域是指企业的高成本区，或者高潜在收益区。

3. 明确企业的知识资源（What）

这一步实质上是回答"What"这个问题。明确企业的知识资源就是要弄清楚企业拥有哪些显性知识，哪些隐性知识？这些知识是存储在什么地方或者说谁知道这些知识？最好是能形成一份企业的知识图，包括企业内部和企业外部的知识资源。

4. 制定知识管理方案

制定知识管理方案，就是要落实企业推行知识管理的工具、技术和措施，并把知识管理方案作为一种项目，严格按照项目的实施时间与步骤来推行企业知识管理。

5. 实施知识管理方案

这个阶段要深刻考虑以下问题：如何使企业的组织结构更有利于知识的共享与交流？如何在企业内形成一种不断学习，积极创新的文化氛围？可以采取哪些措施促进知识的螺旋式上升？如何评估员工对企业知识库的贡献，并加以激励？等等。

6. 阶段性验收和评估

知识管理的推行是一个"以点带面"的过程，所以必须进行阶段性的验收与评估，以便更好地总结经验，吸取教训。这个评估要结合知识管理的目标，看看哪些目标已经实现，哪些没有实现，或者说没有完全实现。

参考文献

[1] 张伯新 . 国企管理模式创新策略探究 [J]. 投资与创业 ,2023,34(20):112-114.

[2] 李源 . "网红经济" 背景下平台型企业管理创新研究 [D]. 山西财经大学 ,2023.

[3] 邵愈慧 . 基于岗位的企业渐进式管理创新模式研究 [J]. 经济研究导刊 ,2023(09):25-27.

[4] 王怀荣 . 国有企业财务管理转型创新模式分析 [J]. 商讯 ,2023(08):41-44.

[5] 唐瑜佳 . 新时代背景下国企改革中的财务管理转型和创新问题研究——以 A 集团改革为例 [J]. 财经界 ,2023(06):126-128.

[6] 娄昊 . 大数据时代国有企业预算的特征及思考 [J]. 纳税 ,2023,17(05):7-9.

[7] 宿宝琴 . 网络背景下企业财务管理模式的创新研究 [J]. 财经界 ,2022(08):86-88.

[8] 傅向升 . 石化管理这样创新 [J]. 中国石油石化 ,2022(04):30-33.

[9] 权国政 , 何乃军 , 杨剑 , 陈泽军 . 工业企业管理 [M]. 中国铁道出版社 ,2022.

[10] 王泽铭 . 企业会计管理中闲置资产管控系统创新模式构建与实施研究 [J]. 全国流通经济 ,2022(02):175-177.

[11] 王钊 . 传统能源——电力企业管理体系的创新实践 [J]. 企业观察家 ,2022(01):85-87.

[12] 徐雪 . 企业财务管理模式的创新研究 [J]. 商业观察 ,2021(35):73-75.

[13] 扈春莲 . 电力企业管理创新管控体系研究及实践应用 [J]. 农电管理 ,2021(09):60-61.

[14] 张富强 . 混合所有制企业成本核算与管控的思考 [J]. 质量与市

场,2021(12):127-128.

[15] 贺春洁.客户集中度、客户稳定性与企业创新 [D].河南财经政法大学,2021.

[16] 吴淑波.基于风险控制的企业内控体系建设及创新 [J].商讯,2021(11):113-114.

[17] 刘凤委,杨剑.数字经济时代下企业预算管理变革与创新实践 [J].中国管理会计 2021(01):35-44.

[18] 栗根华.煤炭企业集团薪酬考核网格化体系的创新应用 [J].中国产经,2020(17):139-140.

[19] 蒋谈.国有企业资金管理与使用控制的创新对策思考研究 [J].财经界,2020(25):45-46.

[20] 梁锡霞.水电企业安全型班组管理法的创新与实践探讨 [J].广西电业,2020(08):48-51.

[21] 王超.电子商务企业财务管理研究 [J].商讯,2020(04):24-25.

[22] 赖文燕,蔡影妮.现代企业管理 [M].南京大学出版社,2019.

[23] 李召敏.企业家驱动型管理创新过程研究 [M].南京大学出版社,2017.

[24] 郑秀梅,刘英娟.现代企业管理探索与实践 [M].新华出版社,2015.

[25] 林锐,彭韧.研发企业管理 [M].人民邮电出版社,2014.